자연에서 배우는 발명의 기술

지그리트 벨처는 1972년에 독일 헤센 주에서 태어나 다름슈타트 공과 대학에서 지질학을 공부했다. 일찍이 대학 시절부터 자연 과학을 학생과 교사, 관심 있는 일반인에게 이해하기 쉽게 소개하는 일을 해 왔다. 어린이를 위한 생체 공학 강의를 개발하여 실행하면서 교재를 집필하고 생체 공학의 이해를 돕기 위한 놀이와 모형, 만들기 세트를 제작해 활용한다.

페터 니시타니는 1970년에 독일에서 태어나 함부르크 전문 대학에서 일러스트레이션을 공부했다. 많은 책과 연극의 일러스트레이션을 맡았고 다양한 잡지에 그림을 그린다.

전대호는 경기도 수원에서 태어나 서울대 물리학과를 졸업하고 같은 대학 대학원 철학과에서 박사 과정을 수료했다. 독일 쾰른 대학교에서 철학을 공부했고, 1993년 조선일보 신춘 문예 시 부문에 당선되어 등단했다. 지은 책으로 시집 《가끔 중세를 꿈꾼다》, 《성찰》이 있고, 번역한 책으로 《인터스텔라의 과학》, 《나, 스티븐 호킹의 역사》, 《유클리드의 창》, 《청소년을 위한 시간의 역사》, 《수학의 사생활》 등 여러 권이 있다.

자연에서 배우는 발명의 기술

지그리트 벨처 지음

어린이를 위한 생체 공학

페터 니시타니 그림 | 전대호 옮김

논장

이 책에서 소개하는 다양한 실험들이 책에 나오는 설명처럼 꼭 성공하리라는 보장은 없어요. 저자와 출판사가 꼼꼼히 따지고 가려서 실험들을 엄선했지만, 재료나 방법뿐만 아니라 실험을 하는 시간과 장소 등 실험에 영향을 미치는 변수가 얼마든지 있으니까요. 그러니 책에서 이야기하는 결과가 그대로 나오지 않거나 설령 실험이 실패하더라도 너무 실망하지는 마세요.

*본문에 병기한 외국어는 영어이며, 영어 표현을 알기 어려운 경우는 독일어 원어로 표기하고 *표시를 했습니다.

지식은 내 친구 011

자연에서 배우는 발명의 기술

초판 4쇄 발행 2021년 11월 10일 | 초판 1쇄 발행 2015년 10월 30일
지그리트 벨처 지음 | 페터 니시타니 그림 | 전대호 옮김 | 최남주 디자인
펴낸이 박강희 | 펴낸곳 도서출판 논장 | 출판등록 제10-172호 · 1987년 12월 18일
주소 10881 경기도 파주시 회동길 329 | 전화 031-955-9164 전송 031-955-9167
ISBN 978-89-8414-233-6 73500

Originally published as: "Die genialsten Erfindungen der Natur. Bionik für Kinder"

*책값은 뒤표지에 있습니다. *잘못 만들어진 구입하신 서점에서 바꾸어 드립니다.

이 도서의 국립중앙도서관 출판예정도서목록(CIP)은 서지정보유통지원시스템 홈페이지(http://www.seoji.go.kr)와 국가자료공동목록시스템(http://www.nl.go.kr/kolisnet)에서 이용하실 수 있습니다.(CIP제어번호: CIP2015027984)

차례

i 정보

X 함께하는 실험

생체 공학, 자연이 만든 발명품들

날마다 생존을 위한 싸움을 벌이는 동물과 식물은 어떤 환경의 변화에도 늘 새롭게 적응해야 하지요. 이 과정이 바로 진화예요. 진화의 과정에서 자연이 개발한 기술들은 실로 감탄스럽답니다.

베짜는새 Weaverbird는 식물의 줄기로 정교하고 튼튼한 둥지를 짓는다.

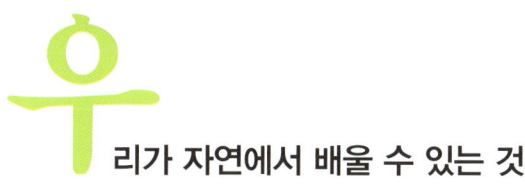

우리가 자연에서 배울 수 있는 것

새처럼 훨훨 날고, 물고기처럼 유유히 헤엄치고, 도마뱀붙이처럼 찰싹 벽에 들러붙고 – 자연에는 놀랍고 신기해 감탄과 부러움을 자아내는 것이 무척 많아요. 우리도 그렇게 할 수 있을까요?

그래서 우리는 생체 공학을 연구해요. 비행기를 만드는 사람들이 새에게서 무엇을 배웠는지, 어떻게 로봇이 축구를 할 수 있는지, 왜 몇몇 식물은 항상 깨끗한지…… 연구하고 알아 가지요. 간단히 말해서, 생체 공학이란 생명체에서 인간에게 없는 신기한 것을 보고 그것, 즉 생물이 가진 놀라운 장점들을 그대로 혹은 비슷하게 인간의 기술에 적용하는 거예요. 바로 이 책의 주제랍니다.

특별한 그 무엇

인류 역사에서 대단한 발명은 자연을 본보기로 삼아 이루어지는 경우가 많아요. 온갖 흥미진진한 것들, 특별한 그 무엇이 우리가 사는 자연에 담겨 있거든요.

기본적으로 식물과 동물은 수백만 년 동안 진화하면서 놀랍고 신기한 특성들을 갖추어 왔어요. 따지고 보면 생물은 하루도 빠짐없이 자기 종의 생존과 번식을 위해 투쟁해 온 거예요. 그래서 지구에 무수한 종이 생겨났고, 각각의 종은 다른 종에게는 없는 특별한 장점을 갖게 되었어요. 어떤 동물은 몸의 구조가 특별해서 달리거나 날아가거나 헤엄칠 때 에너지를 덜 쓰고, 또 어떤 식물은 겉보기에는 가녀려도 유난히 튼튼해서 다른 식물과의 경쟁에서 이길 수 있는 것처럼요.

인간도 최소한의 에너지를 써서 자동차를 움직이고, 더 적은 건축 재료로 튼튼한 집을 짓고 싶어 하지요. 바로 이러한, 우리 앞에 놓인 기술적인 문제들을 풀기 위해 생체 공학자들은 동물과 식물을 살피고 연구하고 모방한답니다.

옛날 옛적 말의 조상은 자그마했다

진화가 일어나는 동안 생물이 어떻게 발전하고 몸 구조가 어떻게 달라지는지 알 수 있는 방법 중 하나는 화석을 관찰하는 것이다. 화석이란 식물과 동물의 골격, 또는 껍데기의 잔해가 돌로 변한 것을 말한다.

화석을 통해 아주 오래전에 살았던 동물을 연구함으로써 우리는 옛날 동물의 생김새와 발전 단계 등을 오늘날의 동물과 비교할 수 있다. 이와 같은 연구는 진화를 더 잘 이해하는 데 도움이 된다. 때로는 골격의 변화를 보고 생활 환경에 어떻게 적응했는지도 알아챌 수 있다.

좋은 예로 원시 말과 현재의 말을 비교해 보자.

독일 다름슈타트 근처의 화석 발굴지 메셀 피트에서 나온 원시 말 화석들은 약 4천7백만 년 전의 것이다. 당시 그 지역의 기후는 지금과 달랐다. 지구 전체가 지금보다 더 따뜻했고, 유럽이 조금 더 남쪽에 있었기 때문이다.(원래 지구는 하나의 판으로 되어 있었는데 시간이 지나면서 지금과 같은 7대륙이 생겨났다고 한다. – 옮긴이) 그 원시 말들이 살았던 때에는 유럽에 열대 우림이 있었다. 현재의 독일에 해당하는 지역에서는 심지어 악어가 살았다! 오늘날 우리가 메셀 피트에서 화석을 볼 수 있는 이유는 원시 말을 비롯한 동물과 식물이 과거에 그곳에서 깊은 호수에 빠졌거나 호수 속에서 살았고, 그 흔적이 일부 남았기 때문이다.

원시 말은 덩치가 개와 비슷할 정도로 작았다. 그래서 열대 우림에서 잘 돌아다니고 위험한 육식 동물과 마주치면 재빨리 숨을 수 있었다. 열대 우림의 바닥은 부드러웠고, 원시 말의 발은 그런 바닥에 알맞았다. 원시 말의 발은 현재 말의 발과는 달리, 발가락이 여러 개였고, 각각의 발가락에 작은 발굽이 달려 있었다. 현재 말의 발은 강한 발가락 하나와 커다란 발굽 하나로 이루어져 있다. 그런 발 덕분에 원시 말은 열대 우림의 질퍽거리는 바닥에서 안정된 자세를 취할 수 있었다.

그러나 기후가 서서히 변하고 지구가 더 시원해지면서 열대 우림이 줄어들었고, 이에 따라 원시 말의 생활 환경이 차츰 시야가 탁 트인 초원으로 바뀌었다. 초원은 열대 우림보다 땅이 딱딱했는데, 말의 골격, 특히 다리와 발이 더 단단한 초원의 바닥에 적응했다. 그리고 가운뎃발가락은 차츰 강해진 반면, 나머지 발가락들은 퇴화했다. 원시 말이 생활 환경의 변화에 어떻게 적응했는지를 발에서 확인할 수 있다.

오늘날 우리가 보는 말은 발에 두꺼운 발굽이 있는데, 그 발굽은 실은 가운뎃발가락이다. 덩치가 작고 발가락이 여러 개였던 원시 말이 수많은 세대를 거치면서 긴 다리에 강한 발굽으로 내달리는 오늘날의 말로 변화한 것이다.

원시 말은
현재의 말과는 다른
생활 환경에 적응해 살았다.

변화하는 자연 조건

동물 및 식물 각 종의 뛰어난 장점과 대표적인 특징은 한 세대에서 다음 세대로 대물림되면서 수백만 년에 걸쳐 조금씩 변화하며 진화해 왔어요. 동물과 식물이 사는 지구 환경 자체가 끊임없이 변화해 왔고, 그 변화한 생활 환경에 동물과 식물은 어쩔 수 없이 적응해서 살아야 했으니까요. 지구의 역사에서 기후는 항상 달라졌고, 그에 따라 모든 지역의 생활 조건도 늘 바뀌었지요.

풀이 무성한 지역이 풀이 드문드문한 건조한 초원으로 바뀌기도 하고 열대 우림이 서늘한 지역으로 바뀌기도 하지요. 이처럼 온도, 빛, 물, 먹잇감 등이 끊임없이 변화한다는 사실은 동물과 식물이 항상 새로운 문제를 해결해야 한다는 것을 뜻해요. 즉 동물과 식물이 먹이 사슬에서 자신의 자리를 지키기 위해서는 변화하는 생활 환경에 맞춰 자기 몸과 능력을 변화시키면서 적응해야 한다는 이야기예요. 적응에 성공하지 못한 동물과 식물은 멸종하기도 해요. 공룡처럼요.

자연 탐구는 종종 기술을 개선하는 데 도움이 된답니다.

예를 들어 말이 환경에 적응하는 과정을 연구하면 로봇이 단단한 바닥과 물컹한 바닥에 어떻게 적응해야 하는지 배울 수 있지요. 어쩌면 발가락의 개수와 위치를 조절함으로써 로봇의 발이 질퍽한 바닥으로 빠지는 문제를 해결할 수도 있을 거예요. 그러면 로봇은 진창에서도 안정되게 걸을 수 있어요. 그러다가 단단한 바닥을 만나면, 발가락들을 오므려 발의 모양을 단단한 바닥에 적합하게 바꿀 수도 있고요! 이건 자연에서 아이디어를 얻을 수 있는 아주 작은 예죠.

생체 공학 – 생물학과 공학

생체 공학이란 자연에서 얻은 지식을 이용하여 기술적인 문제를 해결하는 과학 분야예요.

생물학자들과 기술자들이 이 분야에서 일해요. 생체 공학을 뜻하는 영어 단어 'bionics'에서도 알 수 있는데, 이 단어는 생물학을 뜻하는 'biology'와 기술을 뜻하는 'technics'가 합쳐진 말이랍니다.

생물학을 뜻하는 'biology'는 그리스 어 'bios(생명)'와 'logos(학문)'에서 나온 말로 '생명에 관한 학문'이라는 뜻이에요. 이 자연 과학 분야, 즉 생물학에서는 생명을 가지고 스스로 살아가는 생물인 식물과 동물 그리고 인간의 몸을 다루어요. 생물학자는 생물의 구조는 어떤지, 어떻게 함께 사는지, 어떻게 행동하고 왜 이런 저런 모양인지 연구한답니다. 생물이 지닌 다양한 특성들은 흔히 그들 생물이 살아가는 생활 환경과 관련이 아주 깊어요.

'기술'이라는 단어는 인간이 편리하게 생활하기 위해 만든 온갖 장치, 기계, 도구 등을 말해요. 그런 발명품은 비행기나 자동차처럼 클 수도 있고 특수한 기능을 가진 접착 밴드나 컴퓨터 칩처럼 자그마할 수도 있지요. 기술자는 어떤 분야의 전문적인 지식과 기능을 가지고 최고의 기술을 구현하기 위해 노력해요.

생체 공학에서 생물학자와 기술자는 긴밀히 협조해요. 생물학자는 자연에 있는 특정 대상이 어떻게 작동하는지 연구하고, 기술자는 생물학자가 그렇게 얻어 낸 지식을 기술에 응용하는 임무를 맡아요. 이런 식으로 지금까지는 없던 새로운 발명품이 만들어지기도 하고 기존 아이디어가 더 창의적으로 발전하기도 하지요.

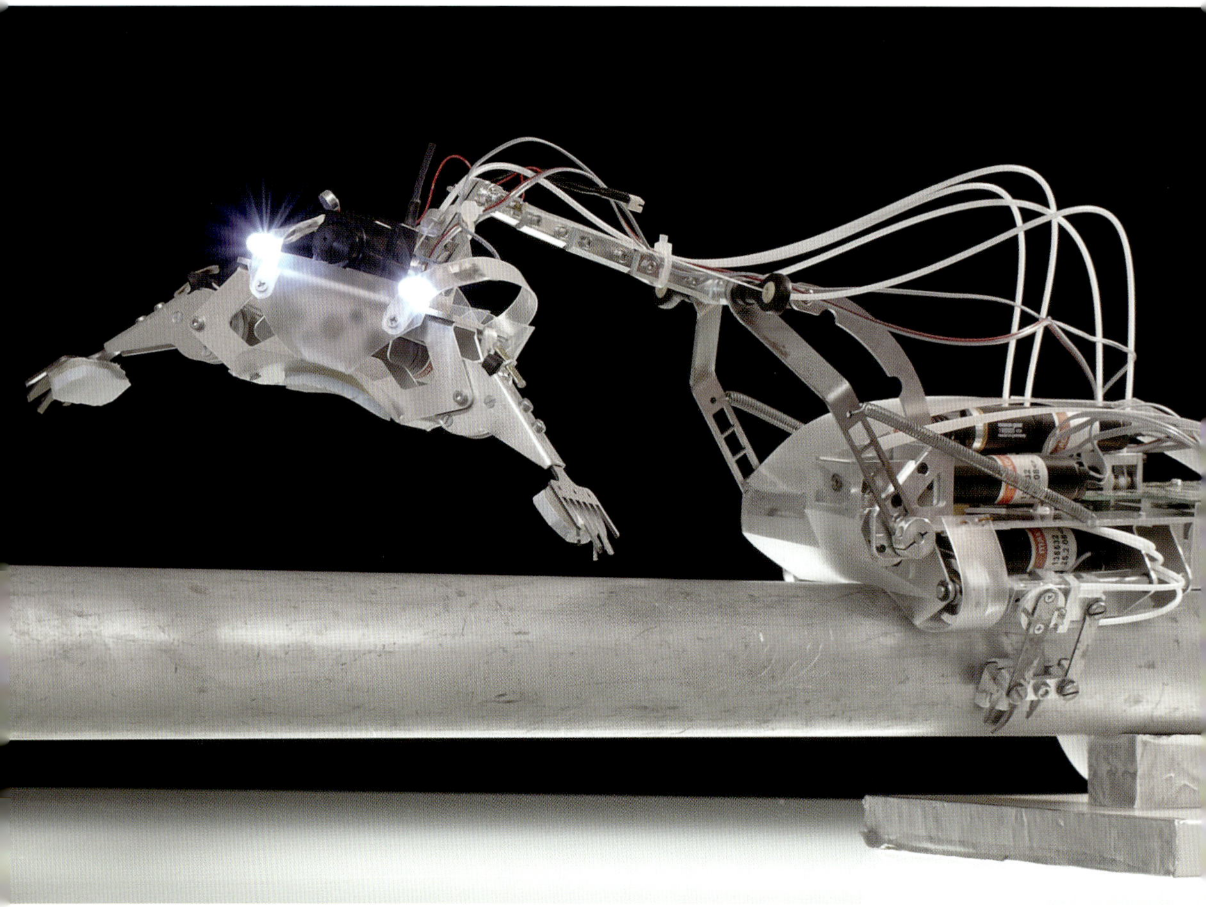

생체 공학 로봇 라트닉. 이 로봇의 운동 시스템은 기어오르는 동물들을 본떠 만들었다.

인간이 원하는 혁신

기술자와 발명가는 끊임없이 새로운 아이디어를 내놓아요. 살아가는 데 꼭 필요한 물건도 있고 비록 생존에 필수적이지는 않지만 실용적인 물건들, 이를테면 끈이 없는 신발, 가벼운 자전거, 더 빠른 자동차, 알록달록한 고무지우개를 발명하지요. 그 덕분에 우리의 일상생활은 나아지고, 삶은 더 편하고 아름다워져요. 물론 이런 편리한 기술에 완전히 매이는 경우도 생겨나지요. 즉석요리를 즐기는 사람들에게 전자레인지 같은 가전제품이 없거나, 병원에서 진료를 받을 때 여러 기능을 행하는 의료 기기 등이 없으면 어찌할 도리가 없거든요.

이처럼 기술에 의지하는 경우가 많아지고 그 수요가 늘어 갈수록, 어떻게 하면 원료나 에너지를 절약하는, 즉 '에너지를 아끼면서도 기술의 편리함은 이용할 수 있는 제품을 생산할 수 있을까?'라는 까다로운 질문을 던지게 되지요. 인류도 당연히 인류를 둘러싼 환경에 적응해야 하니까요. 안타깝게도 인류가 만든 수많은 발명품이 환경을 해치는 것은 흔한 일이에요. 이런 일이 앞으로도 계속돼서는 안 돼요! 기후 변화와 원료 고갈은 인류 앞에 놓인 새로운 도전이며 지금 당장 풀어야 할 숙제랍니다. 인류가 살길을 찾으면서 지구의 다양한 생태계를 계속 지켜 나가려면, 과학과 기술에서 여러 가지 문제를 친환경적으로 푸는 방법을 발견하는 것이 무엇보다도 중요해요.

환경을 오염시키지 않는 자동차를 만들 수 있을까요? 일상생활을 편리하게 돕는 로봇을 만들 수 있을까요? 어떻게 하면 사람과 물건을 배와 비행기로 빠르게 나르면서도 에너지를 절약할 수 있을까요? 최소한의 재료로 튼튼한 다리와 건물을 지을 수 있는 방법은 무엇일까요? 자연에서 풍부하게 얻을 수 있는 수력 에너지, 풍력 에너지, 태양 에너지 등을 어떻게 이용할 수 있을까요?

이런 질문에 대해 생체 공학이 내놓는 대답은 정말 뜻밖이면서도 기가 막히게 절묘해요. 과학자와 공학자는 우선 자연을 자세히 관찰해요. 관찰 결과 제각각 독특한 속성을 지닌 모든 생물 중에서 모범으로 삼기에 적합한 생물을 뽑아 기술적 발명에 적용해요. 이런 과정을 통해 대답을 얻는 거예요.

자연의 뛰어난 재주를 알아내기 위해 생체 공학은 두 가지 방법을 사용해요. 하나는 특정한 문제를 염두에 두고 그 해결 방법을 찾기 위해 자연을 살피는 것이고, 또 하나는 자연에서 우연히 무언가 흥미로운 것을 발견한 다음에 그것을 기술에 응용하는 것이에요.

이 두 가지 방법을 더 자세히 살펴볼 거예요. 해법을 찾기로 작정하고 자연을 살핀 덕분에 나온 발명품에는 어떤 것들이 있을까요? 또 우연한 '행운'이 가져다준 발명품은 어떤 것들일까요?

목적을 가지고 자연을 살펴보기: '하향' 원리

공학자가 어떤 기술적 문제를 해결하겠다는 뚜렷한 목적을 가지고 자연을 살피는 것을 '하향' 원리에 따른 연구라고 해요. 이런 식의 연구에서 공학자는 우선 자신이 원하는 해법의 실마리를 어떤 생물에서 찾아야 할지 알아야 해요. 이를 위해 먼저 생물학자에게 조언을 구해요. 그다음에는 공학자와 생물학자가 함께 생체 공학 팀을 꾸려 개발하려는 기술의 형태나 기능이나 기타 속성들이 자연의 생물과 서로 어떻게 비슷한지 탐구한답니다. 이를 유사성analogy 탐구라고 합니다.

생체 공학을 통해 비행기를 개량하고자 한다면, 먼저 비행기처럼 날아다니는 자연물, 예를 들어 황새, 갈매기, 민들레씨를 모범으로 삼아서 이런 동물이나 식물에서 무엇을 배울 수 있을지 여러 각도로 깊이 생각해야 해요. 이미 수많은 발명가가 이런 식으로 연구했어요. 이 책에도 자연물을 모범으로 삼아 제작한(때로는 위험하기 짝이 없는) 비행 장치가 몇 개 등장할 거예요.

생체 공학자가 비행기의 비행 성능을 최적화(목적에 따라 가장 좋은 결과를 얻을 수 있도록 여러 방면으로 연구하는 것)하기 위해 두더지를 살핀다면, 아마도 소득이 거의 없겠죠. 그러나 새로운 형태의 굴착기 버킷(굴착기의 손에 해당하는 바구니 모양의 부분)을 개발하려는 생체 공학자라면 이야기는 다르죠. 두더지의 앞발은 훌륭한 본보기가 될 수 있어요. 두더지는 땅을 파는 능력이 뛰어나니까요.

실제 오리의 발은 잠수부들이 물속에서 사용하는 오리발과 모양이 비슷해요. 그렇다고 오리의 발이 있기 때문에 잠수용 오리발이 발명되었다는 뜻은 아니에요. 굴착기 버킷도 두더지의 도움 없이 발명되었지요. 그러나 오리의 발과 두더지의 앞

발은 잠수용 오리발 및 굴착기 버킷과 형태와 기능이 비슷하기 때문에 좀 더 뛰어난 성능을 발휘하도록 기술을 개발하는 데 좋은 본보기가 될 수 있어요.

굴착기 버킷을 개량하려는 생체 공학자는 두더지의 앞발을 모범으로 삼을 수 있다.

자연과 기술의 유사성

두더지의 삽처럼 생긴 앞발과 굴착기 버킷은 닮은꼴인데, 양쪽 다 공통적인 기능이 있어요. 둘 다 땅을 파는 작업에 아주 알맞다는 점이에요. 발가락 사이에 물갈퀴가 있는 오리의 발과 사람이 잠수할 때 발에 끼는 잠수용 오리발은 비슷하게 생겼어요. 둘 다 넓은 표면으로 많은 물을 밀어 내지요. 그 덕분에 잠수부와 오리는 빠르게 헤엄칠 수 있어요.

문어의 다리에는 흡착력이 뛰어난 빨판이 있어요. 문어는 그 빨판으로 다른 동물이나 물체에 달라붙어 자신의 몸을 고정하기도 하고 먹잇감을 꼼짝 못하게 하기도 해요. 우리는 플라스틱으로 빨판을 만들어 매끄러운 표면에 물건을 고정하는 데 쓰지요. 욕실의 수건걸이에 그런 빨판을 써요. 가운데 우묵한 부분과 벽면 사이의 압력을 낮춰서 떨어지지 않게 고정하는 거예요. 새들은 날카롭고 단단한 부리를 사람의 손처럼 사용해요. 부리로 먹이를 집고 견과류의 껍데기를 부순답니다. 사람은 그럴 때 핀셋, 집게, 호두까기를 사용하는데, 이 도구들은 새의 부리와 아주 닮았어요.

물론 부리로 견과류를 까먹는 새가 없었다면 호두까기가 발명될 수 없었다는 뜻은 결코 아니에요! 인류가 자연에서 많은 아이디어를 얻은 것은 사실이지만, 아마 대부분의 장치는 동물이나 식물에 대한 연구 없이 개발되었을 것이고 앞으로도 그럴 거예요. 생체 공학은 이미 있는 기술을 더 발전시키거나 전혀 새로운 아이디어를 끄집어내기 위한 여러 방편 가운데 하나일 뿐이니까요.

자연과 기술 사이에는 닮은꼴이 있다.

고양이 발에서 자동차 타이어로

자연계에서 해법을 찾으려는 노력이 성공한 사례로 세계 최대 자동차 부품 회사 중 하나인 콘티넨털사가 자동차 타이어를 생체 공학적으로 개량한 일을 들 수 있어요. 타이어는 잘 굴러야 하지만 다른 한편으로 제동 능력(달리는 자동차를 멈추는 능력)도 매우 중요해요. 타이어 기술자들은 이 두 특징을 함께 가지고 있는 생물을 모범으로 삼기 위해 생물학자들에게 조언을 구했어요. 모범이 될 생물은 움직일 때는 빠르고 능란하면서도 움직임을 멈추는 능력이 매우 좋아야 했지요. 생물학자들은 고양이가 바로 그런 생물이라고 답변했어요.

고양이는 어떻게 그런 능력을 발휘할까요?

고양이의 발바닥은 두껍고 말랑말랑해서 폭이 넓어지기도 하고 좁아지기도 해요. 특히 달릴 때는 폭이 아주 좁고 멈출 때는 넓어져요. 바로 제동 면적이 커지지요. 타이어 개발자들은 이 원리를 신제품에 적용했어요. 새로운 타이어는 자동차가 멈출 때 예전의 타이어보다 더 많이 넓어졌어요. 그 결과 제동 거리(달리던 자동차가 브레이크가 작동하여 완전히 멈출 때까지의 거리)가 크게 줄어들었어요. 참고로 한마디 덧붙이자면, 이런 개량을 최적화라고 해요.

고양이가 움직임을 멈출 때, 고양이의 발은 넓어진다.
이와 같이 제동 면적이 넓어지는 원리를 기술자들은 '고양이 발 타이어'에 적용했다.

흩뿌리기 도구를 찾아서

자연에서 해결책을 찾으려는 노력이 성공한 또 하나의 사례로, 식물을 모범으로 삼은 발명품이 있어요.

1920년에 오스트리아-헝가리 제국 출신의 과학자 라울 프란체는 어떤 문제를 해결하려고 무던히 애를 썼어요. 농지의 생산성을 높이기 위한 연구를 진행했는데, 연구를 위해 아주 작은 생물인 미생물을 실험용 경작지에 최대한 골고루 뿌리고 싶었지요. 이 작업은 미생물이 수확량에 미치는 영향을 탐구하는 데 필요했거든요. 프란체는 실제 경작지가 아니라 실험실에서 연구를 수행했어요. 경작지의 축소 모형을 만들어서요.

실제 자연에서는 때때로 비가 오거나 우박이 내리고 몇 주 동안 가뭄이 이어지기도 하지만, 실험실에서는 원하는 대로 특정한 조건만 골라서 변화시킬 수 있어요. 나머지 조건들은 항상 일정하게 유지하면서요. 따라서 강수량이나 비료의 양과 같은 개별 조건의 변화가 생산량에 어떤 영향을 미치는지를 정확하게 연구할 수 있지요.

프란체는 미생물을 실험용 경작지에 고르게 분산되도록 뿌리는 것이 연구의 성패를 좌우하는 가장 중요한 요소라고 생각했어요. 먼저 주변에서 구할 수 있는 쉽게 떠오르는 흩뿌리기 도구 몇 개를 시험 삼아 사용해 보았어요. 후추 통, 당시에 의사들이 사용하던 분말 살포기, 스프레이 따위를요. 그러나 몹시 실망스럽게도 그 도구들로는 흩뿌리기를 고르게 할 수 없었어요. 그래서 해결책을 찾겠다는 뚜렷한 목적을 가지고 - 오늘날의 표현으로, '하향' 원리에 따라서 - 어떤 식물이나 동물이 고운 가루나 작은 알갱이들을 골고루 흩뿌리는 능력을 지녔는지 살펴보았어요. 이윽고 프란체는 여러 식물이 바람을 통해 씨를 퍼뜨리는 방식을 주의 깊게 살폈지요.

식물의 씨가 퍼지는 방식은 매우 다양해요. 도토리와 밤처럼 곧장 땅으로 떨어지는 씨가 있는가 하면, 단풍나무씨처럼 회전하며 떨어지는 놈도 있고, 바람을 타고 날아가는 씨도 있어요. 날아가는 씨는 비행 장치를 개발하려는 사람들에게 좋은 아이디어를 주기도 했지요.

프란체는 결국 흩뿌리기 도구의 본보기로 양귀비의 씨주머니seed capsule(일종의 열매로, 솔방울만 한 크기의 열매 속에 3만 2천여 개의 씨앗이 들어 있다고 한다.-옮긴이)를 선택했어요.

양귀비의 씨주머니 안에는 자잘하고 까만 씨들이 들어 있어요. 그 씨들이 성숙하면, 씨주머니는 말라 가고 씨주머니의 덮개 밑에 있는 작은 구멍들이 열리지요. 이 상태에서 양귀비의 줄기가 바람에 흔들리면, 씨들이 그 작은 구멍들로 나와 주위로 흩어진답니다.

양귀비의 씨주머니는 꼭대기 덮개 밑의 작은 구멍들로 씨를 흩뿌린다.

라울 프란체는 그 씨주머니의 구조를 본떠 개발한 새로운 흩뿌리기 도구로 자신의 실험을 성공적으로 수행해 냈어요.

프란체는 이런 식으로 기술적인 구조와 원리를 발견하려는 목적을 가지고 자연을 살피는 연구 방법을 '생체기술Biotechnic'이라고 이름 짓고 자신이 개발한 흩뿌리기 도구로 특허를 신청했답니다.

X

흩뿌리기

프란체의 실험을 재현하여 다양한 흩뿌리기 도구들이 내용물을 얼마나 골고루 흩어지게 하는지 검사해 보자. 프란체는 격자판을 만들고 그 위에 내용물을 흩뿌린 다음에, 각각의 네모 칸에 떨어진 알갱이의 개수를 셌다. 흩뿌리기 도구의 성능이 좋을수록, 모든 네모 칸에 거의 같은 개수의 알갱이가 떨어졌다.

여러분이 아는 흩뿌리기 도구들을 생각해 보라. 똑같은 흩뿌리기 도구라고 해도 어떤 내용물을 담느냐에 따라서 성능이 달라지지 않을까? 후추 통에 설탕, 고춧가루, 분가루, 모래를 넣고 실험해 보라. 접시에 설탕과 계핏가루를 서로 다른 패턴으로 뿌리려면 어떻게 해야 할지 생각해 보라.

〈유의 사항〉

실험에서 흩뿌리기 도구를 사용한 다음에는 반드시 깨끗이 씻어야 한다. 또 양념 통에 먹을 수 없는 물질을 넣을 때는 특별히 조심해야 한다. 가루 세제나 비료, 살충제 분말 따위를 넣는 것은 바람직하지 않다. 되도록 어른과 상의한 다음에 실험을 하는 것이 좋다.

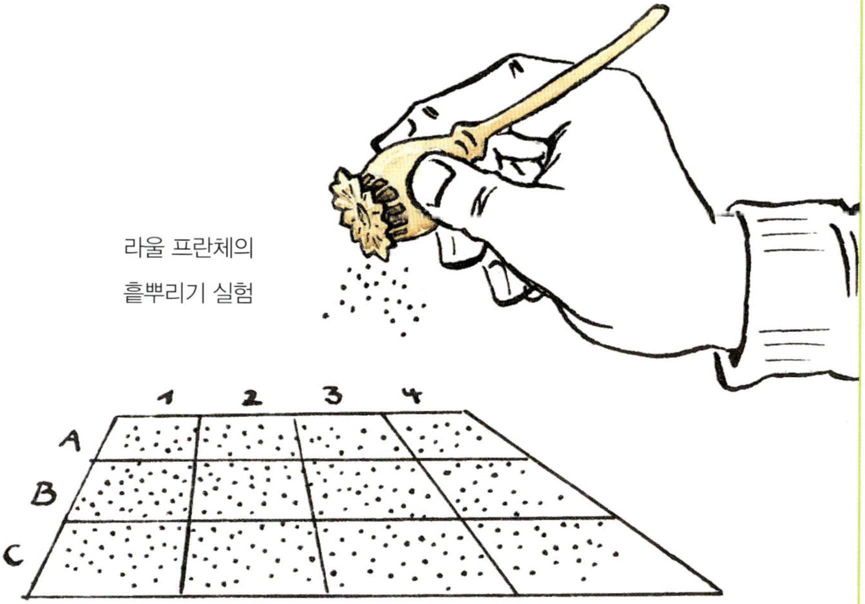

라울 프란체의
흩뿌리기 실험

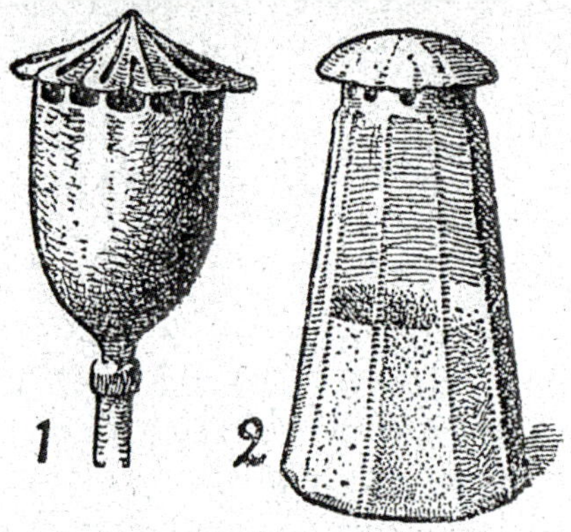

그림 1. 생체 기술 '발명품'과 그것의 본보기.
가정용 및 의료용 신형 흩뿌리기 도구. 목적 RGM. 등록번호 723730(2)
내용물을 골고루 흩뿌리는 양귀비의 성숙한 씨주머니(1)

양귀비의 씨주머니는 과학 실험용 흩뿌리기 도구의 모범이 되었다. 라울 프란체의 저서 《Die Pflanze als Erfinder》에 실린 이 그림은 프란체가 개발한 흩뿌리기 도구가 특허 등록되었음을 알려 준다.

이로써 프란체의 발명품은 독일 최초의 '생체 공학' 특허품이 되었어요. 종종 그 씨주머니 흩뿌리기 도구가 오늘날 우리가 쓰는 후추 통의 원형이라는 추측을 하기도 하지만, 아마도 이는 맞지 않을 거예요. 후추 통은 덮개 위에 구멍들이 뚫려 있어서 후추를 원하는 곳에 집중적으로 뿌리는 데 적합한 반면, 프란체의 흩뿌리기 도구는 덮개 둘레에 구멍들이 뚫려 있어서 내용물을 널리 흩어지게 하는 데 적합하니까 말이에요.

i

기록을 통한 진보

과학에서는 발견한 내용을 기록해 두는 일이 다음 실험을 위해 매우 중요하다. 또 과학자가 자신의 지식을 다른 사람들에게 알리고자 할 때에도 실험 결과를 정확하게 기록한 글과 그림이 큰 도움이 된다.

흩뿌리기 실험을 한 다음에는 어떤 도구가 성능이 가장 좋은지, 실험 도중에 어떤 문제들이 불거졌는지 기록할 수 있다. 무엇을 어떻게 연구하고 발견했는가를 정확히 기록하는 일이 얼마나 중요한지를 간단한 예를 통해 알아보자.

길동이가 과자를 구웠는데, 정말 맛있게 구워져서 잘 먹었다. 나중에 길동이는 내가 정말 맛있는 과자를 만들었다고 당연히 말할 수야 있겠지만 이를 증명할 수는 없다. 또 달걀을 두 개 썼는지 아니면 열 개 썼는지, 또 달걀로 무엇을 했는지 적어 놓지 않는다면, 어쩌면 길동이는 그 맛있는 과자를 다시 만들 수 없을지도 모른다. 과자 요리법에서는 밀가루, 설탕, 버터, 견과류를 몇 그램씩 어떤 순서로 넣으면서 반죽을 만드는가가 중요하니까. 과학에서도 마찬가지다. 여러분이 무엇을 연구했고 그 결과로 무엇을 얻었는지 기억하려면 실험 결과를 적어 두어야 한다. 그렇게 기록을 해 두면, 연구 성과를 잊어버리는 일을 막을 수 있을뿐더러 다른 사람에게 알리려고 할 때에도 별도의 설명 없이 쉽게 알릴 수 있다는 장점이 있다.

과학에서는 오직 이렇게 기록해 두는 방식으로만 다른 과학자 및 기술자와 연구 결과를 공유할 수 있다. 기록이 남아 있는 실험은 나중에 본인이나 다른 사람들에 의해 더 발전되고 새로운 발명과 발견의 발판이 될 수 있다.
그러나 진정한 과학자는 기존의 연구 방침을 따르기만 하는 것이 아니라 항상 새로운 질문을 하려고 한다. 신중함을 잃지 않으면서도 실로 엉뚱한 연구를 시도한다. 왜냐하면 호기심이 많고 모든 것을 이해하고자 하기 때문이다. 바로 이런 호기심과 이해하려는 의지가 기술의 발전을 가져온다.

특히 바람직한 방법은 연구 일지를 마련해서 여러분이 수행하는 실험과 그 결과, 후속 연구에 대한 아이디어를 기록하는 것이다.

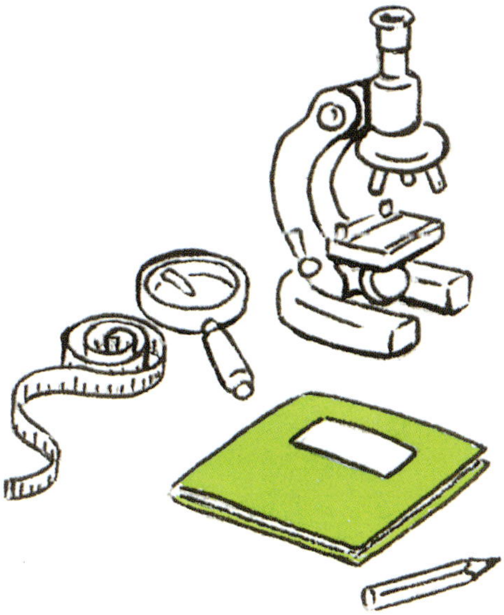

자연에서 기술로: '상향' 원리

고양이 발 타이어와 씨주머니 흩뿌리기 도구는 '하향' 원리에 따른 연구, 곧 특정 문제의 해결 방법을 찾으려는 목적으로 자연을 살핀 연구에서 나온 성과이지요. 생체 공학자가 택하는 두 번째 방법은 이른바 '상향' 원리예요. 먼저 생물학자가 자연에서 무언가를 발견해, 그 발견을 기술에 응용하는 경우를 일컬어 상향 원리에 따른 연구라고 해요. 이런 상향 연구에서는 우선 생물학적 원리를 깊이 있게 탐구하고, 그다음에 기술자와 생물학자가 협력하여 기술에 적용하려고 하지요. 널리 알려진 '연잎 효과'는 상향 연구로 얻은 성과의 대표적인 예랍니다.

늘 깨끗한 식물들

연잎의 표면이 늘 깨끗한 이유를 알아낸 건 본 대학의 생물학자들이에요. 그들은 연구를 위해 수집한 식물 표본들의 잎과 꽃에 묻은 먼지를 물로 씻어 내는 작업을 하곤 했어요. 배율이 아주 높은 현미경으로 잎과 꽃의 표면을 관찰하려면 그런 세정 작업이 꼭 필요했거든요. 그런데 이 과정에서 의미심장한 발견을 했어요. 물로 씻지도 않았는데, 저절로 깨끗해지는 식물들이 있었기 때문이에요. 그런 식물의 잎에 묻은 오물은 물방울이 닿자마자 씻은 듯이 '사라졌어요!' 생물학자들은 당연히 흥미를 느꼈고, 더 자세한 연구를 통해 왜 일부 식물은 이런 자가 세정 능력을 발휘하고 다른 식물은 발휘하지 못하는지를 밝혀냈어요.

본 대학의 생물학자들은 이 발견을 여러 회사에 설명했어요. 이런 자가 세정 효과를 우리 생활에 응용할 수 있으리라 생각한 거죠. 우리가 입은 티셔츠가 저절로 깨끗해진다면, 운동화를 세탁할 필요가 없다면, 정말 상상만 해도 획기적이지 않나요! 그래서 생물학자들은 기술적인 생산물을 함께 개발하고 제작할 파트너를 물색했지요. 처음에는 이 아이디어를 신뢰하는 사람이 없었지만, 결국 한 회사가 연

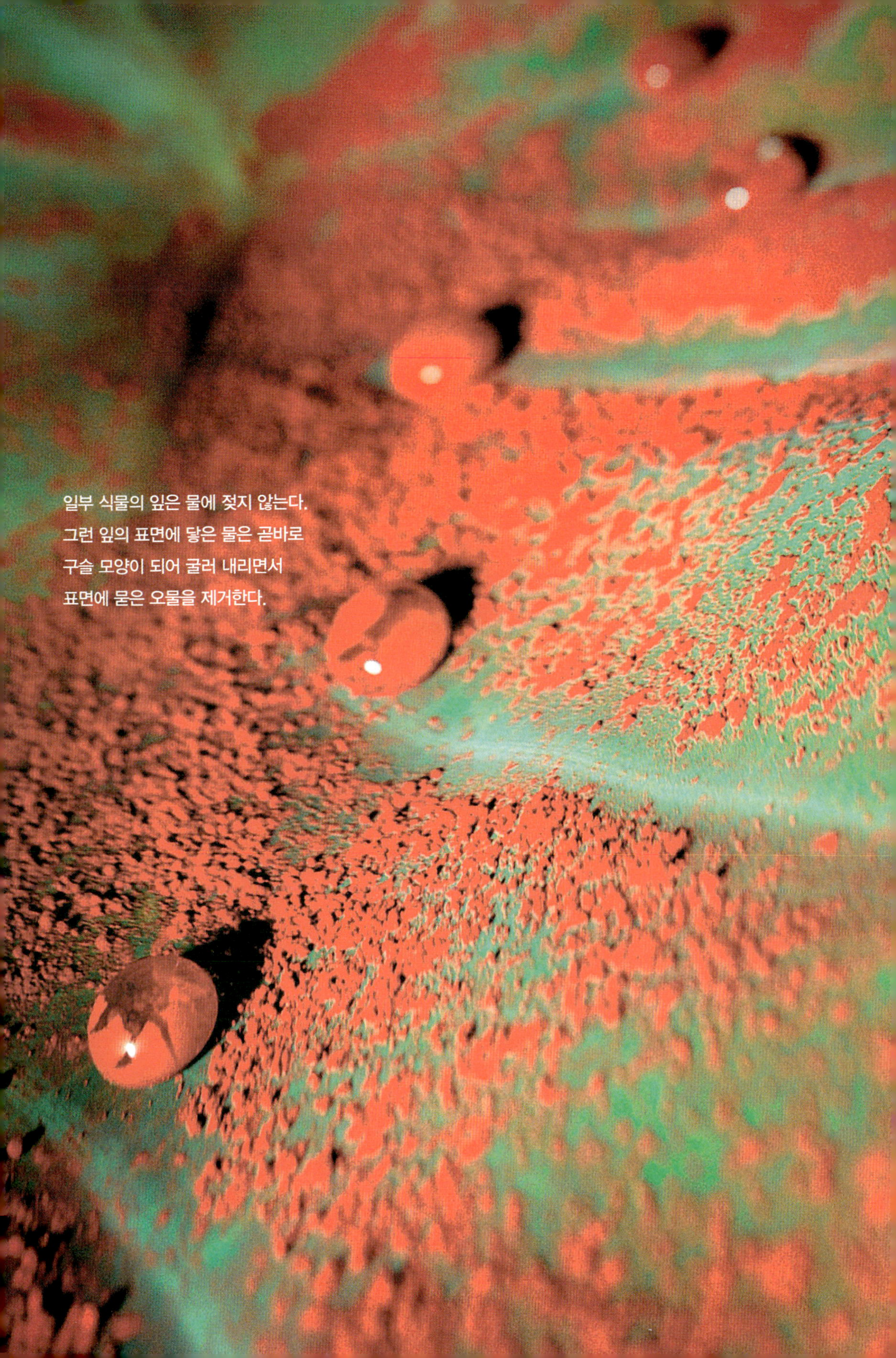

일부 식물의 잎은 물에 젖지 않는다. 그런 잎의 표면에 닿은 물은 곧바로 구슬 모양이 되어 굴러 내리면서 표면에 묻은 오물을 제거한다.

구 팀의 파트너로 나섰어요. 물론 아직도 완벽한 자가 세정 능력을 갖춘 옷은 없지만, 자가 세정 페인트를 칠한 건물은 수십만 채에 달하지요.

흥미로운 갈고리: 우엉 열매

'상향' 연구에서 나온 발명품의 또 다른 예로 벨크로가 있어요. 운동화와 가방을 비롯한 온갖 제품에 널리 쓰이는 벨크로를 못 본 사람은 아마 없을 거예요. 벨크로 역시 자연에서 아이디어를 얻어 만든 제품이에요. 바로 우엉의 열매에서요. 우엉은 둥글고 가시가 돋친 열매를 맺는데, 이 열매는 스쳐 지나가는 사람의 옷이나 동물의 털가죽에 달라붙어 좀처럼 떨어지지 않아요. 무슨 목적으로 달라붙을까요? 사실 우엉은 그런 식으로 씨를 퍼뜨려 서식지를 넓혀 간답니다. 달라붙은 우엉 열매를 떼어 내는 일은 고역이에요. 떼어 낸 열매는 대개 곧바로 다시 다른 자리에 달라붙거든요. 바로 이 특성에서 실마리를 얻어 1941년에 벨크로라는 독창적인 발명품을 만들었답니다.

스위스의 기술자인 조르주 드 메스트랄은 기술적인 일뿐만 아니라 사냥도 몹시 좋아했어요. 그는 사냥을 갈 때마다 개를 데리고 다녔는데, 집에 돌아오면 매번 자신의 옷과 개의 털에 달라붙은 우엉 열매들을 떼어 내야 했답니다.

연구하고 무언가를 만들어 내는 발명가였던 드 메스트랄은 우엉 열매를 본격적으로 연구하기 시작했어요. 호기심 많은 발명가라면 그 열매가 그토록 악착같이 달라붙는 이유를 당연히 알고 싶었겠죠!

해답은 현미경 관찰에서 나왔어요. 현미경으로 꼼꼼히 들여다보니, 우엉 열매에 탄력 있는 갈고리들이 돋아 있었죠. 그 갈고리들이 털에 걸려서 우엉 열매가 털북숭이 표면에 달라붙는 거였어요. 사람이 열매를 잡아당기면, 갈고리들은 펴졌다가 다시 원래 모양으로 돌아가요. 물론 갈고리가 완전히 뜯겨 나가는 경우도 흔했지요. 그러나 갈고리가 워낙 많았으므로, 떼어 낸 열매가 다시 털북숭이 표면에 달라붙을 수 있었어요.

우엉 열매에 돋친 갈고리 모양의 가시들

개의 털가죽에 달라붙은 우엉 열매

개의 털가죽에서 벨크로로

드 메스트랄은 우엉 열매의 이 같은 특성에 매혹된 나머지 이를 기술적으로 응용하여 지퍼나 단추를 대신할 수 있는 직물 점착 장치(완전히 붙는 접착과 달리 떼었다 붙였다를 반복할 수 있는 장치)를 개발하기로 마음먹었어요. 양쪽 면을 포개면 갈고리들과 고리들이 맞물려 쉽게 떨어지지 않고, 힘을 주어 떼어 내면 떨어지는 장치 말이에요. 많은 직물 전문가를 만나 이 아이디어에 대해 의견을 나누었지만, 다들 고개를 저었어요. 지금까지 아무도 그런 특이한 직물을 생각해 본 적이 없었으니까요. 오랜 기간 헤맨 끝에 드 메스트랄은 마침내 어느 직공의 도움으로

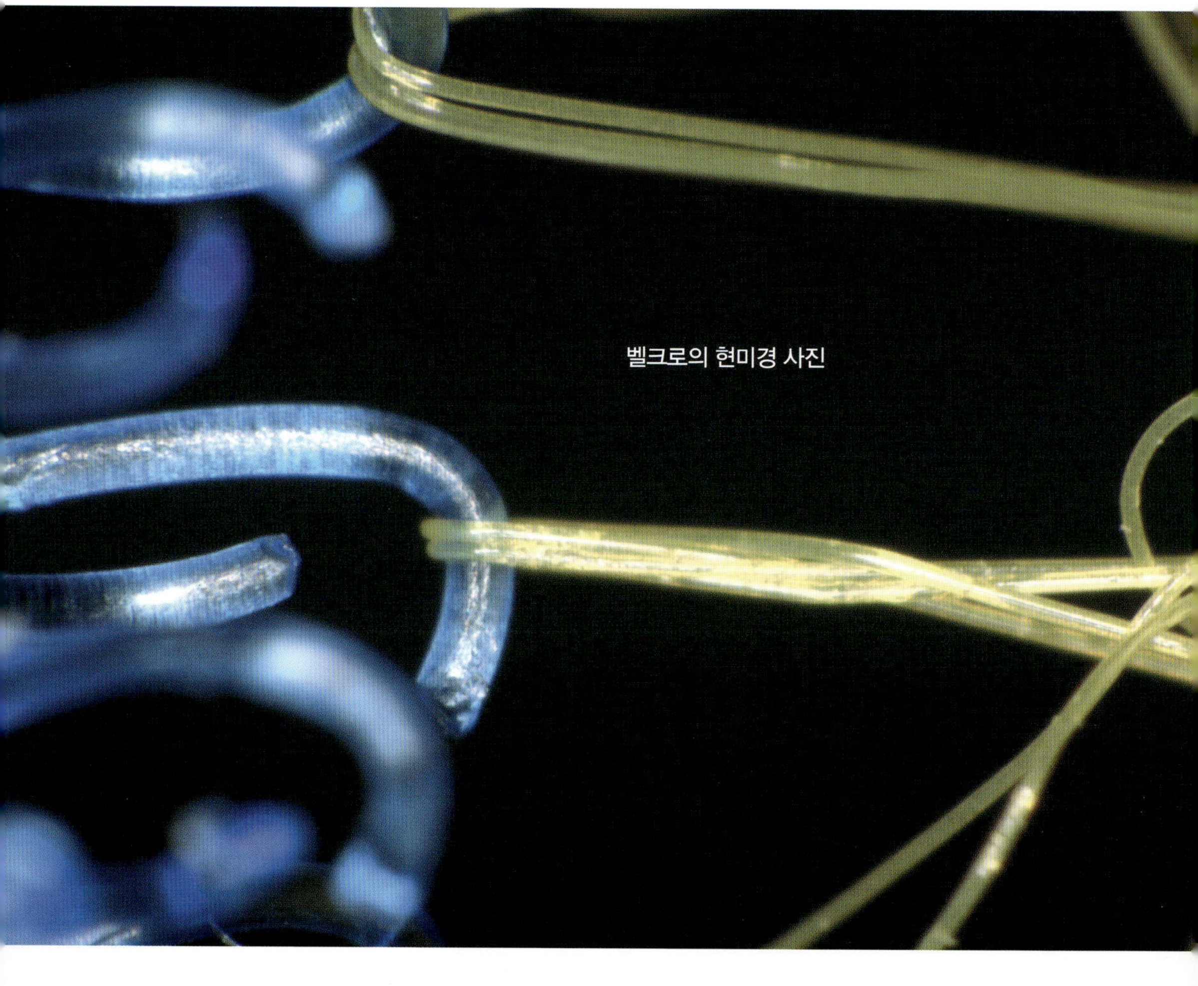

벨크로의 현미경 사진

최초의 벨크로 조각을 만들었어요. 자연을 본보기로 삼아 발명된 그 새로운 점착 장치는 쉽고 빠르게 붙이고 뗄 수 있었어요. 게다가 오래 사용해도 성능이 나빠지지 않았지요.

조르주 드 메스트랄은 자신의 발명품을 '벨크로'(벨벳을 뜻하는 프랑스 어 '벌루어 velours'와 갈고리를 뜻하는 '크로셰 crochet'를 합하여 만든 이름)라고 이름 짓고 특허를 신청했어요. 드 메스트랄이 설립한 벨크로사는 지금도 영업 중이에요. 지금은 다른 회사에서도 벨크로 제품을 생산하지요.

벨크로의 쓰임새

벨크로를 자세히 관찰해 보세요. 서로 달라붙는 두 면을 만져 보면, 촉감이 달라요. 한쪽 면은 개의 털가죽처럼 폭신한 반면, 다른 쪽 면은 꽤 껄끄러워요. 껄끄러운 면은 수많은 작은 갈고리들로 뒤덮여 있어요. 바로 우엉 열매의 갈고리를 본

발명에서 특허까지

나라마다 조금씩 다르지만 새로운 발명품을 개발한 사람은 특허청에 특허를 신청할 수 있다. 특허를 받으면, 자신의 아이디어로 무엇을 하고 누가 돈을 벌어도 되는지를 결정할 권리를 20년 동안 보유하게 된다. 특허 신청은 상당히 복잡하고 비용도 많이 든다. 그러나 발명품은 특허를 신청하고 획득하는 과정을 통해 실험실이나 작업실에서 세상으로 나온다. 특허가 난 제품에 대한 설명은 누구나 읽을 수 있다. 또 특허품은 다른 사람들의 후속 연구와 발명에 토대로 쓰일 수 있다. 그러므로 특허청에 가면 다른 사람들의 발명품에 관한 정보도 얻을 수 있다.

발명을 하고 특허를 얻으려면, 아주 많은 조건을 갖춰야 한다. 당연한 첫째 조건은 좋은 아이디어인데, 아마 이 조건은 이 책을 읽으면 자연스럽게 갖춰질 것이다. 다음으로는 발명품을 설명하는 글을 쓰고 그림을 그리고 축소 모형을 제작하는 따위의 일을 해야 한다. 자신의 특허품을 판매하고자 한다면, 대개는 시제품, 곧 시험 삼아 만든 제품이 필요하다. 그래야 그 제품을 생산하고 판매할 사업가를 구할 수 있다. 참고로 조르주 드 메스트랄은 열두 살 때 새로운 모형 비행기를 만들어 첫 특허를 신청했다.

떠 만든 갈고리들이지요.

두 면이 포개지면 갈고리들이 폭신한 직물에 달라붙어 두 면이 단단히 맞붙게 되어요. 벨크로의 갈고리들은 우엉 열매의 갈고리들처럼 탄력이 있어서 벨크로를 떼어 낼 때는 곧게 펴지면서 폭신한 직물에서 떨어진답니다. 그러고는 다시 원래 모양으로 돌아가지요. 때로는 벨크로를 붙이고 떼는 과정에서 폭신한 면의 섬유가 뜯겨 나오기도 해요.

벨크로는 우리가 맞붙이려는 두 면을 접착제나 나사 없이도 상당히 튼튼하게 맞붙일 수 있게 하는 장점이 있어요. 게다가 떼고 붙이기를 수없이 반복할 수도 있지요. 어떤 회사는 자기네가 생산한 벨크로는 1만 번 떼고 붙여도 망가지지 않는다고 광고하기도 해요.

벨크로가 처음 나왔을 때에는 공업적 용도와 우주 비행에만 쓰였어요. 우주인은 우주선을 벗어나 무중력 상태에서 무언가를 할 때 두툼한 장갑을 껴야 하는데, 그러면 작은 단추를 잠그거나 지퍼를 올리기가 어려워요. 그러니 주머니에서 무언가를 꺼내는 일이 결코 만만하지가 않죠. 이 대목에서 벨크로가 매우 유용해요. 벨크로는 누르면 붙고 적당한 자리를 잡아당기면 떨어지니까요. 우주선 내부의 물건 대부분은 불이 나도 견딜 수 있을 만큼 열에 강한 물질로 이루어져 있어요. 그래서 우주 비행용 벨크로도 처음에는 금속으로 만들었는데, 나중에는 유리 섬유로 바뀌었어요.

소방관과 자동차 경주 선수의 옷에도 불에 잘 타지 않는 플라스틱으로 된 벨크로를 써요. 최대한 빠르게 옷을 입고 벗을 수 있도록 하기 위해서예요.

지금은 어디에서나 벨크로를 볼 수 있어요. 가방, 신발, 장난감 등에 생체 공학적 접착 장치인 벨크로를 사용하지요. 옷에서도 벨크로가 단추와 지퍼를 밀어내는 경우가 많아요. 벨크로 밴드는 전선을 묶고 붕대를 고정하는 데도 써요. 심지어 기저귀에도 쓰지요.

특수 제작된 일부 벨크로는 갈고리들과 고리들이 아주 빨리 맞물리면서도 웬만

벨크로의 접착력은 얼마나 강할까?

벨크로를 떼어 낼 때 보통 한쪽 구석을 잡아서 위로 당긴다. 그러면 갈고리들이 폭신한 직물에서 하나씩 차례로 떨어진다. 그런데 벨크로를 다른 방식으로 떼어 보면 어떨까? 벨크로 조각을 하나 구해서(잡화점에서 사거나 낡은 운동화에서 떼어 내서) 벨크로가 얼마나 큰 힘을 견딜 수 있는지 실험해 보자.

(1) 벨크로의 한 면을 손으로 쥐거나 나무 판에 붙여 고정한다.

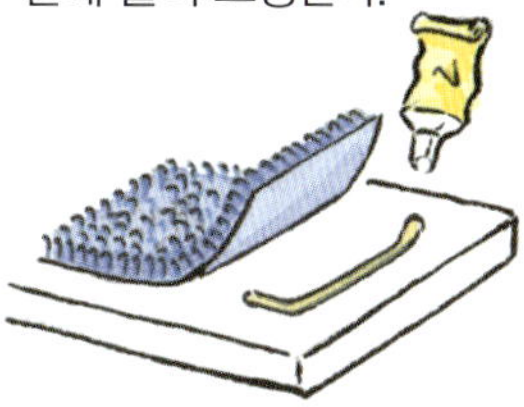

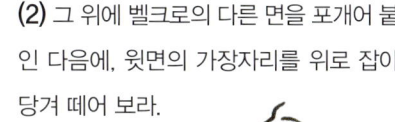

(2) 그 위에 벨크로의 다른 면을 포개어 붙인 다음에, 윗면의 가장자리를 위로 잡아당겨 떼어 보라.

(3) 이번에는 윗면의 한가운데를 위로 잡아당겨 떼어 보라. 방금 전보다 힘이 더 드는가, 아니면 덜 드는가?

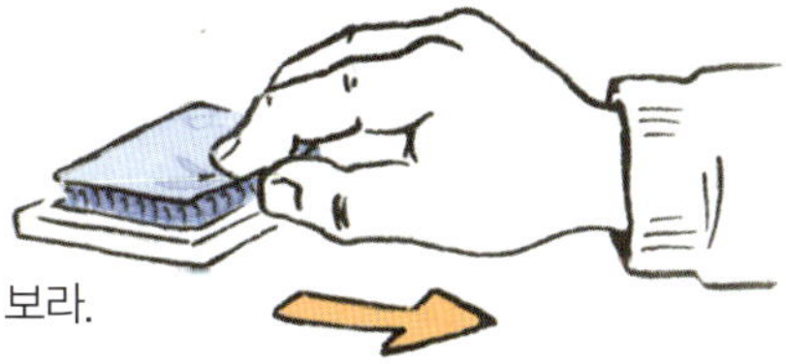

(4) 마지막으로 윗면을 옆으로 잡아당겨 떼어 보라. 이런 식으로 벨크로를 떼려면 얼마나 큰 힘이 필요한가?

손으로 잡아당기는 대신에 추의 무게를 이용하여 잡아당기면, 잡아당기는 힘의 크기를 쉽게 측정할 수 있다. (2), (3), (4)의 방법을 쓸 때, 얼마나 많은 추를 매달면 벨크로가 떨어지는가?

벨크로를 쉽게 떼려면 특정한 자리를 특정한 방향으로 잡아당겨야 한다. 벨크로의 접착력은 어디를 어느 방향으로 잡아당기느냐에 따라 달라진다.

해서는 다시 떨어지는 일이 없어요. 이런 벨크로는 자동차 공장에서 좌석에 사용하는 쿠션을 최대한 빨리 아주 튼튼하게 조립하기 위해 쓴답니다.

그러나 벨크로는 단점도 있어요. 벨크로에 보풀이나 오물이 끼면 성능이 떨어진다는 점이에요. 게다가 특유의 소음이 있지요. 벨크로를 뗄 때 나는 '찍' 하는 소음을 모르는 사람은 없을 거예요. 몇몇 나라에서는 그 소음을 벨크로의 이름(예컨대 '찍찍이')으로 부르기도 한답니다. 그 소음은 벨크로의 용도를 제한하는 원인 중 하나예요. 밀림에 몰래 들어가 겁 많은 동물을 관찰하려는 동물 행동학자가 망원경을 꺼내려고 가방의 벨크로를 뗀다면, 동물은 즉각 달아나 버리겠죠.

벨크로는 옷, 가방, 신발 등에 쓰인다.

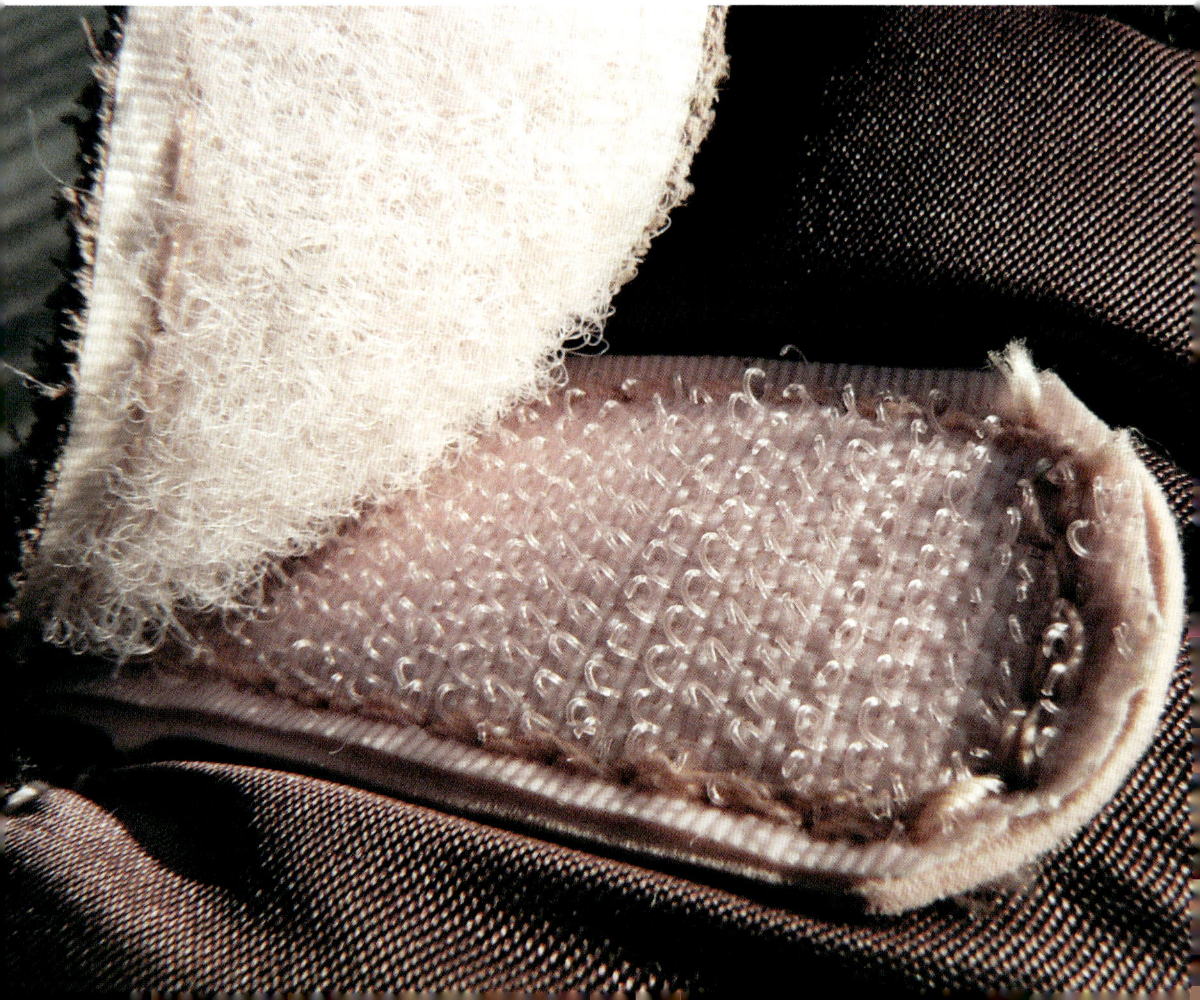

자연은 아이디어 상자

이 첫 장에서 보았듯이, 우리는 수많은 생체 공학적 발명품을 오래전부터 당연한 듯이 사용해 왔어요. 오늘도 사람들은 별 생각 없이, 예컨대 비행기를 타지만 인류가 부단한 노력 끝에 비행을 '배운' 것은 그리 오래된 일이 아니에요. 그때나 지금이나 비행기 제작자들이 모범으로 삼는 것은 새이지요.

선박을 만들 때도 마찬가지예요. 이 분야에서도 자연을 모범으로 삼아 많은 문제를 개선할 수 있어요. 이 경우 동물계와 식물계에 있는 형태, 동력, 표면 등의 특성을 선박과 잠수함에 적용하여 더 적은 에너지로 더 큰 성능을 얻는 것이 가장 중요한 목표이지요.

미래의 로봇은 독립적으로 스스로 과제를 해결하고, 사람이 하기에는 위험하거나 어려운 작업을 떠맡을 거예요. 동물의 몸 구조와 운동 방식은 생체 공학적 로봇의 본보기 역할을 할 수 있어요. 곤충과 파충류가 지닌 발의 특수한 표면은 새로운 접착테이프의 모범이 될 수 있고, 어떤 벌이 지닌 특별한 솜씨는 원유 유출 사고가 일어났을 때 바다에서 기름띠를 제거하는 데 쓰일 수 있어요. 내구성이 강하거나 특별히 단단하면서도 아주 가벼운 물질을 개발하려고 하는 과학자들은 식물과 조개껍데기의 견고함을 연구할 거예요. 나무와 뼈는 특정한 원리에 따라 성장하는데, 그 원리는 가벼운 자동차를 제작하는 데 이용되지요. 자동차의 무게를 줄이는 것은 연료를 아끼고 부품의 수명을 늘리기 위해 중요해요.

현재 생체 공학자들의 연구 주제 중에는 식물의 에너지 대사를 응용해 태양 에너지를 전기로 바꾸는 방법과 동물의 집을 모방한 자연 통풍 건물도 있어요.

이 책은 자연의 천재적인 발명품들을 소개하면서 여러분 스스로 실험하고 연구하고 발명할 길도 열어 줄 거예요. 호기심 많은 여러분에게 딱 알맞은 책이죠!

날아다닌다는 꿈

인류는 새처럼 날아다니기를
언제나 꿈꿔 왔어요. 자연에는
기술자와 생체 공학자에게
하늘을 나는 비행 장치에 대해
항상 새롭게 영감을 주는
온갖 비행 기술이 있어요.

태초에 새가 있었다

새는 어떻게 공중을 날 수 있을까요? 이 질문의 답을 알아내는 것은 인류의 오랜 꿈이었어요. 인류는 항상 먼 거리를 쉽게 이동하고, 저 높은 곳에서 세상을 내려다보고, 중력의 속박에서 풀려나는 것을 꿈꿔 왔지요. 여러분도 하늘로 날아오를 수 있다면 얼마나 좋을까, 하는 상상을 한 번쯤은 해 보지 않았나요?

새들은 정말로 아무 노력 없이 날아오르는 것일까요? 이 장에서 여러분은 발명가와 기술자가 비행기와 놀라운 비행 장치를 개발하기 위해 어떤 아이디어를 자연에서 빌려 왔는지, 지금도 여전히 빌려 오고 있는지 볼 거예요. 비행기를 만드는 데 모범이 되어 준 동물과 식물을 만나고, 지금까지 어떤 아이디어가 실현되었고 어떤 연구 프로젝트가 미래에 결실을 거둘 가능성이 있을지 배울 거랍니다. 한 가지만은 확실하게 말할 수 있어요. 자연에 있는 놀랄 만큼 다양하고 복잡한 비행 기술들 가운데 우리 인간이 지금까지 이해한 것은 아주 작은 일부에 지나지 않는다는 사실이에요.

레오나르도 다빈치

이탈리아의 레오나르도 다빈치는 자연을 관찰하는 일을 유별나게 좋아했어요. '다빈치'는 성이 아니라 '빈치 출신'이라는 뜻이에요. 즉, '레오나르도 다빈치'는 '빈치 출신의 레오나르도'라는 뜻이에요. 레오나르도는 1452년, 그러니까 대략 500년 전에 빈치에서 태어났어요. 레오나르도는 과학자이자 화가였고, 발명가이자 건축가이며 예술가였고, 의학에도 관심이 무척 많았어요. 믿기 어려울 정도로 호기심이 많은 인물이었지요. 이토록 다양한 관심과 재능을 지녔기에, 오늘날 우리는 레오나르도 다빈치를 '만능천재'라고 불러요. 한마디로 못하는 게 없었다는 뜻이죠!

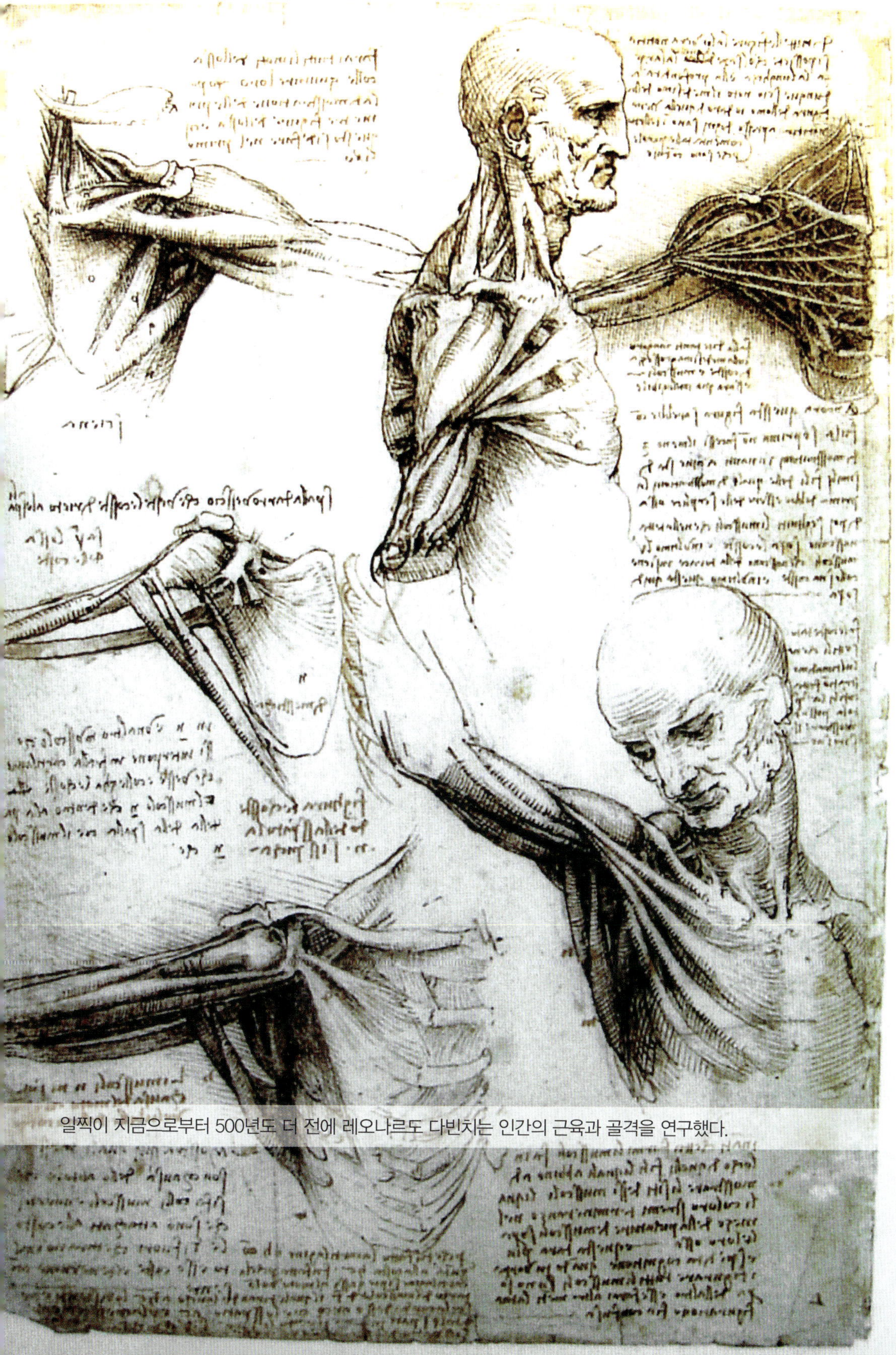

일찍이 지금으로부터 500년도 더 전에 레오나르도 다빈치는 인간의 근육과 골격을 연구했다.

레오나르도는 갖가지 사물을 연구할 때 스케치를 하고 그림을 그리면서 일을 했어요. 지금까지 남아 있는 수많은 스케치를 보면 알 수 있죠. 그런 연구 방식 덕분에 눈썰미가 매우 예리해진 레오나르도는 기술적인 장치나 생명체가 정확히 어떻게 작동하고 움직이는지를 다른 사람들보다 더 잘 알아챘어요. 게다가 레오나르도는 지식이 풍부했어요. 과거 발명품들에 관한 책과 글이라면 거의 빠짐없이 알고 있었지요. 그래서 레오나르도가 그려 놓은 것들 전부가 그의 독창적인 아이디어는 아니에요. 레오나르도는 많은 아이디어를 기존의 책에서 수집했고, 거기에 새로운 기능을 덧붙이는 식으로 더 발전시켰어요.

레오나르도 다빈치의 그림 가운데 가장 유명한 작품은 아마도 알쏭달쏭한 미소를 띤 〈모나리자〉일 거예요. 하지만 더 큰 경탄을 자아내는 것은 사람의 몸을 아주 자세하게 묘사한 스케치들이에요. 레오나르도는 인간의 신체 부위가 어떤 구조이고 어떻게 서로 맞물려 운동하고 어떻게 서로 의존하는지 이해하려고 했어요. 근육부터 비율과 얼굴 표정까지. 레오나르도는 모든 것을 화가의 눈으로 관찰하고 수많은 스케치를 남겼어요. 레오나르도는 인간의 모든 운동과 자세 변화가 근육과 인대와 결합 조직과 뼈의 상호 작용을 통해 일어난다는 것을 일찌감치 깨달았지요. 무게중심이 조금만 옆으로 움직여도, 우리 몸은 곧바로 다시 균형을 잡아요. 이 중요한 능력이 없다면, 우리는 똑바로 서 있지도 못할 거예요. 놀랍게도 레오나르도의 스케치들은 아주 정확해서 지금도 쓸모가 있답니다.

비밀 유지

레오나르도 다빈치는 왼손잡이였는데, 특이한 방법으로 글씨를 썼어요. 대부분의 글을 거울에 반사된 모양의 알파벳(일명 '거울 글씨')으로 오른쪽에서 왼쪽으로 썼지요. 이렇게 하면 글을 쓸 때 오른손에 잉크가 안 묻어서 좋았고, 남들이 자기의 글을 쉽게 해독하지 못해서 좋았죠!

아래 글씨 옆에 거울을 대보라.
거울에 비친 상을 보면 '거울 글씨'를 뜻하는 이탈리아 어
'scrittura a specchio'를 읽을 수 있을 것이다.

500년 전에는 당연히 특허청이 없었어요. 어쩌면 레오나르도는 이런 특별한 글쓰기 방식으로 자신의 발명품을 아무나 따라 만드는 것을 막으려고 했을 거예요. 심지어 어떤 이들은 레오나르도가 자신의 스케치에 일부러 사소한 오류를 집어넣었다고까지 주장해요. 예를 들어 톱니바퀴 하나를 틀리게 그려 넣어, 누군가가 스케치를 훔쳐보고 그대로 만들더라도 제대로 작동하지 못하도록 했다는 거예요. 자신이 발명한 장치를 제작할 때 무엇을 유의해야 하는지는 오로지 레오나르도 본인만 알았죠. 이런 식으로 레오나르도는 자신의 아이디어를 기술적으로 실현하려면 반드시 자신과 자신의 지식이 필요하도록 했어요.

최초의 생체 공학자

레오나르도 다빈치는 자연을 정확히 관찰하는 데 많은 시간을 들였어요. 레오나르도의 조수들은 그가 못가에 앉아 잠자리와 딱정벌레를 비롯한 동물들이 어떻게 살고 움직이는지를 여러 시간 홀린 듯이 관찰하는 동안 어쩔 수 없이 그 곁에 앉아 있곤 했어요.

레오나르도는 이렇게 관찰한 사실을 바탕으로 하여 참으로 기발한 장치들을 고안했어요. 예컨대 인상적인 비행 장치의 설계도를 그릴 때 레오나르도는 틀림없이 박쥐의 날개에서 영감을 받았을 거예요. 그 장치에 달린 날개의 형태와 구조는 박

쥐의 날개와 눈에 띄게 닮았거든요.

레오나르도의 설계에 따르면, 그 장치는 한 사람의 근력으로 날아올라야 해요. 비행사는 팔과 다리를 규칙적으로 놀려 밧줄과 지렛대를 당기고 눌러야 하지요. 그러면 장치의 양 날개가 위아래로 움직여요. 이런 장치가 과연 사람을 태우고 날아오를 수 있을까요?

레오나르도의 시대보다 더 옛날에도 사람들은 위아래로 움직이는 날개로 날아오르는 시도를 했어요. 그런 시도를 하나 살펴보아요.

이카로스

그리스 신화에 나오는 다이달로스와 그의 아들 이카로스는 인류 최초로 새처럼 날아 보려고 시도한 인물이에요. 다이달로스는 발명가였는데 크레타 섬의 왕 미노스를 위해 몇 가지 발명품을 만들었지요. 그런데 미노스 왕은 이런 발명품들의 비밀을 누설하지 못하도록 다이달로스를 아들 이카로스와 함께 크레타 섬에 가둬 버렸어요. 다이달로스는 날아서 달아나기로 마음먹었어요. 크레타 섬은 온통 바다로 둘러싸여 있는 데다 미노스 왕이 감시했으므로, 도망칠 길은 하늘밖에 없었으니까요. 하지만 어떻게 날아갈 수 있을까요?

다이달로스는 새의 깃털을 모아 자신과 아들을 위한 날개를 만들고 그것을 팔에 묶었어요. 깃털들은 끈과 밀랍으로 고정했어요. 이카로스는 이 모든 것이 흥미롭기 그지없었죠. 아버지가 날개를 만드는 동안 그 날개를 만지작거리며 놀았어요. 다이달로스는 이카로스를 꾸짖으면서 이 날개로 너무 높게 날거나 너무 낮게 날면

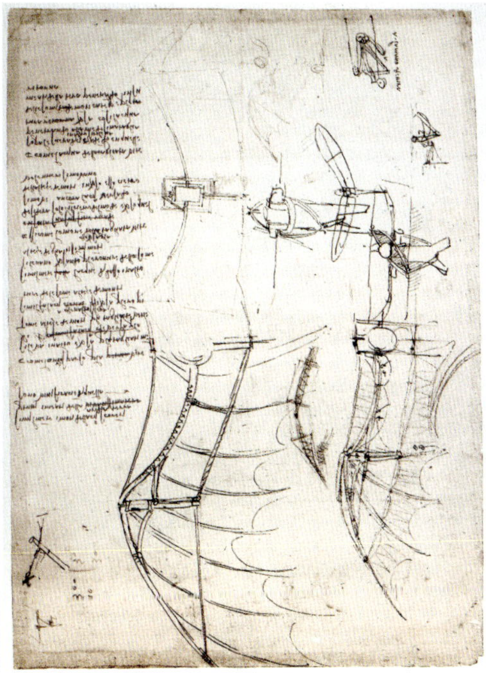

이 비행 장치의 날개에
들어 있는 보강용 버팀목은
박쥐의 가늘고 긴
손가락뼈를 닮았다.

절대로 안 된다고 엄하게 타일렀어요.

다이달로스의 날개로 비행할 때는 적당한 비행 고도를 반드시 유지해야 해요. 드디어 비행에 나선 다이달로스 부자는 바다 위로 날아가며 여러 섬을 지나쳤어요.

우연히 하늘을 쳐다본 사람이라면 모두 까무러칠 듯 놀라 눈앞의 광경을 도무지 이해할 수 없었겠죠. 사람이 날아가다니, 이런 터무니없는 일이 있나!

시간이 지나자 이카로스는 지나치게 대담해져서 새로운 비행을 시도했어요. 아버지의 충고를 잊고 점점 더 높이 날아올라 태양에 접근했어요. 아니나 다를까, 다이달로스가 염려했던 일이 그대로 벌어지고 말았어요. 태양의 열기에 밀랍이 녹

으면서 이카로스의 날개가 산산조각이 난 거예요. 이카로스는 하늘 높은 곳에서 추락하여 목숨을 잃었어요. 다이달로스는 아들의 시신을 어느 섬에 묻고 그 섬을 '이카리아'라고 이름 지었어요. 두 사람이 날았던 바다는 지금도 '이카리아 해'라고 불러요.

X

사람이 새처럼 날개를 퍼덕여 날 수 있을까?

다이달로스와 이카로스의 이야기는 신화다. 이 이야기 가운데 진실이 얼마나 들어 있는지는 아무도 모른다. 여러분은 사람이 날개를 퍼덕여 날 수 있을 만큼 충분히 힘이 세다고 믿는가? 직접 실험해 보자.

똑바로 서서 양팔을 천천히 위아래로 움직이기를 2분 정도 계속해 보라. 그러면서 양팔에 커다란 날개가 달려 있다고 상상해 보라. 팔 근육에 어떤 느낌이 드는가? 이런 식으로 날개를 퍼덕이는 동작을 얼마나 오래 계속할 수 있을 것 같은가? 몸이 떠오르는 데 필요한 만큼 빠르게 날개를 퍼덕일 수 있겠는가?

경고: 인간은 날 수 없다. 그러니 높은 곳에서, 이를테면 절벽이나 나무 위에서 펄쩍 뛰어 날아 보려는 시도는 절대로 하지 말라. 이 실험은 반드시 땅 위에 서서 해야 한다.

뒷이야기 : 다이달로스 부자의 원래 목적지는 이탈리아의 시칠리아 섬이었어요. 아들이 죽은 뒤 다이달로스는 혼자 그곳으로 날아갔다고 해요. 하지만 크레타 섬에서 시칠리아 섬까지는 직선거리로 거의 800킬로미터에 이르러요. 세상 어떤 사람도 이 정도 거리를 근육의 힘만으로 날아서 이동할 수는 없어요.

다이달로스와 그의 아들 이카로스는 손수 제작한 날개를
양팔에 달고 날아서 크레타 섬을 탈출했다고 한다.

반면에 철새에게는 먼 거리가 전혀 문제가 되지 않아요. 철새에게는 수천 킬로미터를 이동하는 일이 아무것도 아니니까요. 독일의 황새는 겨울에는 더 따뜻한 지역으로 내려갔다가 여름에 다시 돌아와요. 그래서 황새는 맨 먼저 나온 비행 장치들의 모범이 되었어요.

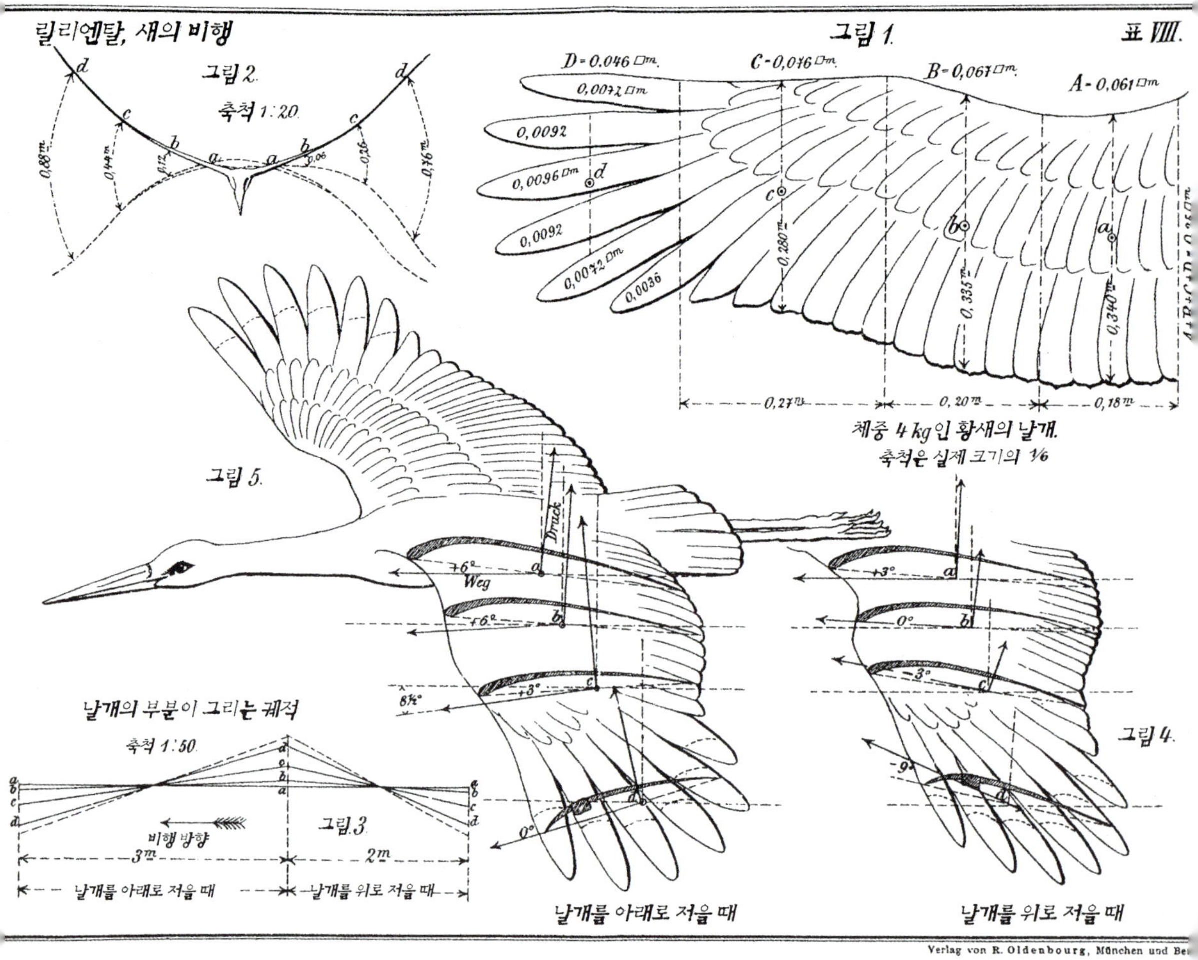

오토 릴리엔탈은 황새의 날개를 자세히 관찰한 뒤 비행 장치들을 개발하여 항공 역사의 새 장을 열었다.

항공 기술의 개척자: 오토 릴리엔탈

열정적인 비행 연구자 오토 릴리엔탈은 1848년에 태어나 1896년까지 살면서 많은 비행 장치를 만들었어요. 릴리엔탈은 새로운 아이디어를 얻기 위해 새들이 어떻게 나는지, 날개의 구조가 어떤지를 꼼꼼히 관찰했어요.

무엇보다도 릴리엔탈의 관심을 끈 것은 황새였어요. 릴리엔탈은 마치 기술적인 비행 장치를 다루듯이 황새를 관찰하고 기록했지요. 황새의 날개는 길이가 얼마이고 폭이 얼마일까? 날개가 퍼덕이는 각도는 얼마일까? 날개의 모양은 정확히 어떠할까? 날개의 깃털은 형태로 볼 때 몇 종류나 될까? 레오나르도 다빈치와 마찬가지로 릴리엔탈은 이 모든 것을 아주 정확한 글과 그림으로 기록했어요.

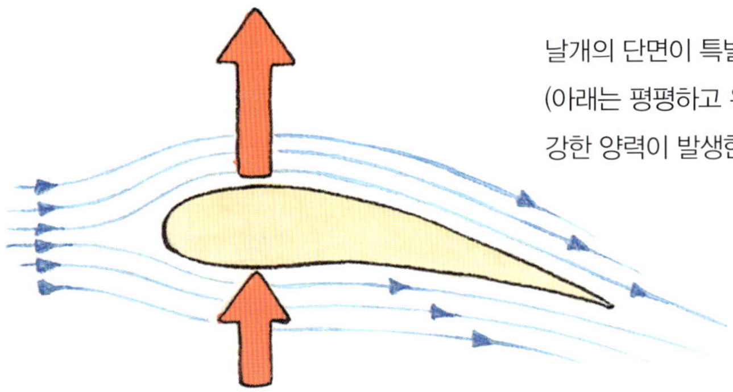

날개의 단면이 특별한 모양이어서 (아래는 평평하고 위는 볼록한) 강한 양력이 발생한다.

릴리엔탈은 새들의 비행을 연구한 뒤 자신의 비행 장치에는 퍼덕이는 날개를 달지 않기로 결정했어요. 그 대신에 움직이지 않는 고정된 날개를 개발했어요. 날개를 고정하는 이런 설계 방법은 성공적인 비행기를 만드는 길을 닦아 주었고, 지금도 여전히 쓰이고 있어요. 그러나 릴리엔탈도 한 가지 비결만큼은 새에게서 얻어 왔지요. 자신이 제작한 날개의 단면 모양을 새의 날개와 같게 만들었거든요. 앞쪽이 뒤쪽보다 좀 더 두꺼우며 전체적으로 위로 불룩하게 휘어져 있는 게 정확히 새의 날개와 같은 모양이지요. 한마디로 릴리엔탈이 만든 날개는 생체 공학의 산물이에요!

릴리엔탈은 다양한 글라이더를 만들고 실험했어요. 직접 타 보면서요. 그리고 몇 번의 시도 끝에 벌써 과거 어느 인간보다 더 멀리 날아가는 데 성공했지요. 릴리엔탈은 좀 더 안정적으로 날기 위해서 비행 장치의 몸통 끝에 위로 높이 솟은 방향 조절 장치를 달았어요. 이러한 비행 실험들이 성공하자 사람들은 열광했어요. 릴리엔탈이 비행 실험을 위해 베를린에 특별히 쌓아 놓은 이른바 비행산이라고 하는 둔덕에서 비행을 시도한다는 소식이 알려지면 어김없이 수많은 군중이 모여들었지요. 구경꾼, 기자, 사진사가 몰려와 사진을 찍으며 입을 쩍 벌리고 구경했답니다.

안타깝게도 오토 릴리엔탈은 1896년에 또 한 번의 비행 실험을 하다가 추락해 사망했어요. 그러나 릴리엔탈의 아이디어는 지금까지도 생생하게 살아 있어요.

새의 깃털

새의 깃털은 가볍고 유연하다. 그러면서도 튼튼해서 좀처럼 꺾이지 않는다. 새가 날개를 퍼덕여 날아오를 수 있으려면, 날개에 어느 정도 탄력성이 있어야 한다. 깃털은 비행 중에 여러 방향으로 휘어지기도 하고 원래 형태를 유지하기도 하면서 우아한 비행을 가능하게 한다.

이처럼 비행기 날개의 단면을 새의 날개처럼 제작한다는 아이디어는 100년도 더 전에 나온 거예요. 오늘날의 비행기도 대부분 위로 불룩하게 휘어진 고정 날개를 달고 있어요.

릴리엔탈이 손수 제작한 글라이더로 큰 성공을 거둔 뒤, 사람들은 하늘을 나는 비행기에 알맞은 추진 장치를 연구했어요. 오스트리아의 항공 기술 개척자 빌헬름 크레스는 최초로 비행기에 엔진을 장착했지요. 크레스는 1901년에 그런 동력 비행기를 타고 이륙에 성공했어요. 동력 비행기란 비행에 필요한 힘을 스스로 만들

오토 릴리엔탈은 매우 다양한 비행 장치들을 실험했다.

어 내는 비행기예요. 안타깝게도 크레스는 곧 호수에 추락했어요. 장착된 엔진이 너무 무거웠기 때문이에요.

날아가는 씨를 본떠: 차노니아 글라이더

20세기 초에 오스트리아의 조종사이자 비행기 제작자인 이고 에트리히는 날아가는 씨를 본뜬 비행 장치를 개발했어요. 정확하게 말하자면 '마크로차노니아'(정식 학명은 Macrozanonia macrocarpa 또는 Alsomitra macrocarpa), 줄여서 '차노니아'라는 식물의 씨를 모범으로 삼았지요. 차노니아는 밀림의 나무들을 휘감고 자라는 덩굴 식물로 호박을 닮은 열매를 맺어요. 다 익은 열매는 거대한 견과처럼 탁 터지면서 날아가는 씨를 수백 개나 내보내는데, 씨의 폭이 12~15센티미터나 되는 특이한 모양이에요. 그리고 날아가는 능력이 유별나게 뛰어나 바람을 타고 멀리 수백 미터를 날아갈 수 있답니다. 차노니아는 이런 식으로 주변에 씨를 퍼뜨리지요.

이고 에트리히는 그 씨를 모범으로 삼아 하늘을 나는 능력이 그 씨 못지않게 탁월한 '전익기'를 제작했어요. 전익기란 뚜렷이 구분되는 몸통 없이 날개만으로 이루어진 비행기를 뜻해요. 예를 들어 행글라이더는 전익기의 한 종류예요. 그러나 당시에 만들어진 에트리히의 전익기는 거의 조종이 불가능했어요. 그래서 에트리히는 조종 장치를 추가로 장착했는데, 그 결과 전익기의 비행 성능이 떨어지고 말았지요.

이고 에트리히는 덩굴 식물인 마크로차노니아의 날아가는 씨를 모범으로 삼아 자기 나름의 전익기를 개발했다. 그의 전익기는 오늘날의 행글라이더와 비슷했지만 정확한 모양은 차노니아 씨를 닮았다.

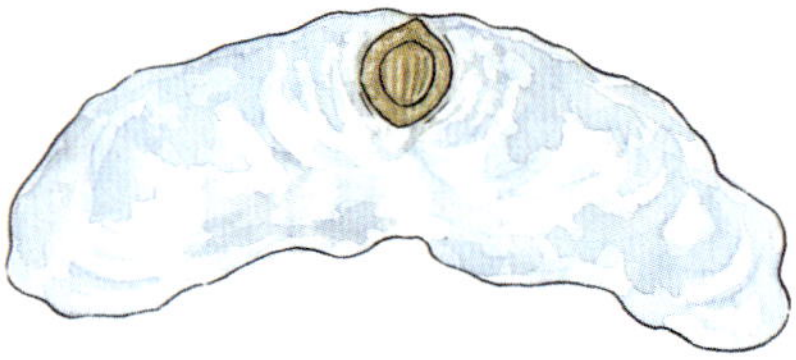

'에트리히-룸플러-비둘기'의 날개는 차노니아 씨와 비슷한 모양이다.

날개만으로 이루어지다시피 한 비행기들은 오늘날 주로 군사 목적으로 만들어요. 그 비행기들은 레이더에 잘 포착되지 않거든요.

나중에 이고 에트리히는 잘 알려진 비행기를 하나 더 개발했어요. 활공하는(날개를 움직이지 않고 나는) 비둘기와 비슷하게 생긴 그 비행기는 비행기 및 자동차 제작자 에드문트 룸플러가 제작했어요. 룸플러-비둘기라고도 부르는 그 비행기는 꽤 많은 대수가 생산된 초기의 비행기들 중 하나예요. 이고 에트리히가 자신의 비행기로 특허를 얻지 못했기 때문에, 누구나 사용료를 내지 않고 그의 발명품을 모방할 수 있었어요. 무려 40여 군데의 회사가 비둘기 모양을 바탕으로 삼아 새로운 비행기를 개발하고 에트리히의 아이디어를 발전시켰어요.

에드문트 룸플러는 비행기뿐만 아니라 자동차도 만들었어요. 룸플러는 자동차를 만들면서 얻은 지식을 비행기를 만들 때도 잘 써먹었지요. 하지만 다른 한편으로는 비행기를 개발하면서 얻은 공기 흐름에 대한 지식을 자동차를 만드는 데 적

룸플러 물방울 자동차는 오늘날의 승용차와 비슷한 유선형이다.

용한 최초의 인물이기도 해요. 룸플러는 당시로서는 공기 역학적 속성이 대단히 좋은 자동차들을 만들었어요. 룸플러가 만든 이른바 물방울 자동차도 그런 자동차였어요. 이 자동차는 매끄러운 바닥에 놓인 물방울과 모양이 비슷해 이런 이름이 붙었어요.

날아가는 씨는 어디로든 갈 수 있지

1장에서 이미 보았듯이 우엉과 양귀비는 서로 다른 방법으로 씨를 퍼뜨려요.

자연에서는 날아가는 씨도 흔히 볼 수 있어요. 단풍나무씨는 마치 헬리콥터 날개처럼 공중에서 빙글빙글 돌면서 떨어져요. 여러분도 본 적이 있을걸요. 그 회전 덕분에 단풍나무씨는 더 천천히 떨어지고 바람에 실려 멀리 날아갈 수도 있어요.

X

헬리콥터 만들기

단풍나무씨처럼 날아가는 헬리콥터를 만들어 보자. 종이 한 장에 아래 나온 도안을 그림보다 크게 그린 다음, 실선 부분은 가위로 자르고 점선 부분은 접기만 하라.

A 부분과 B 부분은 뒤로 접고 C 부분은 위로 접는다.
양 날개는 V 자 모양이 되도록 펼친다.
완성된 비행체를 최대한 높은 곳에서 떨어뜨려 보자.

날개의 각도를 바꿔 가면서 실험해 보라.
날개를 꽤 많이 세우거나 눕히고 실험을 하면
어떻게 되는가?

이 비행체를 다양한 크기와 재료로 만들 수도 있다.
어떤 크기와 재료의 비행체가 가장 오랫동안
공중에 떠서 씨를 멀리 퍼뜨릴 수 있을까?

다른 씨들 중에도 날아가는 것이 있을까?
그런 씨들을 연구 일지에 그리고,
그것들이 어떻게 날아가는지 설명해 보라.

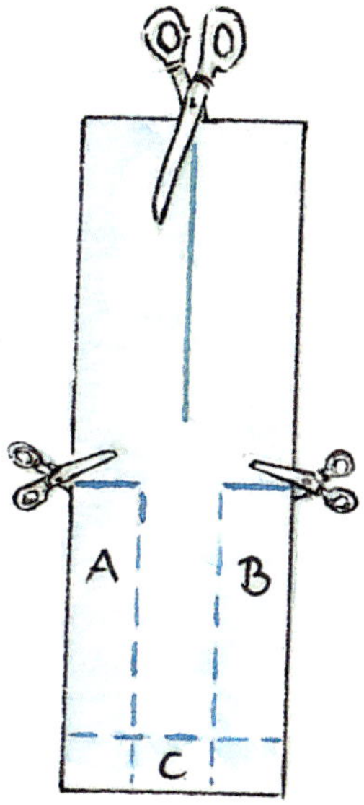

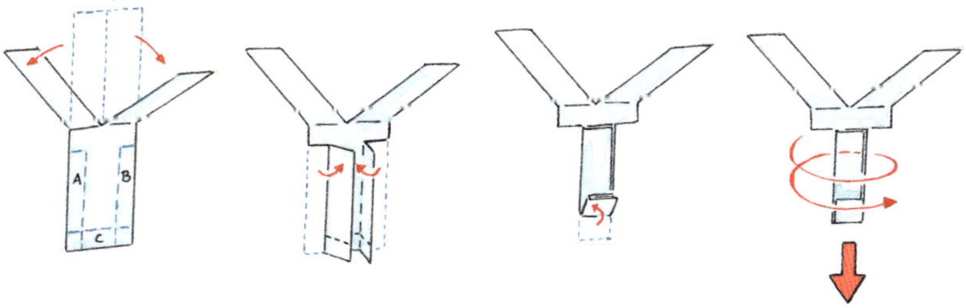

단풍나무씨는 마치
헬리콥터 날개처럼
빙글빙글 돌면서 떨어진다.

비행기가 하늘을 가로지르는 모습은
오늘날 흔히 볼 수 있는 자연스러운
광경이다. 모든 비행기에는
고도의 기술이 잔뜩 들어 있다.

비행기가 날 수 있는 이유

지난 100년 동안 라이트 형제를 비롯해서 많은 용감한 항공 기술 개척자들이 비행과 기술에 매혹되어 하늘을 나는 꿈을 이루기 위해 헌신해 왔어요. 그들은 최초의 비행기 유형들을 계속 발전시켰고, 그 결과 여러 비행체가 탄생했어요. 현재 비행기 종류는 참으로 다양해요. 제트 비행기, 동력 글라이더, 여객기, 글라이더, 초음속기를 비롯해서 수많은 유형이 있지요. 그런데 비행기는 공기보다 더 무거운데도 대체 어떤 원리로 하늘을 날아가는 것일까요?

양력을 비롯한 여러 요소

여객기는 떠오르는 데 필요한 속력에 도달해야만 이륙할 수 있어요. 그래서 활주로는 비행기가 충분히 오랫동안 속력을 높일 수 있도록 무척 길어야 해요. 이륙하려는 조종사는 우선 엔진에 연료를 충분히 공급하여 비행기의 속력을 높여야 하지요.

속력이 충분히 높아지면 릴리엔탈의 아이디어가 드디어 효과를 발휘해요. 비행기의 날개는 윗면이 아랫면보다 더 많이 휘어져 있으며 동체에 약간 비스듬히 붙어 있어요. 그래서 날개 위로 스치는 바람이 날개 아래로 스치는 바람보다 더 빠르게 지나가요. 그런데 휘어진 표면 위로 바람이 빠르게 스쳐 지나가면, 빨아 당기는 힘인 흡인력이 생겨요. 흡인력을 부압negative pressure(대기의 압력보다 낮은 압력으로, 물체의 표면에 물체를 흡인하는 힘으로 작용한다.)이라고도 해요. 비행기의 날개 위에 생긴 부압 때문에 비행기는 위쪽으로 빨려 올라가요. 즉, 양력(물체를 위로 띄우는 힘)이 발생하지요. 비행기가 이륙하고 공중에 떠 있을 수 있는 것은 바로 이 양력 덕분이에요. 날개 아래에서도 부압이 발생하지만, 이 부압은 날개 위에서 생기는 부압보다 약해요. 비행기의 속력이 빠를수록 양력은 더 커져요. 더 나아가 날개의 크기, 날개가 기울어진 각도, 비행 고도 등도 양력에 영향을 줘요. 날개가 기울어진 각도가 적당하면, 표면이 휘어지지 않은 날개로도 양력을 일으킬 수 있어요. 엔진은 비행기를 앞으로 나아가게 해요. 즉, 추진력을 만들어 내지요.

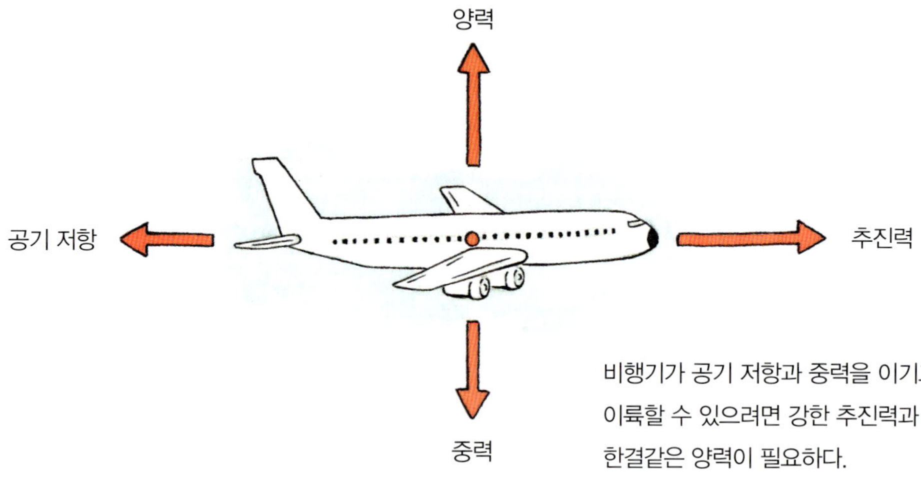

비행기가 공기 저항과 중력을 이기고 이륙할 수 있으려면 강한 추진력과 한결같은 양력이 필요하다.

비행기의 속력이 양력에 얼마나 큰 영향을 미치는지를 장난감 글라이더 실험으로 알아볼 수 있어요. 장난감 가게에 가면 두꺼운 종이나 스티로폼으로 된 작은 글라이더를 쉽게 구할 수 있어요. 여러분이 직접 종이비행기를 만들어서(만드는 방법은 인터넷이나 책에 나와 있어요.) 속력과 양력 사이의 관계를 알아보는 실험에 사용할 수도 있어요.

X

장난감 글라이더 실험

글라이더를 높이 들고 있다가 그냥 놓아 보라. 글라이더가 혼자서 잘 날아가는가?
글라이더를 앞으로 살짝 던진 다음에, 글라이더가 날아간 거리를 측정하라.
그다음에는 글라이더를 앞으로 힘껏 던져 보라. 좋은 글라이더로 실험한다면, 글라이더가 혼자서 떠오르는 것을 볼 수 있을 것이다. 이런 현상은 양력 때문에 생긴다.
여러분의 글라이더가 날아갈 수 있는 최대 거리는 얼마인가?

베르누이 효과

다니엘 베르누이는 18세기에 활동한 스위스 수학자 겸 물리학자예요. 베르누이는 액체나 기체가 빠르게 흐르는 곳에서는 부압이 발생한다는 것을 깨달았어요. 이 원리는 당연히 공기가 빠르게 흐르는 곳에서도 들어맞지요. 베르누이는 이 현상을 지금으로부터 약 300년 전에 발견했어요.

베르누이 효과를 직접 확인해 볼 수 있는 간단한 실험이 있어요. 길쭉한 종이를 양손에 잡아 입 앞에 들고 그 위로 입바람을 불어 보세요. 종이 띠에 어떤 일이 일어나나요?

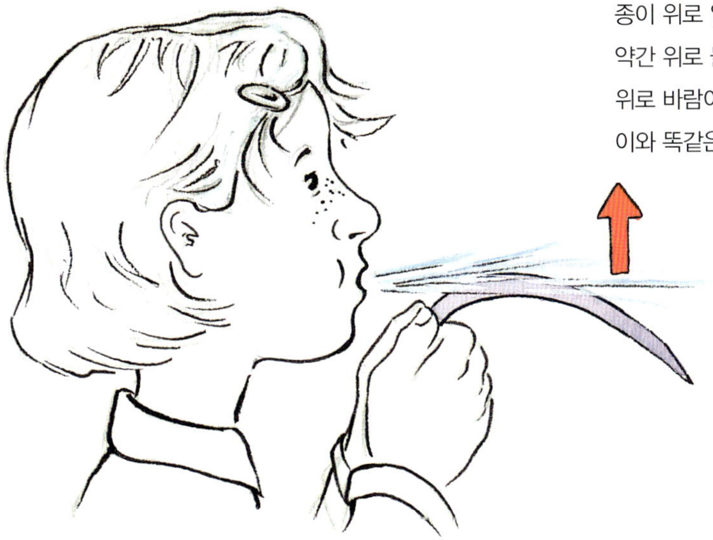

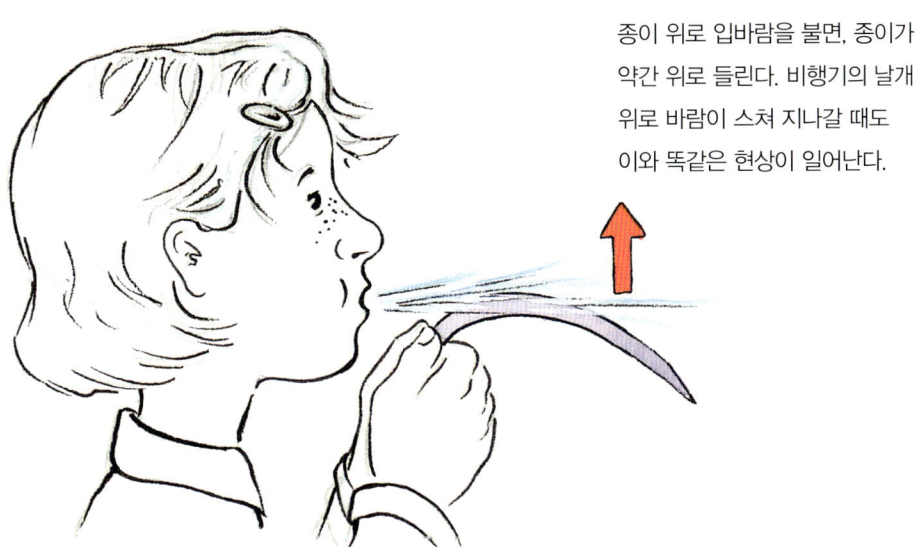

종이 위로 입바람을 불면, 종이가 약간 위로 들린다. 비행기의 날개 위로 바람이 스쳐 지나갈 때도 이와 똑같은 현상이 일어난다.

종이가 위로 들려 올라가요. 왜냐하면 여러분이 입바람으로 일으킨 공기 흐름이 비행기가 이륙할 때 바람이 하는 것과 똑같은 역할을 하기 때문이에요. 다시 말해 휘어진 종이 위에서 흡인력이 생겨 종이를 빨아 올리는 것이지요.

더 크고 두꺼운 종이로 할 수 있는 비슷한 실험도 있어요. 그런 종이의 중간을 접어 지붕 모양을 만들어서 매끄러운 테이블 위에 놓아요. 그런 다음에 친구에게 그 '지붕' 아래로 입바람을 불어 종이를 공중에 띄워 보라고 하세요. 친구는 아무리 입바람을 불어도 도저히 그렇게 할 수 없음을 알고 놀랄 거예요. 친구의 입바람은 그 지붕을 아래로 빨아 당기거든요. 친구에게 시키기 전에 여러분이 먼저 실험해 보세요.

소용돌이 바람

비행기가 날아갈 때 비행기 날개 주위에는 강한 소용돌이 바람이 일어나요. 날개 위와 아래의 압력 차이를 없애기 위해 날개 끝에서 공기의 흐름이 세차게 발생하기 때문이에요. 날개 전체를 감싸는 다른 소용돌이 바람도 양력을 위해 매우 중요해요. 그 소용돌이 바람이 날개 위를 스치는 공기는 점점 빨리 흐르게 하고 아래를 스치는 공기는 천천히 속도를 줄이게 하기 때문이에요. 비행기 뒤쪽에 생기는 소용돌이 바람은 전문 용어로 '항적 난류wake turbulence'(비행기나 배가 지나간 자리에 생기는 마구잡이 흐름)라고 해요. 날아가는 비행기에서는 양 날개 끝에서 항적 난류가 생겨요. 항적 난류는 강한 흡인력을 일으키기 때문에 뒤에 따라오는 비행기들에게 매우 위험할 수 있어요. 조종사는 그런 강한 흡인력에 빨려드는 일을 반드시 피해야 하지요.

이런 소용돌이들은 소음을 발생시키고 에너지를 헛되이 낭비한다는 점에서 문젯거리예요. 비행기 소음은 공항이나 항로 근처에 사는 사람들에게 큰 골칫거리지요. 에너지 낭비는 비행기 연료를 더 많이 쓰게 해 항공사에 부담을 지우고요. 공학자들은 이 두 가지 문제를 해결하는 방법을 찾으려 애써요. 최고의 목표는 비행 기술을 점차 발전시키고 에너지를 절약하는 것이에요.

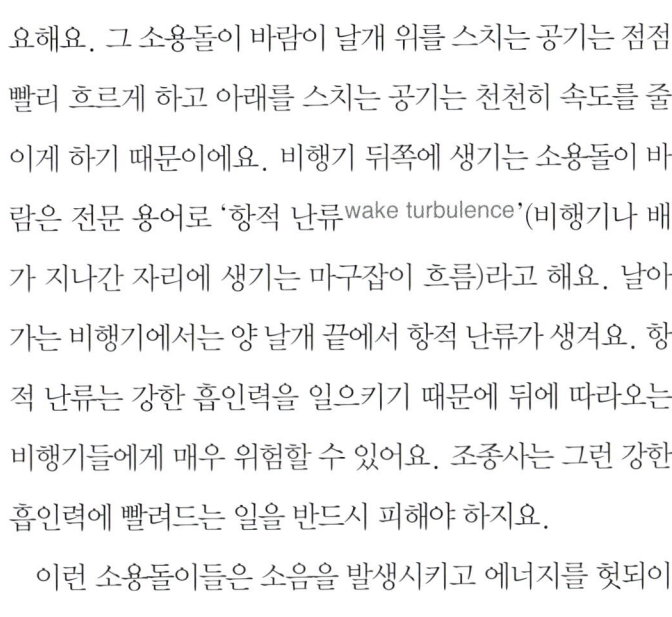

이륙하는 비행기 뒤에서 발생하는 항적 난류를
보여 주는 사진이다. 활주로 가에서 빨간색 연기를
피워 소용돌이가 눈에 띄도록 만들었다.

상승 기류의 생체 공학

이 대목에서 또다시 생체 공학이 등장해요. 베를린 공대의 잉고 레헨베르크 교수 연구 팀은 조류의 세계에서 볼 수 있는 한 현상을 관심을 가지고 주의 깊게 살폈어요. 몇몇 새들, 예를 들어 황새나 독수리는 날아갈 때 날개 끝의 깃털들을 활짝 펼치지요.

흰머리수리가 나는 모습에서 날개 끝의 깃털들을 펼친 것을 분명하게 볼 수 있다. 그 깃털들은 안정적으로 하늘을 나는 데 도움을 줘 비행의 안정성에 보탬이 된다.

'풍동(風洞)'이라는 장치 안에서 실험한 결과, 수리처럼 깃털들을 펼치면 커다란 항적 난류 하나가 작은 소용돌이 여러 개로 갈라진다는 사실이 밝혀졌어요. 그러면 새가 앞으로 나아가려고 하는 것을 막는 힘이 더 약해지지요. 따라서 새는 힘을 더 적게 들이며 날 수 있으니 에너지를 절약할 수 있어요!

이 아이디어는 곧 비행기에 적용되었지요. 이른바 다중 윙렛multi-winglet(multi는 '많음'을 뜻하는 라틴 어, winglet은 '작은 날개'를 뜻하는 영어다. 윙렛은 비행기의 날개 끝에 달린 작은 보조 날개로 난기류와 소용돌이를 막는 역할을 한다.) 이 그렇게 만들어진 거예요.

그런데 여러 개의 깃털로 나뉜, 유연하고 탄력적인 새의 날개 끝을 모방하는 것은 쉬운 일이 아니에요. 새의 날개 끝은 스스로 공기 흐름에 적응하여 공중을 나는 데 가장 적합한 특징을 갖추지만, 비행기는 튼튼해야 하므로 대개는 딱딱한 재료로 만드니까요. 따라서 안전한 비행기를 만들면서 날개 끝에는 적당한 재료를 써서 탄력성을 갖게 하는 일은 쉽지 않지요. 그러나 어쨌든 비행기의 날개 끝에 갈라

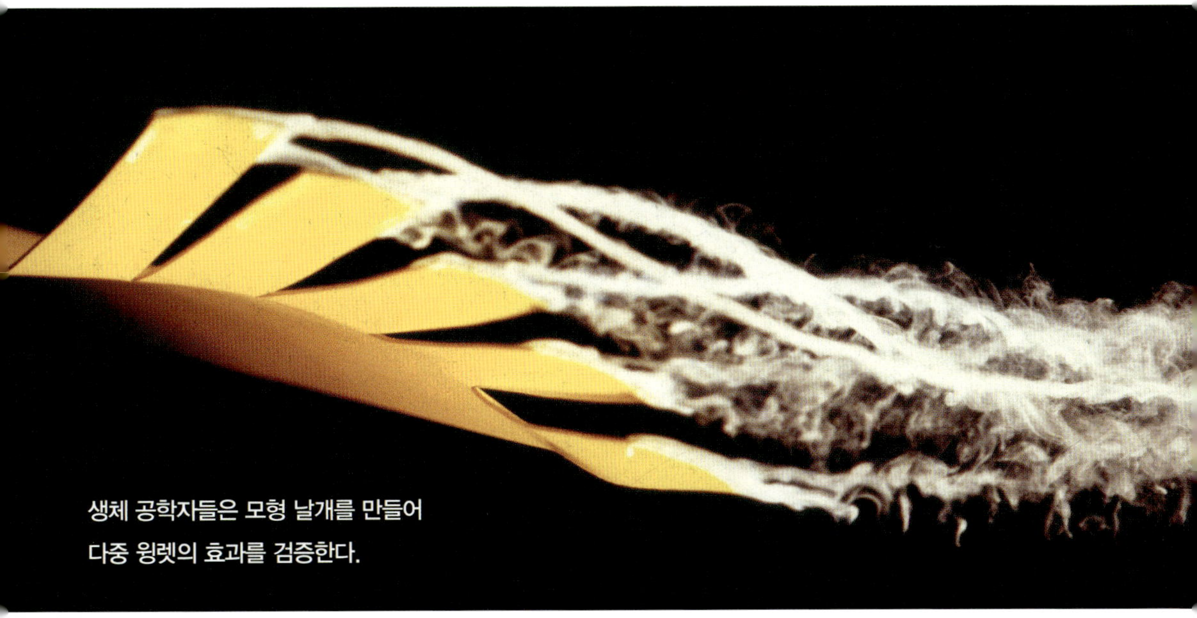

생체 공학자들은 모형 날개를 만들어
다중 윙렛의 효과를 검증한다.

지지 않은 윙렛 하나가 붙어 있는 모습은 흔히 볼 수 있어요. 위쪽으로 구부러진 그 단순한 윙렛도 비행기의 속력을 줄이고 에너지를 잡아먹는 소용돌이를 줄여 주지요.

에너지를 절약하는 또 다른 방법은 비행기를 최대한 가볍게 만들거나 비행기 표면에 특수한 페인트를 바르는 거예요. 이를 위해 어떤 재료를 이용하고, 그 재료가 샌드위치와 어떤 관련이 있는지는 다음 장에서 이야기할게요.

고리 날개

비행기가 내는 소음을 줄이는 가장 좋은 방법은 아예 항적 난류를 발생시키지 않는 날개를 만드는 거예요. 항적 난류는 날개의 끝에서 생기므로, 생체 공학자들의 고민은 날개의 끝으로 모아졌지요. 생체 공학자들은 펼쳐진 날개 끝의 원리를 더 발전시켜, 날개 끝을 고리 모양으로 만든다는 생각에 도달했어요. 그런 '고리 날개loop wing'에서는 큰 소용돌이가 발생하지 않아요. 따라서 고리 날개는 평범한 날개보다 소음이 더 작지요. 작은 비행체, 프로펠러, 풍차에 이 생체 공학적 고리 날개를 적용할 수 있어요. 그러나 대형 날개의 끝에 고리를 달면 오히려 날개의 운동을 방해해 속력이 늦춰지는 역효과가 날 수도 있어요. 왜냐하면 고리 날개는 표면적이 커서 평범한 풍차의 날개보다 공기 저항을 훨씬 더 많이 받거든요.

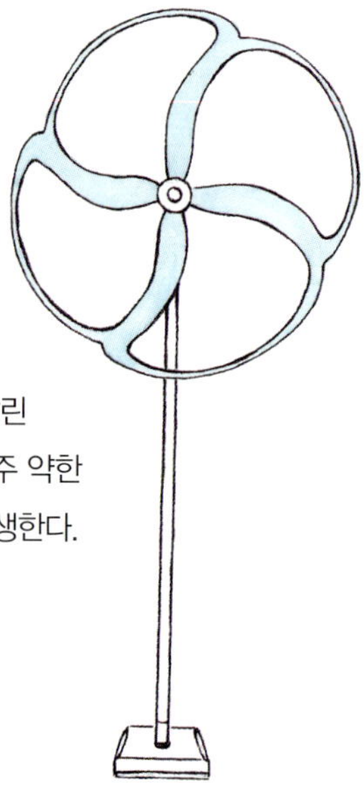

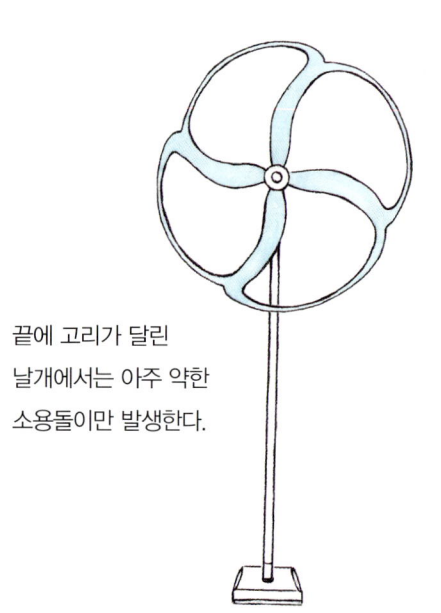

끝에 고리가 달린 날개에서는 아주 약한 소용돌이만 발생한다.

더 안정적인 비행을 추구하는 생체 공학자가 새에게서 배울 수 있는 아이디어가 하나 더 있지요. 이른바 역류 제동*rückstrombremse 혹은 역류 주머니*rückstromtasche가 바로 그것이에요. 갈매기가 공중에 가만히 '멈춰 있는' 모습을 본 적이 있을 거예요. 그런 갈매기의 날개를 자세히 보면, 날개 윗면의 깃털 일부가 위로 약간 들떠 있어요. 그 깃털들이 날개를 스치는 공기의 흐름을 안정화하기 때문에 갈매기는 그 어려운 정지 비행을 할 수 있는 거예요. 그러나 역류 주머니를 비행기에 적용한다는 아이디어는 아직 실현되지 않았어요.

풍동 실험

새의 비행에 대해서 더 많은 것을 알아내기 위하여 다름슈타트 공대의 연구 팀은 풍동을 이용해요. 풍동이란 터널 모양의 공간인데, 그 안에서 대형 환풍기가 돌아가며 강한 바람을 일으켜요. 인공으로 바람을 일으켜 기류가 물체에 미치는 영향을 실험하는 터널형 장치로 비행기, 자동차 따위에 공기의 흐름이 미치는 영향을 실험하는 데 쓰지요.

도둑갈매기의 날개에 있는 역류 주머니는 새가 어려운 비행 동작을 할 때에도 양력이 안정적으로 발생하게 해 준다.

따라서 연구자는 새나 비행기가 공중에서 겪는 일을 풍동 안에서 비슷하게 만들어 낼 수 있어요. 쉽게 말해 비행체가 만나는 공기 흐름을 인위적으로 만드는 장치인 셈이지요.

물체의 모양이 공기 역학적으로 얼마나 잘 만들어졌는지 검사하고자 할 때, 예를 들어 비행기의 모형이 얼마나 훌륭한 유선형인지 검사하고 싶을 때 공학자들은 그 모형을 풍동의 중앙에 고정해 놓고 환풍기를 틀어 강한 바람을 일으켜요. 그런 다음에 인공으로 일으킨 그 바람이 물체를 만나 어떻게 움직이는지 관찰해요. 때로는 물체에 매달린 끈들이 펄럭이는 모습을 보고 공기 흐름을 파악하고, 연기를 피워서 공기의 흐름을 눈에 보이게 하기도 해요. 연기가 마구 소용돌이치면, 난류(마구잡이 흐름)가 발생한다는 뜻이지요. 연기가 비행기 모형을 매끄럽게 스쳐 지나갈수록, 비행기의 형태가 공기 역학적으로 더 효율적이랍니다.

이처럼 풍동을 이용하면 실물 크기의 비행기를 제작하지 않고도 다양한 모형들의 공기 역학적 효율성을 좀 더 수월하게 검사할 수 있어요. 실험의 목표는 많은 짐을 운반할 수 있고 속력이 빠르면서도 공기 저항을 덜 받아 에너지를 적게 쓰는 비행기를 개발하는 거예요. 참고로 '공기 역학aerodynamics'(aero는 고대 그리스 어에서 공기라는 뜻이고 dynamics는 힘을 뜻하는 고대 그리스 어 dynamis에서 유래했다.)이란 공기의 운동이나 운동하는 물체에 작용하는 공기의 힘을 연구하는 분야랍니다.

날개를 퍼덕이는 새와 곤충에 대한 최신 연구 상황

새의 날개에서 생기는 소용돌이에 대한 연구는 새가 날아가는 원리를 정확히 이해하는 데 도움이 돼요. 그러나 진짜 새를 훈련시켜 풍동 안에서 날게 하는 것은 상당히 어려운 일이에요! 게다가 진짜 새로는 과학적 실험을 정확히 똑같게 몇 번이나 반복할 수 없어요. 진짜 새는 늘 자기 마음대로 날아가니까요.

다름슈타트 공대의 연구자들은 모형 새를 가지고 풍동 실험을 했지요. 그들은 규칙적으로 퍼덕이는 날개 주변에서 공기가 어떻게 소용돌이치는지 관찰했어요. '콘라트'라는 장난감 새는 이 실험에 아주 적합한 모형이었어요. 콘라트는 얇은 막으로 된 날개를 모터의 힘으로 퍼덕여 날아갈 수 있었으니까요. 그뿐만 아니라 연구자들은 원하는 조건(이를테면 날개를 퍼덕이는 속도)을 정해 놓고 같은 조건으로 실험을 얼마든지 반복할 수 있었어요.

모형 새 '콘라트'는 다름슈타트 공대의 연구자들을 위해 풍동 안에서 부지런히 날개를 퍼덕였다.

생체 공학자들은 흑기러기를 본떠 모형 새 '이고르'를 만들었다.

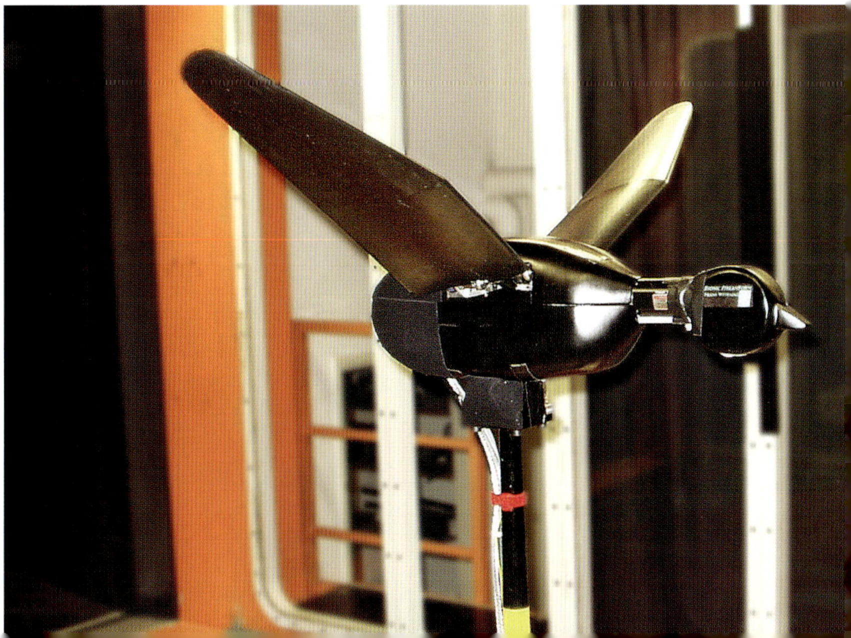

실험에서 덩치가 작은 콘라트는 모터 하나의 추진력으로 날아가며 아주 약한 맞바람을 받았어요. 그리고 카메라 한 대가 이 광경을 촬영했어요. 나중에 연구자들은 바람과 날개 퍼덕임의 속도를 바꿔 가면서 촬영한 영상을 컴퓨터로 처리하여 다양한 소용돌이의 모습을 눈으로 직접 확인할 수 있게 했어요. 하지만 공기의 소용돌이를 뚜렷하게 보여 주는 사진과 동영상을 얻기에는 콘라트의 덩치가 너무 작았어요. 연구자들은 더 큰 모형 새 '이고르'를 만들었지요. 이고르는 흑기러기 모양이에요.

이고르도 풍동에서 실험을 했어요. 연구진은 날개를 퍼덕이는 동작이 공기 흐름에 어떤 영향을 미치는지 정확히 측정하기 위해 이고르를 저울 위에 놓았어요. 그리고 날개의 위치와 모양이 어떠할 때 가장 큰 양력이 발생하는지 탐구했어요.(이고르의 날개는 교체할 수 있어요.) 양력이 커질수록 이고르가 위로 약간 뜨기 때문에 저울에 찍힌 이고르의 무게는 더 작아져요. 그러나 이고르가 날아오르는 일은 영원히 없을 거예요. 그리스 신화에 나오는 이카로스와 마찬가지로 이고르도 날개를 퍼덕여 날아오르기에는 너무 무겁거든요.

그럼에도 이고르는 세계적인 명성을 얻었어요. 2009년에 과학 전시관의 구실을 하는 특수 선박 '과학호*MS Wissenschaft'를 타고 독일을 순회한 덕분이에요. 그보다 5년 전에는 일본에서 열린 엑스포 2005에 참가하기도 했지요. 우리는 나중에 〈경이롭게 튼튼한 건축물〉을 다루는 장에서 이런 세계적인 전시회에서 주목받은 발명품들을 살펴볼 거예요.

날개를 퍼덕이는 소형 비행기

대형 비행체에는 퍼덕이는 날개가 아마도 영원히 적합하지 않을 거예요. 생체공학에서 만나는 근본적인 문제 가운데 하나가 작은 생물이나 물체에서 잘 작동하는 것이 큰 대상에는 그대로 잘 통하지 않을 수 있다는 점이지요. 이 문제는 비행과 관련해서는 특히 공기의 특성에서 비롯돼요. 큰 새와는 달리 작은 곤충의 입장에서는 공기가 상당히 끈적끈적하게 와 닿거든요. 그래서 곤충은 새와는 다른 비행 기술을 구사해요. 바로 쉼 없이 움직인다는 점이에요. 덩치가 큰 동물일수록 날개를 거의 퍼덕이지 않고 나는 활공 기술을 더 자주 구사해요. 독수리가 아주 좋은 예이지요. 반면에 작은 곤충과 새는 날개를 아주 부지런히 퍼덕이지요. 대표적으로 벌새는 날개를 최대 1초에 80번 퍼덕인답니다.

여객기들은 앞으로도 계속 고정 날개를 채택하겠지만, 미래에 소형 비행체들이 퍼덕이는 날개로 날아오를 가능성은 얼마든지 열려 있어요. 생체 공학자들이 콘라트와 이고르 같은 모형을 만들어 '퍼덕임 비행flapping flight'을 연구하는 이유 중 하나는 날개를 퍼덕여 날아가는 이른바 MAV를 개발하기 위해서예요.

MAV는 초소형 비행체를 뜻하는 영어 Micro Aerial Vehicle의 약자로 정찰 비행에 투입되는 작은 비행체예요. 사진기를 탑재한 MAV는 항공 사진을 촬영하여 지도 제작이나 날씨 예보 또는 재난 예방에 필요한 데이터를 전송할 수 있어요. 교통 정체나 시위 상황을 관찰하는 일에도 이용할 수 있고요. 이렇게 원격으로 조종하는 무인 정찰 비행은 대형 경찰 헬리콥터를 띄우는 것보다 비용이 훨씬 적게 들어요. 물론 MAV가 전송한 동영상이나 사진을 통해 일부 장면만 보는 사람보다 헬리콥터에 탄 사람이 전체 상황을 더 잘 조망할 수 있는 것은 당연하겠지만요.

항공 촬영용 MAV는 대개 원격으로 조종되며 수집한 사료를 지상의 김퓨디로 무선 전송해요. GPSGlobal Positioning System 데이터에 의지하여 스스로 이동할 수 있는 MAV도 이미 개발되었어요.

GPS – 전 지구 위치 확인 시스템

GPS 장치만 있다면 지구 상의 어디에 있든 여러분의 위치를 정확하게 파악할 수 있다. 자동차용 내비게이션 속에도 GPS 장치가 들어 있다. 그 장치는 우주에 있는 위성들이 보내는 전파 신호를 탐지하여 그 위성들의 위치를 아주 정확하게 알아낸다. 이어서 자신의 위치를 정확하게 계산한다. 이 계산이 어떻게 가능할까? 만일 여러분이 다섯 조각짜리 퍼즐에서 이미 네 조각을 맞췄다면(위성들의 위치를 안다면), 당신은 나머지 한 조각이 들어갈 위치를(GPS 장치의 위치를) 정확히 알 수 있다. GPS 장치도 이와 유사한 방식으로 작동한다. 이 영리한 장치는 세계 어느 곳에 있든지 자신의 위치를 정확하게 계산할 수 있다. 왜냐하면 항상 네 대의 위성 각각으로부터 위성의 위치에 관한 정확한 정보를 수신하기 때문이다. GPS 장치가 지구 상의 어느 곳에서나 위성들의 신호를 수신할 수 있기 위해서, 사실 우주에는 GPS 위성이 네 대가 아니라 총 스물네 대나 배치되어 있다.

이 '콰드로콥터'를 비롯한
몇몇 초소형 무인 항공기는
작은 회전 날개 4개의 힘으로 날아간다.

MAV가 찍은 영상이 지상의 조종사가 쓴 안경에 나타나게 할 수도 있어요. 그러면 조종사는 MAV가 어디로 날아가는지를 멀리 떨어진 곳에서 '실시간으로' 볼 수 있지요. 이런 식으로 조종사는 보이지 않는 곳까지 날아간 MAV도 조종할 수 있어요. 비행 경로에 관한 모든 데이터는 즉시 컴퓨터로 전송되어 처리되고, 그 결과 디지털 지도에 비행 경로가 즉시 표시되지요.

MAV가 더 이상 줄일 수 없을 정도로 에너지를 적게 쓰면서 비행 가능 시간을 최대한 늘리려면, MAV의 몸체가 가벼워야 하고, 에너지 효율이 높은 엔진을 사용해야 해요. 그러면서도 상황에 따라 재빠르게 움직이는 기동력이 우수하고 좁은 곳에서도 이륙과 착륙이 가능해야 하지요.

생체 공학 지식은
곤충처럼 날개를 퍼덕이는
소형 비행체를 개발할
가능성을 열어 준다.

MAV의 한 예로 독일 마이크로드론스사의 '미크로드로네'가 있어요. 이 비행체는 무게가 900그램인데, 화물 200그램, 그러니까 여러분이 좋아하는 납작한 사각 모양의 판초콜릿 2개나 소형 카메라를 실을 수 있어요. 배터리를 한 번 충전하면 최대 20분까지 날 수 있지요. 이런 초소형 무인 항공기들은 수십 년 전부터 이용해 왔어요.

재난 지역 위로 날개를 퍼덕여 날아가기

지금까지 개발된 가장 작은 MAV는 높이가 9센티미터예요. 생체 공학자 잉고 레헨베르크는 높이를 더 줄여 세계에서 가장 작은 MAV를 만든다는 목표를 세워 연구하고 있지요.

앞에서도 말했듯이 퍼덕임 비행은 오직 작고 가벼운 생물이나 비행체에만 적합해요. 에너지를 적게 쓰고도 곤충처럼 재빨리 날아다니면서 주위를 정찰할 수 있는 초소형 비행체를 개발하기 위해 현재 퍼덕임 비행 엔진에 대한 연구가 아주 상세하게 진행되고 있어요. 그런 비행체는 이를테면 재난이 발생하여 유독성 기체가

레헨베르크 교수가 개발한 MAV는
헬리콥터처럼 회전 날개를 사용한다.

퍼져 사람이 직접 접근하기에는 너무 위험한 지역을 정찰할 수 있어요. 또한 사람이 아직 가 볼 수 없는 먼 행성들을 탐사할 수도 있을 거예요. 그런 지역에서 우리 인간을 위해 정보를 수집하는 로봇을 개발하는 일에 대해서는 〈로봇이 걷기를 배우면〉이라는 장에서 더 자세히 얘기할게요.

공기의 흐름과 저항은 물의 특성과도 비교할 수 있어요. 〈물속의 물고기처럼〉이라는 제목이 붙은 다음 장에서 동물들이 헤엄칠 때 어떤 묘수들을 쓰는지, 그것들을 어떻게 이용할 수 있을지 알아보아요.

물고기와 펭귄은 정교한 수영 기술로 쏜살같이 헤엄치며 먹잇감을 사냥해요.
이들의 몸 형태와 표면은 생활 환경의 특수한 조건에 완벽하게 적응했어요.

물속의 물고기처럼

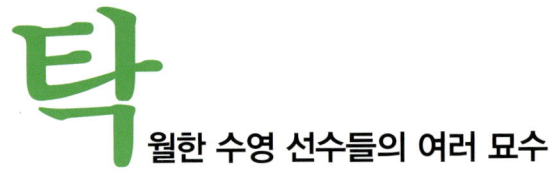

탁월한 수영 선수들의 여러 묘수

앞 장에서는 동물과 식물이 공중에서 어떻게 적응했는지 살펴보았어요. 이 장에서는 물속에 사는 동물을 다룰 거예요. 어떤 수생 동물은 먹이를 구하거나 천적을 피해 달아나기 위해 물속에서 빠르고 민첩하게 움직일 수 있어야 하죠. 물론 몸을 감싸는 보호용 껍데기를 가졌거나 위장 능력이 특별히 뛰어나서 그런 날쌘 행동이 필요하지 않은 수생 동물도 있지만요. 최고의 수영 능력을 갖춘 이러한 물속 동물들에게서 보트, 대형 선박, 화물선, 여객선, 잠수함, 심지어 자동차를 개량할 방법을 배울 수 있지요. 다양한 탈것들이 물이나 공기의 저항을 덜 받게 해 에너지를 절약하는 것이 목표예요. 이를 위해 생체 공학자들은 물속 동물들의 형태, 추진력, 표면의 속성들을 깊고 자세히 연구해요.

물과 공기의 공통점

앞에서 물의 저항과 공기의 저항을 비교할 수 있다고 했는데, 왜 그럴까요? 일찍이 레오나르도 다빈치는 물의 흐름이 공기의 흐름과 매우 유사하다는 것을 깨달았어요. 물과 공기, 둘 다 잔잔히 흐를 수도 있고 소용돌이칠 수도 있지요. 이러한 물과 공기, 즉 액체와 기체를 통틀어 유체라고 부르는데, 유체는 그 속에서 움직이는 물체를 멈추게 할 수도 있어요.

물의 흐름을 알아보는 실험은 이른바 '유로flow channel'에서 해요. 유로란 유체가 흐르는 통로예요. 유로에서도 유체의 흐름을 빠르게 하거나 느리게 하는 등 속력을 조절하며, 풍동에서 하는 많은 실험을 아주 비슷한 형태로 할 수 있어요. 한마디로 유로는 강을 실험실에 알맞은 크기로 줄여 놓은 것이라고 보면 돼요. 연구자들은 연구 대상, 예컨대 배나 다른 모형을 유로 속에 매달아 놓지요. 흐르는 물로부터 받는 저항의 크기는 물체마다 달라요. 몇몇 물체를 스치는 물은 아주 잔잔히 흘러요. 과학자들은 이런 흐름을 '층류laminar flow'라고 해요. 또 어떤 물체들 주변에서는 소용돌이가 생겨나요. 이렇게 소용돌이치는 흐름을 '난류turbulence flow'라고 해요. 이 두 가지 흐름은 자연에서도 관찰할 수 있어요. 잔잔한 수면은 겉보기에는 아주 매끄러워요. 그렇게 물이 흐른다면, 그 흐름은 층류예요. 물길 가운데 놓인 돌 주변이나 물길이 좁아지는 곳에서는 수면이 출렁거려요. 이런 물의 흐름은 난류랍니다.

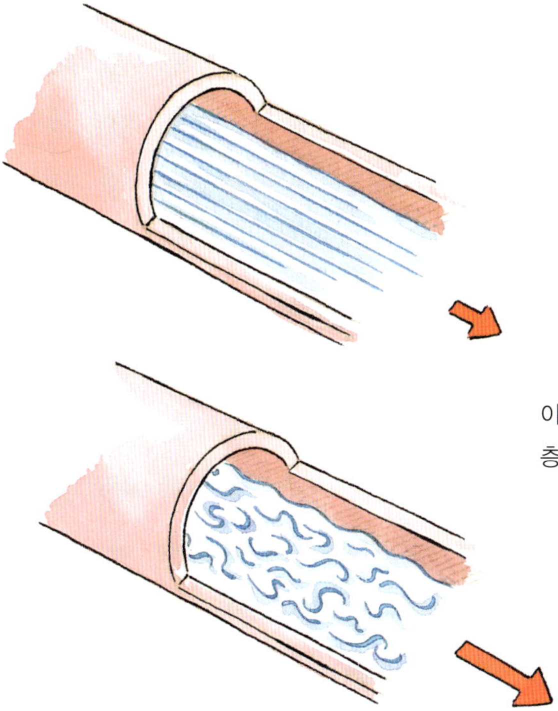

이 관에서 보듯이 물의 흐름은 층류이거나 난류일 수 있다.

욕조에서도 난류와 층류를 만들 수 있어요. 욕조 안에 누워 손을 천천히 움직이거나 빠르게 움직이면서 물이 어떻게 움직이는지 살펴보세요.

과학자들은 유로에서 주로 수면 아래의 흐름을 연구해요. 이 연구가 중요한 이유는 선박이 움직일 때 선박의 상당 부분이 물속에 잠겨 있기 때문이에요. 물론 완전히 물속에서 움직이는 장치도 있고요. 잠수함과 이제 곧 나올 소형 수중 로봇처럼요.

유선형

대형 선박과 보트는 최소한의 에너지로 물을 헤치고 나아갈 수 있도록 제작해요. 그래서 형태가 대부분 물의 저항을 적게 받는 유선형이에요. 물의 저항을 덜 받을수록 물속에서 더 쉽게 운동할 수 있죠. 맵시 있는 요트나 스키 위에 떠 있는 듯 날씬한 형태의 쌍동선(모양이 같은 선체 두 개를 나란히 놓고 연결한 형태의 배)을 생각해 보세요. 반면에 무게가 7만 톤이나 되는 대형 호화 여객선은 항해할 때 훨씬 더 많은 에너지를 쓴답니다.

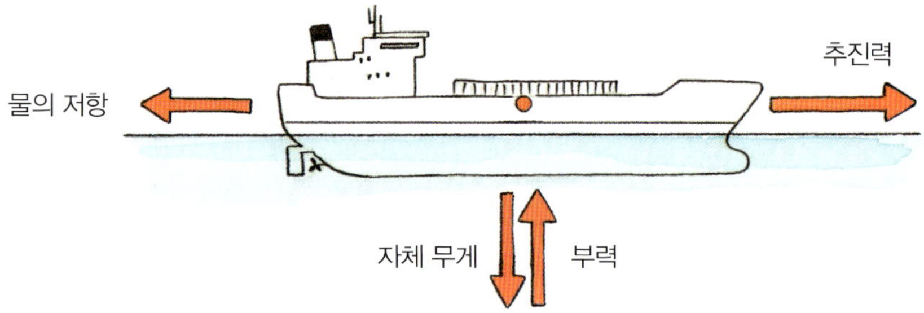

선박을 개량하려는 생체 공학자들은 물속에서 유난히 빠르게 헤엄칠 수 있는 동물들의 형태와 표면을 연구해요. 배의 몸통은 예컨대 상어나 돌고래, 펭귄의 생김새를 본뜬 모양일 수 있어요. 이 동물들에 대한 정확한 연구는 당연히 이고르가 날개를 퍼덕이는 풍동보다 유로에서 하는 것이 훨씬 더 적합하지요.

땅 위에서 달리는 물고기들

믿기 어려울지도 모르지만, 물고기의 형태는 때때로 물속에서뿐만 아니라 땅 위에서도 장점으로 작용해요. 그래서 자동차 제작자들도 수중 세계에서 볼 수 있는 여러 형태를 연구해 왔어요. 관건은 그 형태들을 이용하여 연료를 절약하는 방법을 개발하는 것이에요.

연구자들은 자동차의 형태가 제대로 된 유선형인지를 풍동에서 검사해요. 지난 수십 년 동안 자동차의 형태는 사뭇 달라져 왔는데, 어느새 제작자들은 자동차를 설계할 때 에너지를 최대한 절약할 수 있는 형태를 중시하게 됐지요.

모든 물체가 그렇듯이 선박도 물속에서 부력을 받는다. 선박이 받는 부력은 선박의 자체 무게보다 더 커야 한다. 안 그러면 빈 배라도 가라앉을 테니까 말이다. 추진력은 물의 저항보다 더 커야 한다. 그래야 배가 앞으로 나아갈 수 있다.

물론 모든 자동차가 유선형인 건 아니에요. 많은 화물을 운반해야 하는 화물차는 덩치가 커야 해서 대개 상자처럼 생겼으니까요. 지혜로운 소비자는 자동차를 살 때 어떤 목적으로 쓸지를 잘 생각해서 그 목적에 맞게 자동차의 디자인, 효용, 연비를 꼼꼼히 따져 보지요.

배 앞머리에 둥근 모양으로 튀어나온 돌출부는 배의 속력을 향상시키는 역할을 하는데, 꼭 돌고래의 주둥이를 닮았다.

코거북복

이 같은 소비자의 요구를 만족시키기 위해 자동차 제작자들은 끊임없이 새로운 아이디어를 내고 시험해요. 우선 새로운 자동차의 원형을 고안하기 위해 연구력을 집중해요. 이 과정에서 때로는 상당히 특이한 형태가 나오기도 하죠. 예컨대 메르체데스 벤츠사는 코거북복Boxfish의 모양을 본뜬 자동차를 만들었어요. 산호초에 사는 이 물고기는 생김새가 특이하게 각진 모양이지만 놀랍게도 물의 저항을 아주 적게 받아요. 더구나 자동차는 내부 공간을 확보하기 위해 대체로 상자 모양이어야 하는데, 코거북복의 모양은 이미 그 자체로 상자 형태와 그리 다르지 않아 실용성이 높지요. 반면에 가자미를 비롯해서 몸통이 유난히 납작한, 자동차의 모범으로 삼기에는 확실히 부적합한 물고기도 있어요.

코거북복은 각진 모양이지만
공기 역학적 속성들이 우수하다.

과학자들은 모형 코거북복을 풍동에 넣고 얼마나 공기의 저항을 덜 받는 유선형인지 검사했어요. 결과는 놀라웠어요. 공기의 저항이 아주 적었거든요. 그 결과에 고무된 기술자들은 이 형태를 적용해서 '메르체데스 벤츠 생체 공학 자동차'를 개발했어요.

이 자동차는 형태뿐만 아니라 다른 측면에도 생체 공학을 적용했어요. 자동차의 차체를 동물 뼈의 구조를 본떠서 특별히 가벼우면서도 튼튼하게 설계했거든요. 더 나아가 차체를 더욱 완벽한 유선형으로 만들고 자동차의 공기 역학적 속성을 높이기 위해, 자동차 손잡이가 튀어나오지 않게 했어요. 튀어나온 손잡이가 소용돌이를 일으키는 것을 막기 위해서예요. 또 휠 캡wheel cap(바퀴 덮개)은 거의 완전히 막혀 있고, 사이드미러 대신에 소형 카메라를 장착했어요.

메르체데스 벤츠 생체 공학 자동차는 아쉽게도 아직 구매할 수 없어요. 이 자동차는 미래에 대량 생산 가능성을 생각하며 소비자의 반응을 살피기 위해 만든 이른바 '콘셉트 카concept car'이거든요. 지금은 전시회를 비롯한 여러 행사에서만 볼 수 있지요. 제작자들은 이런 자동차가 아직은 많이 팔리지 않으리라고 예상하기 때문에 대량 생산을 미루는 거예요.

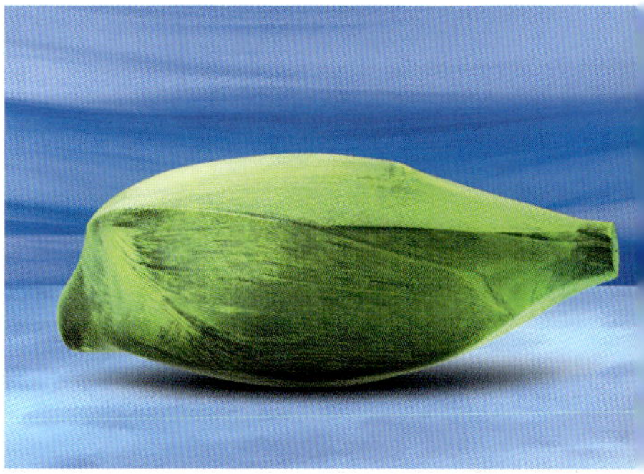

기술자들은 코거북복의 모형을 풍동에 넣고 모양의 공기 역학적 성질을 조사한 뒤 그것을 모범으로 삼아 메르체데스 벤츠 생체 공학 자동차를 설계했다.

하지만 친환경 자동차에 대한 요구가 나날이 늘고 있으니, 앞으로 어떤 자동차들이 개발되고 그 차를 우리가 타게 될지 누가 알 수 있겠어요? 기술자가 되고 싶은 독자들은 자신이 나중에 무엇을 만들지, 어떤 발명과 개발에 특히 관심이 있는지를 지금부터 생각해 보세요. 젊고 호기심 많은 기술자는 대학과 회사에서 언제나 환영받지요.

헤엄치는 새: 펭귄

펭귄은 본래 새이지만 날지 못해요. 그 대신에 탁월한 수영 능력을 지녔어요. 이 특이한 새는 하루에 길게는 10시간 동안 수영을 하면서도 에너지를 아주 조금만 써요. 100킬로미터를 수영하는 데 겨우 크릴 1킬로그램만 먹으면 충분하거든요. 이렇게 적은 에너지 소비량 때문에 생체 공학자들은 펭귄에게 특별한 관심을 쏟지요. 펭귄은 특별한 체형을 지닌 덕분에 물속에서 거의 아무 힘도 들이지 않고 미끄러지듯 나아갈 수 있거든요. 어떤 체형일까요? 펭귄의 체형을 자세히 관찰하면 흥미로운 점들이 보여요. 몸의 중앙이 굵고 양끝이 가는 원기둥꼴 모양의 방추형 몸

매를 가졌다는 점이에요. 하지만 정확한 방추형은 아니고 머리와 꼬리 근처에서 몸의 굵기가 급격히 가늘어지지요. 이런 체형 덕분에, 이미 앞 장에서 얘기했으며 여러분이 물속에서 수영할 때에도 생겨나는, 전진을 방해하는 소용돌이가 크게 줄어든답니다. 물의 저항을 거의 받지 않는다는 뜻이에요. 그래서 펭귄은 소형 비행기나 잠수함을 만들 때 모범으로 삼기에 아주 좋지요.

짧고 촘촘한 펭귄 깃털의 구조도 펭귄이 물이나 공기의 저항을 거의 받지 않을 수 있게 해 주는 주요 요소라고 생각돼요. 펭귄은 그것 말고도 특별한 묘수를 하나 더 가지고 있어요. 더 빨리 헤엄치고 싶을 때 펭귄은 깃털 속에 품고 있던 공기를 내뿜을 수 있답니다. 내뿜은 미세한 공기 방울들은 펭귄에게 잠깐 동안 추가로 추진력을 더해 주는 효과를 내지요. 그 공기 방울들이 마치 베일처럼 펭귄의 몸을 둘러싸면, 물의 저항이 극적으로 줄어들거든요. 펭귄은 포식자를 피해 달아나거나 사냥을 할 때 이 묘수를 써요. 이것은 잠깐 동안 터보 엔진을 켜는 것과 마찬가지랍니다.

추진 기술이 중요하다

이처럼 친환경 선박, 자동차, 비행기 같은 운송 수단은 외관이 중요해요. 거기에 더해 당연히 이들을 앞으로 나아가게 하는 추진 기술이 중요하지요. 이를 위해 생체 공학자들은 부지런히 자연에서 배우며 추진 기술을 발전시키려고 끊임없이 노력해요. 그들은 탁월한 수영 선수인 펭귄이나 가오리 등이 물속에서 전진하는 방식을 자세히 관찰하지요.

수중 비행

펭귄은 양옆에 날개가 있는데, 나는 데 쓰는 것이 아니라 수영할 때 지느러미와 노처럼 써요. 펭귄은 수영할 때 양 날개를 뺀 나머지 부분은 거의 움직이지 않아요. 펭귄이 물속에서 날개를 퍼덕이는 모습은 다른 새들이 공중에서 나는 모습과 유사하답니다.

물속의 펭귄: 양 날개 끝에 작은 물감 주머니를 달아 날개 끝이 그리는 궤적을 볼 수 있게 했다.

펭귄의 수영 동작을 자세히 탐구하기 위해 생체 공학자들은 펭귄의 날개 끝에 작은 물감 주머니를 매단 다음 펭귄을 유로 속에서 헤엄치게 했어요. 생체 공학자 루돌프 바나슈와 그의 팀은 펭귄의 날개 끝이 물속에서 그리는 궤적을 동영상과 사진을 통해 추적하고 펭귄이 지나간 직후에 물이 어떻게 움직이는지도 눈으로 볼 수 있게 했지요.

그렇게 얻은 지식을 바탕으로 연구 팀은 소형 수중 로봇을 개발했어요. 그 로봇들은 펭귄을 닮았는데 작은 날개로 추진력을 얻고 방향을 조절해요. 그뿐만 아니라 돌고래나 박쥐처럼 초음파를 이용하여 위치와 방향을 파악해요.

다양한 수중 추진 기술

자연에 있는 다양한 수중 추진 기술은 무척 인상적이에요. 헤엄칠 때 몸을 격렬하게 움직이는 동물이 있는가 하면 거의 움직이지 않는 동물도 있어요. 몇몇 동물은 펭귄처럼 지느러미만 움직이고요. 반면에 뱀장어는 마치 뱀처럼 온몸을 꿈틀거려 파동 모양으로 만들지요.

페스토사가 제작한 펭귄 로봇은 진짜 펭귄처럼 보인다. 공학자들은 자연물을 모방하는 작업을 통해 새로운 추진 기술과 제어 기술을 개발한다.

오징어는 평소에는 물속에서 이리저리 떠다니지만 공격을 당하거나 사냥을 할 때는 한 방향으로 화살처럼 빠르게 이동할 수 있어요. 여러분은 해파리를 본 적이 있나요? 해파리는 뼈가 없어서 물속에서 흐느적거리는 것처럼 보여요. 반면에 해마는 물속에서 꼿꼿이 선 자세를 유지하며 이동할 때는 마치 춤추는 것처럼 보이지요.

물고기는 대부분 몸을 좌우로 흔들면서 앞으로 나아가요. 아마 여러분도 그렇게 이동하는 송어나 금붕어를 본 적이 있을 거예요. 바다에 사는 상어는 이 '흔들기 기술'로 물속에서 번개처럼 재빨리 이동할 수 있어요. 반면에 돌고래와 고래는 꼬리지느러미를 위아래로 흔들며 앞으로 나아가지요.

물고기의 수영 방법을 이해하기는 아주 어려워요. 또한 새의 비행과 마찬가지로 연구하기도 어렵지요. 물고기는 물살에 휩쓸리지 않고 제 위치를 지키며 떠 있어야 해요. 이때 배와 달리 동서남북 방향뿐 아니라 위아래로도 떠밀릴 수 있으므로 주의해야 되지요. 물고기가 바닥으로 가라앉지 않는 이유는 무엇일까요?

물고기는 배 속에 '부레'라는 얇은 주머니를 가지고 있어요. 모양은 원추형, 계란형, 관형 등 여러 가지인데, 여러분이 풍선에 공기를 채울 수 있는 것처럼 물고기는 부레에 기체를 채울 수 있어요. 물고기는 이 부레로 자신의 물속 높낮이를 조절해요. 부레에 공기가 많이 차 있을수록 물고기의 물속 무게가 가벼워져서 물고기는 위쪽 수면 방향으로 올라가요. 물고기도 다른 모든 물체와 마찬가지로 물속에서 부력을 받아요. 사람도 물에 들어갈 때 물 밑으로 가라앉지 않으려고 속에 공기를 채울 수 있는 물체를 이용하지요. 여러분도 수영을 처음 배울 때 그런 물체 중 하나인 튜브를 써 보았을 거예요.

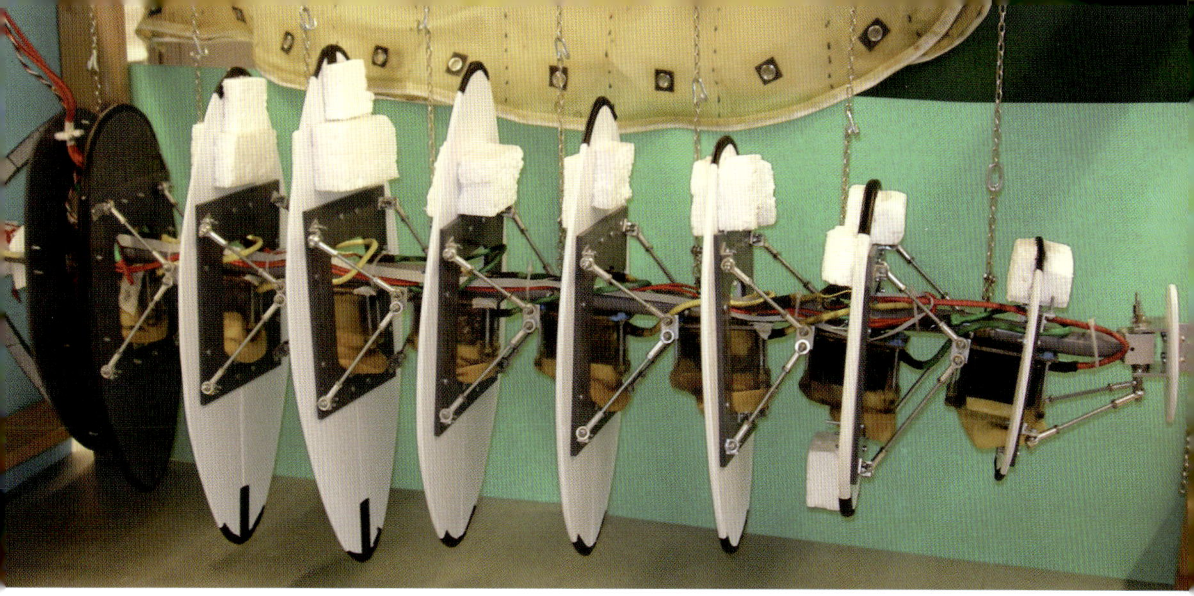

생체 공학 로봇 '스모키'는
물고기처럼 꿈틀거리며 전진한다.

생체 공학적 추진 기술: 스모키

물고기는 어떻게 단순하고 작은 꿈틀거림만으로 물속에서 전진할 수 있을까요? 사람은 왜 물고기의 수영 동작을 쉽게 따라 할 수 없을까요?

독일에서는 여러 연구 팀이 수영하는 로봇을 개발하려고 해요. 조종하기 쉬우면서도 에너지 소비가 적고, 소음이 거의 안 나며 눈에 띄지 않아서 민감한 수중 생태계를 어지럽히지 않는 로봇을 만드는 게 연구자들의 목표이지요.

현재 다름슈타트 공대의 생체 공학자들은 실물의 다섯 배 크기인 도미 로봇을 만들고 있어요. 이를 위해 도미의 신체 구조를 아주 꼼꼼하게 연구했지요. '스모키'라는 이름이 붙은, 길이 1.5미터의 이 물고기 로봇은 라텍스 피부로 덮여 있는데, 그 속의 골격은 10개의 마디로 이루어졌어요. 그중 여덟 마디는 세르보라는 작은 전기 모터의 힘으로 움직여요. 그래서 로봇의 척추 전체가 꿈틀거리는 동작을 하지요. 이런 식으로 물고기의 꿈틀거리는 수영 동작을 모방하는 거예요. '스모키'라는 이름은 영어 '스모크 smoke'(연기를 뜻함)에서 나왔는데, 개발 초기에 로봇에 장착된 전기 모터 세르보들에 과부하가 걸려 연기가 나는 바람에 이런 이름이 붙었답니다.

자연이 수백만 년에 걸쳐 가장 알맞은 형태로 최적화한 에너지 절약형 추진 기술을 몇 달 안에 완벽하게 모방하는 것은 쉬운 일이 아니에요. 무엇보다 중요한 건 모범으로 삼은 생물이 어떤 방식으로 움직이는지, 작동 원리를 이해하는 것이죠. 단순한 베끼기는 성공에 도움이 되지 않으니까요.

물고기를 모방한 추진 방식의 장점은 물과 바닥의 모래를 심하게 휘저어 놓지 않는다는 거예요. 배는 대개 스크루를 돌려서 추진력을 얻는데, 이때 스크루는 어쩔 수 없이 바닥을 파헤치고 건물의 기반을 갉아 내게 돼요. 물속에 지어진 도시 베네치아의 건물들이 이런 피해를 입었죠. 또 스크루가 일으킨 소용돌이와 파도는 물가 생태계에도 해를 입힐 수 있어요. 물살이 자꾸만 왔다 갔다 하면 무엇이든 떠내려가고 쓸려 가게 마련이니까요. 하지만 '스모키 추진 방식'이라면 물속 퇴적층과 동물계와 식물계를 보호할 수 있을 거예요.

스모키를 실제 사용하기까지는 아직 시간이 좀 더 필요하지만, 잠수나 비행을 할 수 있는 로봇은 이미 많이 나와 있어요. 앞서 언급한 펭귄 로봇처럼요. 페스토 사에서는 여러 해 전부터 동물을 본보기로 한 로봇들을 만들어 왔어요. 이 회사의 공학자들은 펭귄, 가오리, 참치 등과 생김새와 수영(또는 비행) 방식이 유사한 기계들을 개발하지요. 동물들이 앞으로 나아가는 다양한 방식을 연구하기 위해 심지어 해파리를 모방한 로봇도 개발했어요. 이런 작업을 통해 새로운 추진 기술과 제품을 위한 아이디어를 얻는 것이 그들의 바람이지요.

물속에서 멈추기

동물을 모범으로 삼은 수영 로봇들의 장점은 매우 빠르고 적은 에너지로도 조종이 가능하다는 점이다. 전진하는 보트의 방향을 바꾸거나 멈추려면 많은 에너지가 든다. 노를 저어 움직이는 배나 오리 배를 타 본 사람은 어쩌면 경험으로 이 사실을 알 것이다. 보트를 멈출 때는 상당히 긴 제동 거리를 감안해야 한다. 신속하게 방향을 바꾸려면 한쪽 노를 부지런히 반대 방향으로 저어야 한다. 대형 여객선의 경우에는 방향을 바꾸는 전환과 멈추는 제동이 당연히 훨씬 더 어렵다. 그것을 제대로 못 해서 타이태닉호가 빙산에 부딪혀 물속에 가라앉은 것이다. 선장이 빙산을 너무 늦게 보는 바람에 항로를 바꾸거나 배를 제동할 겨를이 없었다.

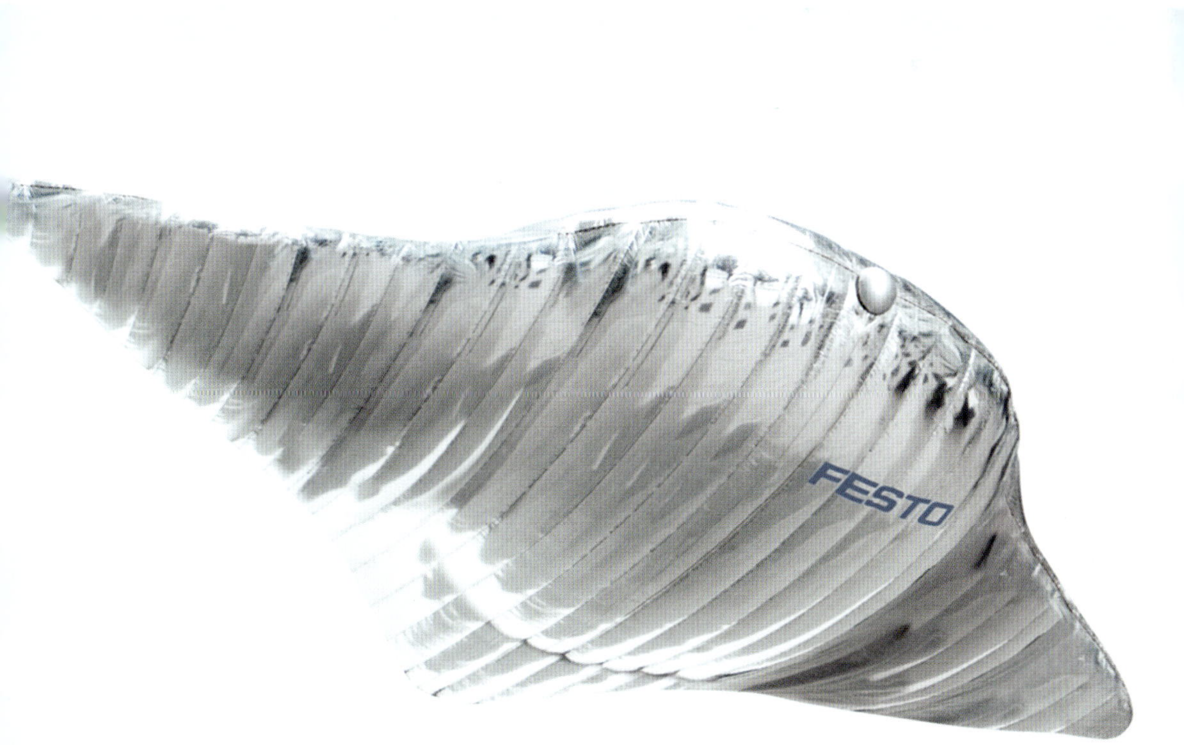

하늘을 나는 가오리 로봇은
실제 가오리의 지느러미 운동을
감쪽같이 흉내 내며 우아하게 날아간다.

수중 로봇

소형 잠수함과 비행기를 개발하는 가장 기본적인 목적은 화물이나 여객을 수송하는 것이 아니라 정보를 수집하는 것이에요. 그렇기 때문에 기술자들은 물속이나 공중에서 쉽게 이동하고 조종하기 편리한 로봇의 개발을 목표로 해요. 그런 로봇은 사람이 갈 수 없는 곳도 얼마든지 갈 수 있거든요.

예컨대 저 깊은 바다 밑까지 내려가 바다 밑바닥을 조사하거나 도무지 접근할 수 없는 위험 지역을 공중에서 정찰하는 일을 해낼 수 있지요. 또 추락한 비행기의 비행 기록 장치와 같은 중요한 물건을 찾아야 하는 상황에서도 능력을 발휘해요. 비행기의 잔해가 어지러이 흩어진 사고 현장에서 아주 효율적으로 수색을 할 수

해파리를 본떠 만든 로봇도 진짜 해파리처럼 부드럽고 안정되게 움직인다.

있죠. '블랙박스'라고도 하는 비행 기록 장치를 찾아내 분석하면 대개는 비행기가 추락한 원인을 알 수 있어요. 블랙박스는 비행기 기술을 개량하려는 기술자들에게 중요한 정보를 제공하는 출처예요.

이런 위험하고도 다양한 작업에 투입되는 로봇은 에너지가 다 떨어지기 전에 재충전을 해야 하므로 에너지를 덜 쓸수록 더 오랜 시간 임무를 수행할 수 있어요. 어느새 서로 정보를 교환하면서 벌 떼처럼 활동하는 로봇 집단도 개발되었어요. 이런 로봇 집단은 어떤 장치가 어디에 있는지, 어느 로봇이 재충전을 위해 충전소로 가야 하는지, 이미 조사하고 측량한 곳이 어디인지 등의 정보를 무선 통신으로 주고받아요.

페스토사의 개발자들은 로봇의 추진력과 운동 기능을 최적화하기 위해 두 가지 생체 공학적 방법을 사용해요. 하나는 '유동성 근육fluidic muscle'을 활용하는 것인데, 이에 대해서는 로봇을 다루는 장에서 더 자세히 설명할 거예요.

다른 하나는 '지느러미 가시 효과Fin Ray Effect®'(®은 특허청에 등록된 상표라는 의미이다.)인데, 이것은 수중 로봇이 유연하게 움직일 수 있게 해요. 더 나아가 이 효과는 물건을 부드럽게 쥘 수 있는 로봇 손을 만드는 데도 쓰인답니다.

지느러미 가시 효과

과학자 라이프 크니제는 몇 해 전에 낚시를 하다가 연구할 거리를 발견했어요. 크니제가 잡은 물고기의 꼬리지느러미 가시를 손가락으로 누르자, 지느러미가 그의 손가락을 감싸는 방향으로 휘어진 거예요. 손가락에서 멀어지는 방향으로 휘어질 거라는 크니제의 예상과는 반대였죠. 이 발견을 계기로 크니제는 지느러미의 성질과 구조를 본격적으로 연구했어요.

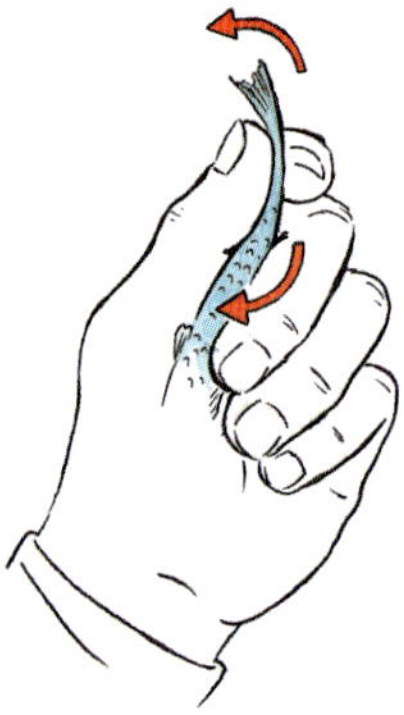

물고기의 지느러미가 손가락으로 누르는 힘에 어떻게 반응하는지를 간단한 모형을 만들어 실험해 볼 수 있다.

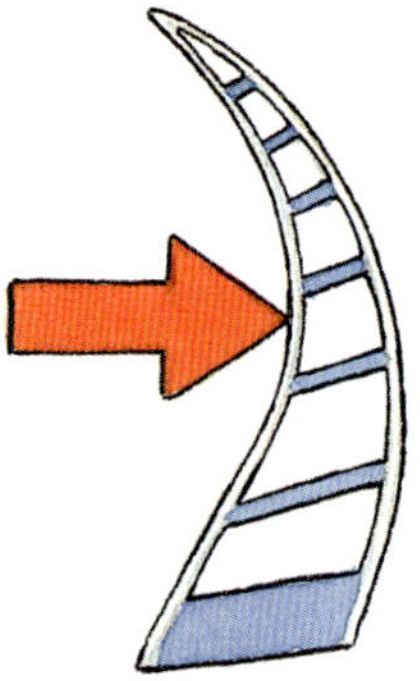

지느러미 속에 들어 있는 지느러미 가시들은 지느러미가 빳빳이 펴진 모양을 유지하게 해 줘요. 몇몇 종류의 지느러미 가시는 지느러미 끝에 뾰족하게 튀어나와 지느러미의 가장자리가 톱니 모양이나 구불구불한 모양이 되게 만들어요. 생체 공학자들은 지느러미 가시를 꼼꼼하게 연구하고 그 구조를 공학적으로 정리했어요.

지느러미 가시는 탄력 있는 세로 버팀목 두 개와 가로 버팀목 여러 개로 이루어져요. 세로 버팀목들은 꼭대기가 뾰족한 삼각형을 이루는데, 두 개의 버팀목이 삼각형의 꼭대기에서 단단하게 연결되어 있어요. 가로 버팀목들은 그 삼각형을 안정적으로 지탱해 주고요. 따라서 지느러미 가시의 전체적인 모습은 위로 갈수록 폭이 좁아지는 사다리를 닮았어요. 그 사다리의 옆구리를 손가락으로 밀면, 사다리의 끝이 마치 손가락을 감쌀 듯이 손가락 쪽으로 휘어지지요. 물고기의 꼬리지느러미가 지닌 이런 특성은 물고기가 헤엄칠 때 요긴하게 쓰여요. 물이 지느러미 가시의 한쪽 면에 압력을 가하면, 지느러미는 그 압력에 맞서는 방향으로 휘어지면서 물고기는 원래 운동 방향을 유지한답니다.

지느러미 가시 만들기

뻣뻣한 종이를 오려서 3×20cm 크기의 띠 두 개와 크기가 각각 3×4.5cm, 3×4cm, 3×3.5cm, 3×3cm, 3×2.5cm, 3×2cm인 직사각형들을 만들어라. 종이 띠 각각의 한 면에 눈금들을 표시하되, 각 눈금의 위치는 밑에서부터 5cm, 7.5cm, 10cm, 12.5cm, 15cm, 17.5cm로 하라.

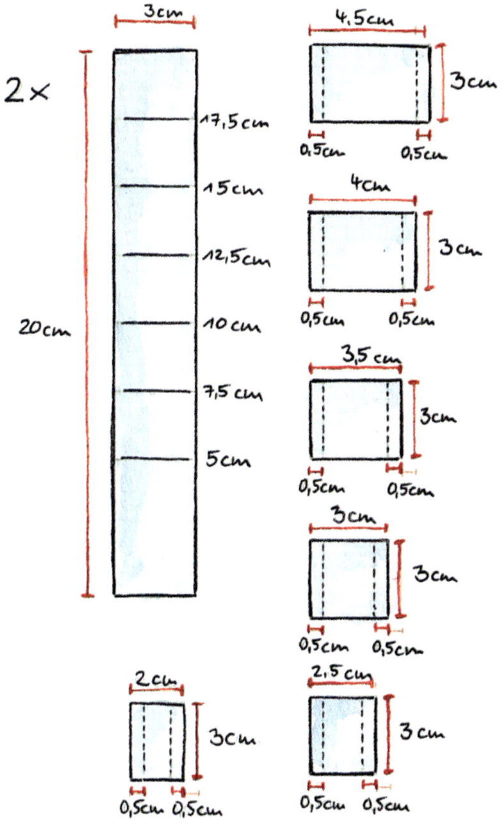

직사각형들은 3cm 길이의 양변을 0.5cm 폭으로 접는다.

이제 직사각형들을 종이 띠의 눈금들에 붙여 세운다.

그 위에 나머지 종이 띠를 붙이고 두 띠의 한쪽 끝을 연결하여 뾰족한 삼각형을 만든다.

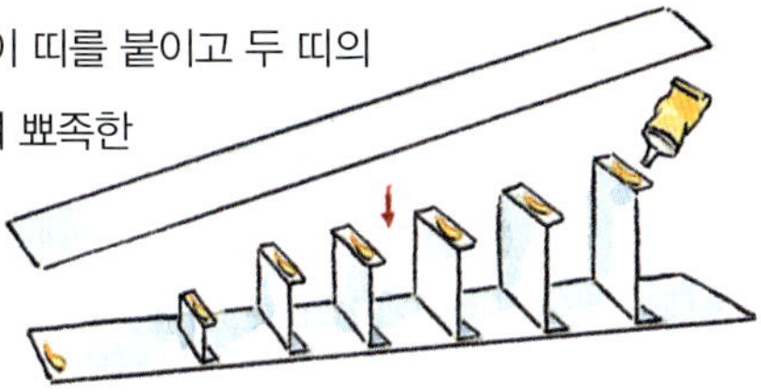

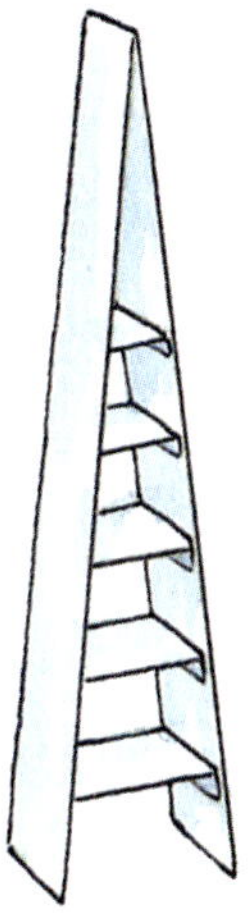

완성되었다! 접착제가 완전히 마르면, 이 지느러미 가시 모형을 세워 고정하고 그 옆구리를 누르면 어떤 일이 일어나는지 실험해 보라. 이런 '지느러미 가시 효과'를 이용하여 무엇을 만들 수 있을지 생각해 보자.

지느러미 가시 효과의 응용

지느러미 가시의 끝이 압력에 반응하여 휘어지는 현상을 지느러미 가시 효과라고 해요. 지느러미 가시 효과는 나무, 종이, 플라스틱을 비롯한 매우 다양한 소재에 적용할 수 있어요. 생체 공학자들은 당연히 이 아이디어를 기술에 사용할 수 있도록 특허를 얻고 '지느러미 가시 효과®'라는 등록 상표까지 만들었지요.

그러면 지느러미 가시 효과를 어디에 응용할 수 있을까요?

이 효과에 기반한 인공 지느러미 가시들은 가오리, 해파리, 펭귄을 본뜬 모형들이 유연하게 움직일 수 있게 해 주지요. 또 지느러미 가시 효과를 응용하여 사람의 척추를 편안하게 받쳐 주는 의자 등받이를 만드는 것도 생각해 볼 수 있어요. 혹은 온갖 물체를 '부드럽게' 감싸 쥐는 집게를 만들 수도 있을 거예요. 지느러미 가시 효과를 응용한 솔이 있다면, 평범한 솔이 닿지 않는 구석도 닦아 낼 수 있을 거고요.

지느러미 가시 효과를 응용하여 만들 수 있는 것 중 특히 주목할 만한 가능성은 재질과 크기와 모양이 다양한 물체를 잡을 수 있는 기계 장치를 개발하는 거예요. 로봇과 기계에 장착되는 기존의 집게는 항상 같은 대상을 완벽하게 움켜쥐도록 만들어요. 그런 집게는 대개 크기와 모양과 탄력성이 기준에 정확히 맞는 물체만을 집을 수 있지요. 물체가 그 기준을 조금만 벗어나도 집게는 제 역할을 못해요. 그래서 딱딱하고 유연성이 없는 집게에 눌려 물체가 깨지는 일이 적잖이 일어나요. 반면에 생체 공학적 지느러미 가시 집게는 온갖 대상을 아주 부드럽게 잡아서 옮겨 놓을 수 있어요. 대상에 맞춰 부드럽게 휘어지니까요. 마치 사람의 손처럼 말이에요.

이런 집게는 같은 공장에서 같은 장치로도 다양한 종류의 제품을 생산하고 옮기는 것을 가능하게 해 준다는 점에서 매력적이에요. 보통은 제품 각각에 맞춰 로봇 팔을 다시 프로그래밍하거나 아예 교체해야 하거든요. 반면에 각각 다른 물체에 대한 적응력이 뛰어난 지느러미 가시 집게는 다양한 물체를 한 조립 라인에서 다

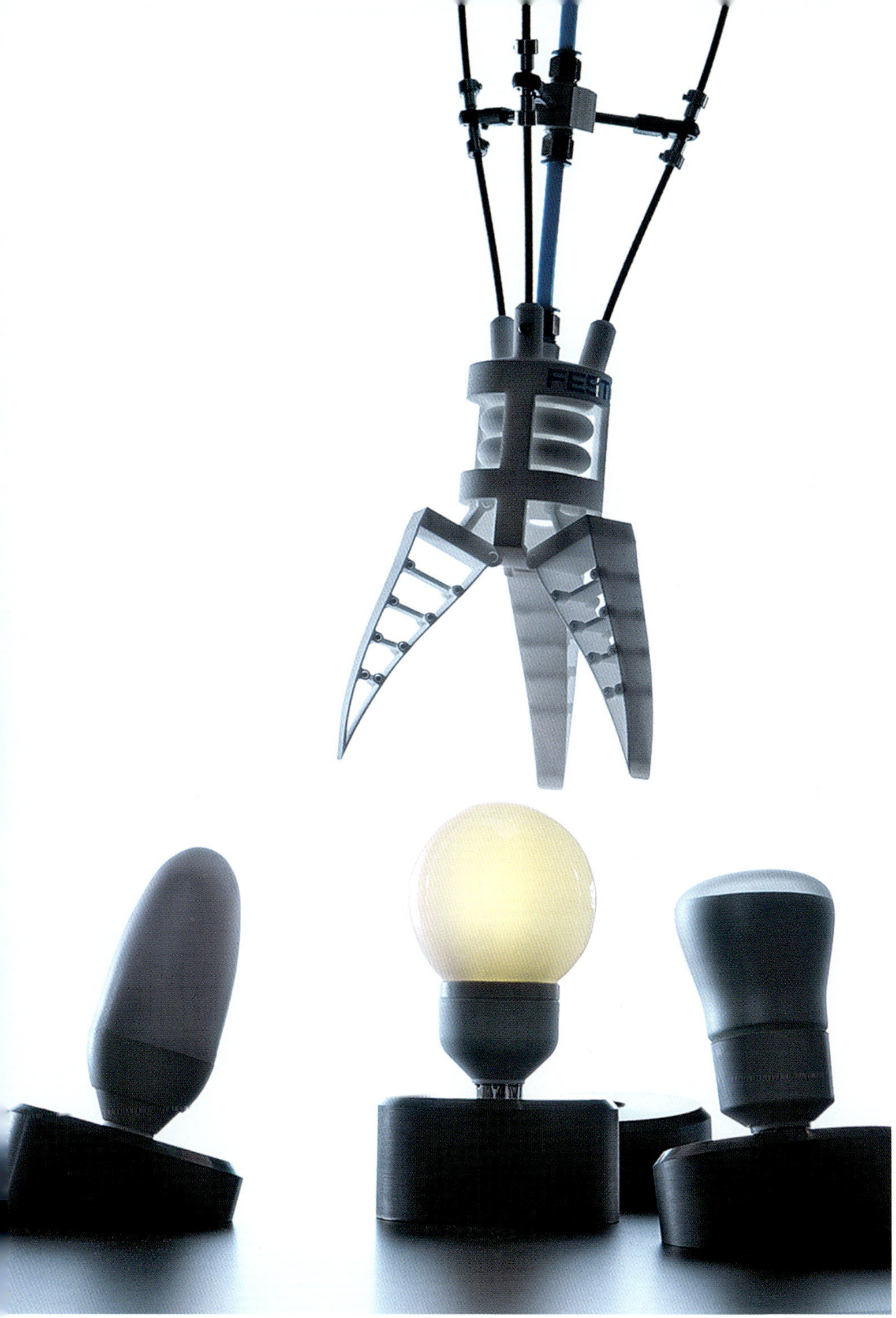

페스토사에서 개발한 지느러미를 응용한 집게
'핀그리퍼'는 모양이 제각각인 전구들도
부드럽고 확실하게 움켜쥘 수 있다.

음 조립 라인으로 운반할 뿐만 아니라 심지어 상자에 집어넣을 수도 있어요. 부드러운 물체와 딱딱한 물체, 혹은 둥근 물체와 각진 물체를 번갈아 옮길 수도 있지요. 그러니 이 집게를 이용하면 생산에 들어가는 시간이 단축되고 불량품도 줄어들 거예요.

까마득한 과거의 로켓 추진 기술

다시 동물의 추진 기술로 돌아가 봐요. 오징어와 해파리는 특별한 추진 장치를 가지고 있어요. 이 녀석들은 많은 양의 물을 빨아들였다가 한꺼번에 뱉어 내요. 그러면서 반대 방향으로 쏜살같이 이동해요. 이른바 '되튐^recoil'(공이 바닥을 때리고 튀어 오르는 것, 로켓이 연기를 아래로 뿜어내면서 떠오르는 것 등이 '되튐' 현상이다.－옮긴이)을 이용하는 것이지요.

녀석들은 먹잇감을 사냥할 때나 위험을 피해 달아날 때 이런 식으로 이동해요. 오징어는 검푸른 액체까지 추가로 내뿜어 천적을 혼란에 빠뜨릴 수 있어요. 독일

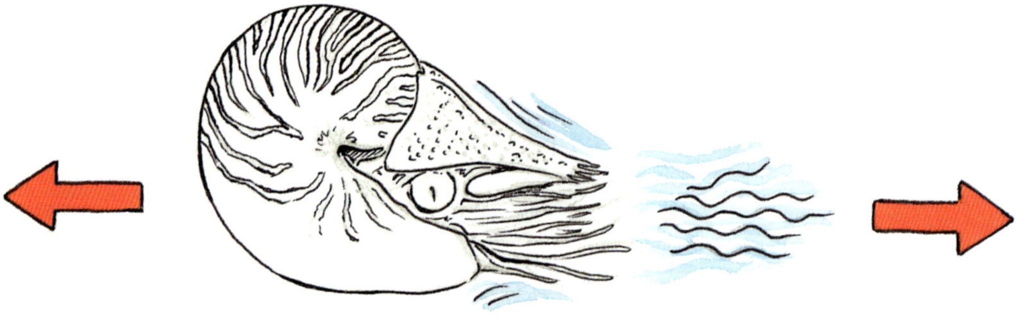

원시 두족류인 앵무조개^Nautilus는 멸종한 암모나이트와 마찬가지로 껍데기가 있다. 반면에 오늘날의 두족류 대부분은 껍데기가 없는 연체동물이다.

어로는 오징어를 '틴텐피시* Tintenfisch'라고 하는데, 먹물 물고기라는 뜻이에요. 오징어가 내뿜는 액체가 먹물을 닮은 것에서 유래한 이름이지요.

생물학자들은 오징어를 '두족강'(정식 학명은 Cephalopoda. cephalus는 머리, poda는 발이라는 뜻이다.)으로 분류해요. 즉, 머리와 발만 있는 동물로 보지요. 사실 얼핏 보면 오징어는 머리와 다리만 있는 것 같아요.(실제로는 오징어는 머리와 몸통, 다리로 이루어져 있어요. 머리가 몸통과 다리 사이에 있어서 다리와 바로 연결되는 구조이지요.) 오징어 다리가 하는 일은 걷고 달리는 것이 아니라 주변을 더듬거나 물체의 표면에 달라붙는 것이랍니다. 두족강에 속하는 동물, 곧 두족류는 지구 역사에서 아주 오래전에 등장했어요. 많은 두족류는 껍데기를 가지고 있었고, 그 껍데기들은 오늘날 화석으로 발견되지요. 두족류의 껍데기는 보통은 나선형으로 성장했기 때문에, 그것들의 화석은 달팽이 껍데기를 닮은 경우가 많아요. 여러분 중에 암모나이트 화석을 본 사람도 있을 거예요. 암모나이트 화석은 공룡 화석과 더불어 가장 널리 알려진 화석으로 꼽힌답니다.

로켓은 우주에서는 프로펠러로 추진력을 얻을 수 없다. 왜냐하면 우주 공간에는 공기 저항이 없기 때문이다. 따라서 로켓은 다른 추진 방식들에 의지한다.

로켓처럼 날아가기

되튐의 원리는 로켓에도 쓰여요. 로켓의 아랫부분에서 연료가 불타면 높은 압력이 발생해요. 이 압력은 아랫방향으로 작용하고, 이 힘 때문에 로켓은 반대 방향, 즉 위로 떠밀리지요. 그러나 이 경우에 되튐 원리의 활용은 생체 공학적 응용이 아니에요. 오히려 인간의 독창적인 아이디어에서 나온 기술이 자연의 비법과 비슷하게 맞아떨어진 한 예일 뿐이죠. 오징어는 빨아들인 물을 이용하여 되튐을 일으키는 반면, 로켓은 불타는 연료를 이용해요. 오징어와 로켓을 전진시키는 추진력은 빨아들인 물과 불타는 연료를 뒤로 뿜어낼 때 생겨요.

X

되튐 원리를 이용한 풍선 로켓

로켓의 추진 방식을 실험으로 알아보자. 풍선, 빨대, 끈, 접착테이프, 빨래집게를 준비하라. 끈을 빨대에 꿴 다음 양끝을 의자 등받이 따위에 묶어 팽팽하게 당겨지도록 하라. 다음으로 풍선에 바람을 불어넣고 입구를 빨래집게로 막아라. 이제 접착테이프를 이용하여 풍선을 빨대에 붙여라. 10부터 0까지 카운트다운을 한 다음에 빨래집게를 열어 보라. 어떤 일이 일어나는가?

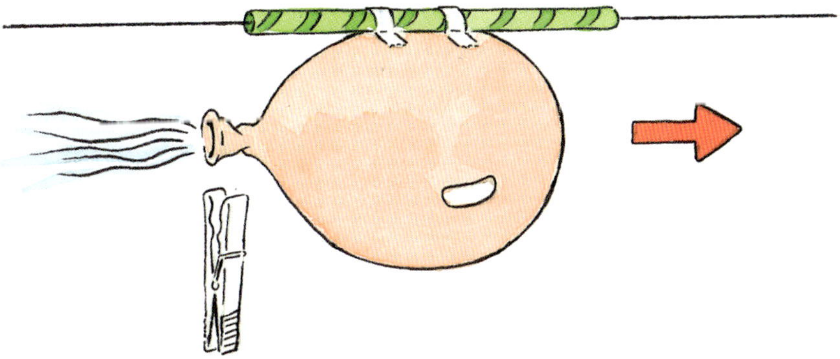

풍선 로켓은 되튐 원리에 따라 끈을 궤도 삼아 쏜살같이 날아간다.

흐르는 물속에서 동물의 표면이 하는 역할

지금까지 보았듯이 물속에 사는 동물의 몸 형태와 추진 기술은 그 동물의 운동 능력에 중대한 영향을 미쳐요. 그런데 때로는 동물의 몸 형태뿐만 아니라 동물의 표면도 운동 능력에 큰 영향을 준답니다. 어떤 동물의 표면에서는 특수한 구조가 발견되는데, 그런 구조는 물의 저항을 줄여 동물이 빠르게 헤엄칠 수 있게 해 주지요. 심지어 어떤 표면은 동물의 몸을 항상 깨끗하게 유지해 주는 기능까지 해요.

상어를 쓰다듬어 본 적 있나요?

몇몇 상어 종은 바다에서 가장 빠르게 헤엄치는 동물로 꼽혀요. 상어가 물속에서 쉽게 이동할 수 있는 데는 유선형 몸매뿐만 아니라 또 다른 비결이 있지요.

바로 상어 비늘이에요. 상어는 이빨과 똑같은 재질인 상아질로 된 비늘을 지녔어요. 상어뿐만 아니라 인간의 치아도 뼈와 비슷한 상아질로 되어 있답니다. 그런데 상어 비늘의 특징은 표면에 가로 방향(상어의 머리와 꼬리를 잇는 방향)으로 아주 미세한 홈들이 패어 있다는 점이에요. 그 홈들 때문에 상어의 피부는 '세로로' 쓰다듬으면 촉감이 사포처럼 거칠고 '가로로' 쓰다듬으면 매끄럽게 느껴지지요. 개를 쓰다듬을 때에도 이와 비슷한 경험을 할 수 있어요. 일반적으로 개의 털은 감촉이 매끄럽지만, 뒤에서 앞쪽으로 쓰다듬으면 껄끄럽게 느껴져요. 물론 대부분의 개는 그런 식으로 쓰다듬는 걸 좋아하지 않을 거예요. 아마 상어도 마찬가지이겠죠.

상어 비늘에 팬 홈들은 과연 어떤 역할을 할까요?

상어가 빠르게 헤엄치면 상어의 몸 주변에서는 소용돌이들이 생기지요. 그 소용돌이들은 대체로 상어의 속력을 줄이는 역할을 해요. 이는 앞에서 언급한 소용돌이 바람들이 비행기의 속력을 줄이는 것과 마찬가지예요. 그런데 이때 상어 비늘

상어는 특별한 장점들을
갖춘 덕분에 물속에서
날렵한 사냥꾼으로 활약한다.

상어 피부 비늘의 표면에 팬 홈들을 보여 주는 현미경 사진.
작은 소용돌이들이 이 홈들을 따라 미끄러진다.

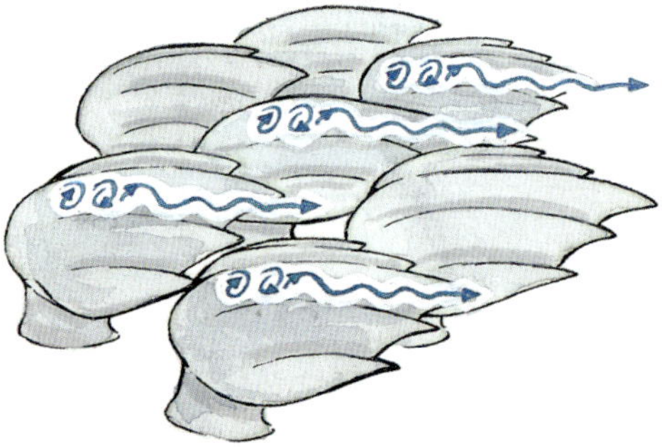

의 홈들이 그 작은 소용돌이들을 일정 한 방향으로 이끌어요. 그 결과 소용돌이들은 마치 미끄럼틀에서 미끄러지듯이 상어의 피부를 스치며 사라지지요. 소용돌이가 부드럽게 사라지므로 상어와 바닷물 사이의 마찰이 줄어들고 상어는 물의 저항을 덜 받아요. 그래서 상어는 적은 에너지로 빠르게 헤엄칠 수 있답니다.

비행기용 리블릿 필름

독일 항공우주센터(DLR)의 공학자들은 상어가 가진 이 비법을 응용하여 비행기 표면의 공기 역학적 성질을 개선하려고 해요. 쉽게 떠올릴 수 있는 아이디어는 상어 비늘처럼 홈이 팬 필름을 만들어서 비행기 표면에 붙이는 것이었어요. 그러면 비행기의 에너지 소비가 줄어들 테고, 그것은 생체 공학자들이 몹시 반기는 결과일 터였어요. 그러나 여러 차례 실험을 한 결과, 그런 리블릿 필름riblet film(영어 'riblet'은 '작은 갈비뼈'를 뜻함)을 비행기 표면에 부착하려면 사람이 손으로 일일이 붙여야 하는데, 장기적으로 따져 보니 그 작업에 드는 비용이 항공사가 연료를 절약함으로써 얻을 수 있는 이익보다 더 컸어요.

훨씬 더 심각한 문제는 리블릿 필름을 붙이면 비행기 표면의 균열이나 손상을 보수하는 작업이 어려워진다는 점이었지요. 연료를 절약하는 것보다 승객의 안전이 당연히 중요한 일이죠. 결국 상어 피부를 본뜬 비행기용 필름은 실용화되지 않았어요.

지금은 필름보다 더 실용적인, 표면에 칠하면 홈들이 생겨나는 페인트가 개발되어 있어요. 비행기는 어차피 페인트칠을 해야 하므로, 특정 부위를 그런 홈이 파이는 페인트로 칠하는 것은 그리 어려운 일이 아니죠.

상어에게서 배운 홈의 묘수는 비행기, 잠수함, 배와 같이 크고 긴 운송 수단에만 효과가 있어요. 자동차에서는 그 효과가 거의 눈에 띄지 않을 거예요. 왜냐하면 자동차는 표면적이 훨씬 더 작은 데다 자동차가 받는 공기 저항 전체에서 마찰 때문에 생기는 저항은 비중이 낮기 때문이에요.

상어처럼 수영한다?

상어 피부 효과는 물속에서도 응용할 수 있어요. 그렇지만 수영 선수들이 착용하는 '상어 피부' 수영복은 실제 상어 피부와는 다른 원리로 효과를 발휘해요. 작고 뾰족한 돌기들이 있는 수영복이 있는데, 그 돌기들은 물과 충돌하며 특정 부위에서 더 많은 작은 소용돌이를 발생시켜요. 이 작은 소용돌이가 수영 선수의 표면을 지나는 큰 물줄기 흐름에서 선수를 떼어 놓는 완충제 역할을 하지요. 또 어떤 수영복에는 튼튼한 띠들이 내장되어 있어서 선수의 근육을 안정화하기도 해요. 더 나아가 부력을 높이는 수영복도 있어요.

하지만 그런 특수한 전신 수영복을 입은 선수들이 워낙 좋은 성적을 내는 탓에, 최근 들어 올림픽과 세계 선수권 대회에서 신기록이 무더기로 쏟아져 나왔어요. 그래서 수영 연맹은 대회 참가자에게 긴 바지나 반바지 형태의 수영복만 허용하기로 다시 규정을 바꿨답니다. 최첨단 직물 기술이 아니라 수영 선수의 능력을 평가해야 마땅하다는 생각에서 말이지요.

일부 수영복은 수영 속도를 크게 향상시킨다.

배에 붙어서 사는 생물

브레멘 대학의 안토니아 케젤 교수 연구 팀은 상어의 피부가 지닌 또 다른 속성을 연구해요. 그 연구는 선박의 표면을 처리하는 새로운 기술을 개발하는 것과 중요한 관련이 있어요. 항해를 방해하는 큰 문제 중 하나는 배의 아래쪽에 조개와 따개비가 달라붙어 자란다는 점이에요. 배의 표면은 넓고 매끄러워서 그런 고착 생물이 달라붙을 자리가 많거든요. 게다가 녀석들은 놀랄 만큼 단단히 달라붙지요. 그래서 생체 공학자들은 녀석들의 생태를 본떠 접착제를 개발하려고 하기도 해요. 아무튼 조개들은 배의 밑바닥에 달라붙어 있으면 힘을 들이지 않고도 바다 곳곳으로 옮겨 갈 수 있어요. 이동 중에는 가만히 있어도 다가오는 먹이를 쉽게 먹을 수 있어요. 이는 조개에게는 행운이지만 배의 주인에게는 불운한 일이지요.

조개를 비롯한 고착 생물은 제거하기 어려운 표피층을 이뤄 선박이 받는 물의 저항을 많이 증가시키거든요. 고착 생물이 달라붙어 번식하면 배의 표면이 아주 거칠어져요. 따라서 배는 물의 저항을 더 받게 되고, 항해에 더 많은 에너지가 들게 돼요. 게다가 고착 생물은 선체에만 달라붙는 것이 아니라, 물에 잠기는 상륙용 발판이나 배를 나아가게 하는 스크루에도 일부가 달라붙어요.

조개와 따개비는 배의 스크루에도 달라붙어 자란다.

배가 빠르게 전진할 때 스크루는 대단히 빠른 속도로 회전하는데, 그럴 때에도 스크루에 달라붙은 조개들은 떨어져 나가지 않는답니다.

심지어 고래에 달라붙은 따개비도 흔히 볼 수 있어요. 그런 따개비는 고래에게 거의 피해를 주지 않는 것처럼 보여요. 하지만 빠르게 헤엄치는 돌고래나 상어에 따개비가 달라붙는다면, 수영 속도가 상대적으로 크게 줄어들 거예요. 그래서 돌고래와 상어는 다른 생물이 달라붙을 수 없는 특수한 피부를 가지고 있어요. 이제 여러분도 충분히 짐작할 수 있을 거예요. 생체 공학자들은 바로 그 특수한 피부를 모범으로 삼아서 이른바 선박용 오염 방지antifouling 페인트를 개발했어요. 이 페인트를 칠한 표면에는 고착 생물이 달라붙지 못하지요.

오염

배의 밑바닥에 달라붙는 조개와 따개비 따위를 전문 용어로 '오염fouling'이라고 부른다. 반대로 오염을 막는 것은 '오염 방지antifouling'(줄여서 방오)라고 한다. 따라서 고착 생물이 달라붙는 것을 막는 발명품의 이름에는 흔히 '오염 방지'가 들어간다.

과학자들이 다양한 물체를 바닷물에 담가 두는 실험을 한 결과,
겨우 6주가 지나자 물체의 표면이 제거하기 어려운 껍질로 뒤덮였다.

오염 방지

상어의 피부에는 조개나 따개비가 달라붙지 못해요. 달라붙을 만한 좋은 자리가 없으니까요. 상어의 피부를 뒤덮은 비늘에 홈들이 패어 있어 표면이 지그재그 형태이기 때문이에요. 게다가 그 비늘 각각이 유연한 조직에 붙어 있어서 고착 생물이 달라붙을 수 없을 정도로 너무 많이 흔들리지요. 마지막으로 고착 생물은 상어 비늘의 재질인 상아질에는 잘 달라붙지 못한답니다.

생체 공학자들은 상어 피부의 이 세 가지 속성을 모방하여 오염 방지 페인트를 개발했어요. 현재 '상어 피부' 등의 상품명으로 판매되는 그 페인트를 보트에 칠하면 성가신 조개류가 거의 달라붙지 않고 달라붙더라도 쉽게 떼어 낼 수 있지요. 그 전에 쓰던 오염 방지 용품과 달리 이 생체 공학적 페인트는 독성 물질 없이 좋은 효과를 내므로 강과 바다의 환경을 해치지도 않아요.

돌고래의 피부는 홈이 없는데도 항상 깨끗하고 윤기가 나지요. 바로 젤gel로 덮여 있기 때문이에요. 이 젤에도 오물이나 생물이 달라붙지 못해요. 또 돌고래가 수면 위로 뛰어오를 때, 돌고래 피부에 달라붙은 오물과 작은 생물이 깨끗이 떨어져 나가기도 하고요. 돌고래 피부의 탄력 있는 젤 층이 주는 또 다른 좋은 점은 돌고래의 몸 근처에서 일어나는 작은 소용돌이들을 누그러뜨린다는 것이에요. 그 덕분에 돌고래는 물속에서 쉽게 전진할 수 있어요.

지금까지 보았듯이 생체 공학자들은 헤엄치는 동물들에서 아주 다양한 묘수를 발견했지요. 그리고 그들의 묘수들을 연구하는 중이랍니다. 상어에게 배운 것만 따져도 한두 가지가 아니에요. 상어는 4억 년 전부터 지구에서 살아왔는데, 녀석은 지구에 사는 아주 오래된 고등 동물 중 하나예요. 상어에 비하면 인간은 아주 최근에야 등장한 셈이죠. 상어는 동물이 진화를 통해 형태와 표면을 완벽하게 바꾸고 발전시켜 나감으로써 생활 환경에 적응하고 살아남는다는 것을 보여 주는 중요한 예랍니다.

물고기는 어떻고요? 물고기에게는 아주 오래전부터 먹잇감을 사냥하고 천적을 피하며 살아남기 위해 빠르고 능숙한 수영 솜씨가 반드시 필요했어요. 그러다 보니 수없이 많은 비법을 만들어 냈지요. 우리는 물고기의 다양한 아이디어 앞에서 감탄할 수밖에 없어요. 우리는 생명의 다양성을 보호하고 거기에서 교훈을 얻어야 해요.

돌고래의 특수한 표면은
항상 깨끗한 상태를 유지한다.

로봇이 걷기를 배우면

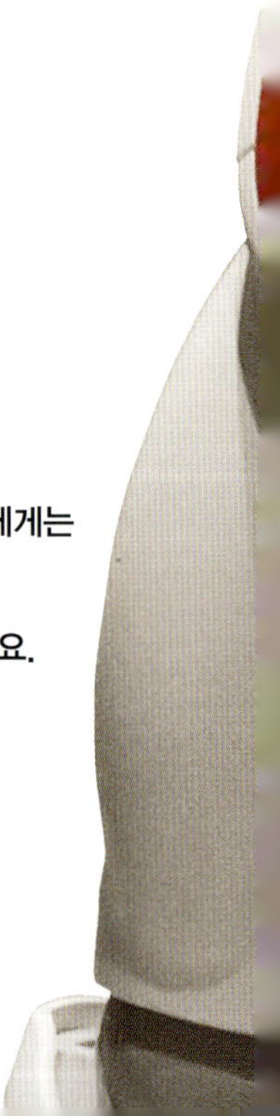

뛰고, 달리고, 기어오르기. 인간과 동물에게는 아주 쉬운 동작이지요. 그러나 기계는 이런 복잡한 동작을 아직 배우는 중이에요. 이 분야에서도 자연을 정확하게 관찰하는 일이 중요해요.

인간을 돕는 로봇

여러분과 함께 돌아다니고 축구를 하고 말을 알아듣고 여러분의 가방을 들어 주고 숙제를 대신 해 주는 로봇이 있다고 상상해 보세요. 정말 생각만으로도 너무 좋아 환호성을 지르고 싶지 않은가요?

영화와 책에 나오는 인간을 닮은 로봇은 사람들이 지난 100년에 걸쳐 상상해 낸 존재랍니다. 그런 로봇은 흔히 인간의 친구이며 인간이 하기 어려운 온갖 일을 대신 해 주지요. 무거운 물건을 들어 주고 복잡한 계산을 순식간에 해치우는가 하면, 위험한 지역에 들어가서 임무를 수행하잖아요.

그러나 현실 속에 있는 로봇은 대부분 인간과 전혀 다른 모습이지요. 주로 공장에 있는 공업용 로봇인 데다가, 대개는 항상 똑같은 동작만 하는, 이른바 '로봇 팔'에 불과하기 때문이에요. 영화 〈스타워즈〉에 나오는 C3PO처럼 돌아다니는 로봇은 보기 힘들답니다. 그런데도 우리는 로봇이라고 하면 왠지 인간을 닮은 모습에 인간처럼 움직이는 기계를 떠올리곤 하지요. 인간형 로봇에 대한 연구와 개발은 현재 활발히 진행되는 중이에요. 이 장에서는 생체 공학자들이 로봇에게 인간과 동물의 능력을 주기 위해 어떤 노력을 하는지 알아보기로 해요.

로봇이란 정확히 무엇일까?

로봇을 만드는 가장 원초적인 목적은 인간이 할 일을 로봇에게 시키기 위해서예요. '로봇'이라는 단어는 '일하다'를 뜻하는 슬라브 어 'robot'에서 유래했어요. 로봇이 정확히 무엇인가에 대해서는 견해가 다양하며, 때로는 나라마다 다르기도 해요. 독일 기술자연합(VDI)이 로봇에 대해서 내린 정의는 대략 이래요.

"공업용 로봇이란 다양한 작업에 투입할 수 있는 자동 기계로, 컴퓨터 프로그램에 따라 독자적으로(원격 조종 없이) 움직이며 경우에 따라 센서가 장착되어 있어서 정보를 수용하여 전달하거나 처리할 수 있다. 로봇에는 집게를 비롯한 연장이 달려 있을 수 있다."

로봇은 제품을 생산하는 작업에 투입돼요. 단순한 기계와 로봇의 차이는 융통성에 있어요. 즉, 로봇은 다양한 과제를 수행할 수 있는 반면, 기계는 대개 특정한 과제 하나만 수행할 수 있지요. 그러나 기계와 로봇 사이에 경계선이 딱 정해져 있지는 않아요.

공업용 로봇은 동일한 과제를 아주 정확하게 '무한히' 반복해서 수행할 수 있어야 해요. 그럼으로써 단조로운 작업을 반복하거나 무거운 짐을 드는 따위의 고된 육체 노동에 종사하는 노동자들의 부담을 덜어 주지요. 우유갑, 신문, 설탕 봉지를 선반 위에 쌓고, 거대한 탱크 속을 휘저어 물감을 섞고, 무거운 자동차 부품을

자동차를 비롯한 제품의 생산에서 로봇은 어느새 꼭 필요한 존재가 되었다.

들어 올리고 용접을 하는 것처럼요. 이처럼 대개 의식하지 못하지만, 로봇은 오래 전부터 우리 일상의 한 부분이 되어 왔어요.

로봇을 통한 진보

점점 더 개량된 기계들이 등장하면서 인간이 해야 하는 일은 나날이 줄어드는 추세다. 이는 한편으로 모든 일을 쉽게 할 수 있다는 점에서 좋은 변화이다. 하지만 다른 한편으로 많은 공장 노동자들이 기계 때문에 일자리를 잃는다는 문제가 있다. 그러나 모든 일에는 여러 측면이 있듯이, 또 다른 한편으로는 기술자, 메커트로닉스(기계 공학과 전자 공학의 통합 분야) 전문가, 컴퓨터 전문가를 위한 새 일자리가 생겨난다. 이들은 새로운 기계와 생산 방식을 개발하는 일을 한다.

미래의 일상생활에서 로봇

미래에는 노인이 점점 더 많아지고 젊은이가 점점 더 줄어들 것이라고 하는데 이 점은 전 세계의 정치인과 과학자가 고민하는 문제이기도 해요. 몇몇 국가에서는 현재 태어나는 신생아의 수가 20년 전에 비해 훨씬 적어요. 자식을 아예 원하지 않는 부부도 있고, 한 자녀만 낳는 부모도 적지 않지요. 과거에는 자녀가 두 명 이상인 가족이 훨씬 더 많았지만 말이에요.

따라서 현대 사회는 해결해야 할 새로운 과제들에 직면하고 있어요. 늙은 세대는 흔히 젊은 세대의 도움이 필요한데, 젊은이의 수는 갈수록 줄어드는 문제 말이에요. 그래서 노화에 대한 연구, 미래에 노인을 어떻게 돌볼 것인가에 대한 연구가 다양하게 이루어지지요. 이 문제를 풀기 위해 일부에서는 이미 로봇들을 이용하고 있어요. 인간을 닮은 로봇들은 사람들에게 많은 사랑을 받아요. 그들은 노인이 하기 어려운 일을 처리하는데, 예를 들어 가사 노동을 돕거나 바닥에 놓인 물건을 들어 올리고 무거운 물건을 붙들고 있거나 주인에게 중요한 일을 할 시간을 알려 주는 일 등을 하지요.

독일에서는 '서비스 로봇'인 토마스와 로저가 그런 도우미 역할을 훈련받는 중이에요. 바퀴로 움직이는 이 로봇들은 현재 시험 삼아 대형 매장에 투입되어 고객에게 길을 안내해요. 고객은 로봇에 달린 작은 터치 스크린에서 자신이 찾는 상품을 선택할 수 있어요. 그러면 로봇은 고객을 그 상품이 있는 선반으로 데려가서 상품의 가격을 비롯한 여러 정보를 알려 줘요. 로봇의 아랫부분에 초음파 센서가 있기 때문에 장애물이나 사람과 부딪히지 않아요. 앞에 장애물이 나타나면, 로봇은 곧바로 멈추지요.

더 발전된 미래의 로봇은 어쩌면 추가된 센서를 통해 간단한 접촉만으로도 사람의 맥박을 측정할 수 있을지 몰라요. 만일 맥박 수가 위험할 정도로 높거나 낮으면, 로봇은 구급대에 신호를 보내 응급 조치를 요청할 거예요. 또한 환자에게 약을 먹을 시간을 정확히 알려 주는 것도 당연히 로봇의 임무겠지요.

바퀴와 다리

로저와 토마스 같은 로봇은 바퀴로 움직여요. 그래서 쉽게 이동하고 방향을 바꿀 수 있어요. 특히 계단이 없는 대형 매장에서 활동하기가 편해요. 보통 대형 매장은 물건을 높이 쌓아 두므로, 계단이 있으면 지게차로

바퀴로 움직이는 이 서비스 로봇은
대형 매장에서 고객에게 특정 상품의 위치를
알려 주고 관련 정보를 제공한다.

상품을 날라 선반에 쌓는 데 방해가 되지요. 하지만 로봇이 움직이기에 좋은 그런 이상적인 실내가 아닌 곳에 로봇을 투입하면 어떻게 될까요? 서비스 로봇이 도움이 필요한 사람과 함께 계단을 하나하나 오르고 보도의 경계석을 넘고 눈밭과 진창을 통과해야 한다면요? 아마 단순한 바퀴로 움직이는 로봇은 거의 쓸모가 없을 걸요. 물론 상당히 험한 지형에서도 잘 움직이는 무한궤도 차량이 있기는 하지만, 그래도 차량이 아닌 로봇이 우리처럼 두 다리로 움직이면서 우리와 보조를 맞출 수 있다면 정말로 실용적이겠죠?

인간에게 걷기는 어려운 일이 아니에요. 어릴 때부터 걷기를 배웠고, 일상생활에서 거의 항상 걸어서 이동하지요. 물론 자전거를 타거나 수영을 하거나 공중제비를 돌 때도 있기는 하지만요. 이렇게 능숙하게 두 다리로 걸을 수 있기 때문에 인간은 직립 보행 로봇의 모범이 될 수 있어요.

로봇에게 '사람처럼 걷기'를 프로그래밍할 때 가장 어려운 과제 중 하나는 체중을 한 다리에서 다른 다리로 옮기는 방식을 일일이 열거하여 서술하는 거예요. 대부분의 사람은 크게 의식하지 않고도 체중 옮기기를 아주 쉽게 해내지만 걷는 과정의 내용과 특징을 말로 해 보라고 하면 대다수는 설명이 막힐걸요.

우리 몸에 배서 별 어려움 없이 행한다고 걷기가 쉬운 동작이라고 생각하지 마세요. 어린아이가 걷기를 배우는 모습을 유심히 관찰하면, 걷기가 얼마나 어려운 일인지 실감할 수 있어요. 아이들은 넘어지고 또 넘어지면서 오래 연습한 뒤에야 제대로 걷는 법을 터득해요. 로봇이 걷기를 배우는 것도 최소한 그만큼 어려울 거예요. 게다가 로봇은 딱딱한 재료로 되어 있어서 더욱 불리하죠. 생물은 탄력 있는 근육과 조직으로 되어 있어서 부드럽게 움직일 수 있지만 딱딱한 재료는 덜컹거림을 완충하는 능력이 떨어진다는 문제가 있거든요.

걷기에서 더 나아가 달리기는 현재의 로봇들에게는 아마 불가능할 거예요. 왜냐하면 달리려면 짧은 시간 동안 두 발이 동시에 공중에 머물러야 하는데, 그럴 수 있는 로봇은 아직 개발되지 않았으니까요. 그래서 생체 공학자들은 달리는 로봇을 연구하고 있어요. 여러분도 한번 팔꿈치 관절과 무릎 관절을 뻣뻣하게 편 채로 달리기를 시도해 보세요. 그런 자세로는 어느 정도 걸을 수는 있어도 달릴 수는 없다는 걸 금세 깨달을걸요. 대개 로봇은 아주 느리게 걸어요. 걸음을 걸을 때마다 로봇은 우선 체중 전체를 한 발로 지탱한 다음에 다른 발을 들어 올리니까요. 그래야만 몸의 균형을 유지하여 넘어지지 않지요.

로봇 개발자들은 인간의 능력을 기술적인 부품들을 이용해 로봇에게 전수하는 어려운 과제를 풀어야 해요. 이를 위해 생체 공학자들은 여러 가지 길을 찾고 있는데, 그중 하나는 유연한 재료로 인간의 근육을 본뜨는 거예요. 이 시도는 나중에 더 자세히 다루기로 하고, 우선 걷는 로봇 몇 가지를 살펴보기로 해요.

X

로봇처럼 걷기

장난감 로봇이 움직이는 모습을 떠올려 보라. 로봇의 동작은 여러분의 동작보다 훨씬 더 뻣뻣하다. 심지어 무릎 관절조차 없는 로봇도 있다. 관절들을 뻣뻣하게 편 채로 걸으면 어떤 동작이 나오는지, 느낌이 어떤지 실험해 보라. 그렇게 로봇처럼 걷는 놀이를 함께 해 보자고 친구나 부모님에게 제안할 수도 있을 것이다. 아마 관절을 뻣뻣하게 편 채로는 최소한의 동작만 할 수 있을 뿐, 복잡한 춤은 엄두도 못 낼 것이다.

로봇 걸음을 여러분의 평소 걸음과 비교해 보라. 몇 걸음을 평소처럼 걸으면서 여러분의 몸이 어떻게 움직이는지 유심히 관찰해 보라. 어떤 관절들이 움직이는가? 다리의 각 부분들이 어느 방향으로 움직이는가? 엉덩이와 허리는 어떻게 움직이는가? 이 움직임들은 여러분이 달릴 때의 움직임들과 어떻게 다른가?

다리가 둘 달린 로봇이 여러분과 똑같이 걷게 만들려면, 로봇에게 어떤 명령들을 내려야 할지 적어 보라. 로봇이 그 명령들을 이해할 수 있으려면, 움직일 부분들을 정확히 지정하고 움직임의 폭, 방향, 각도도 알려 주어야 한다.

여러분은 이런 식으로 명령들을 정리하여 연구 일지에 적어 두는 것만으로도 충분한 보람을 느낄 수 있지만, 프로그래머는 컴퓨터가 이해할 수 있는 전문 언어로 명령문을 작성해야 한다.

서비스 로봇, 아시모

걷는 로봇 개발에서 일본은 유럽보다 훨씬 더 앞서 있어요. 일본에는 '아시모 ASIMO'라는 유명한 로봇이 있어요. 두 다리를 가진 서비스 로봇인 아시모는 벌써 여러 해 전부터 걷기는 물론 계단까지 오르내릴 수 있답니다. 아시모는 행사장에서 걸어 다니며 볼거리를 제공하거나 안내원의 역할을 하기도 해요.

이런 로봇의 개발에서 중요한 과제는 자발적으로(즉, 독립적으로) 움직일 수 있는 로봇을 만드는 거예요. 자발적인 로봇은 사람이 원격 조종을 하지 않아도 스스로 움직이지요. 또 전지에서 동력을 얻어, 활동을 할 때 전선의 구속을 받지 않아야 해요. 만약에 전선으로 전력을 공급받는다면, 목줄에 매인 개와 비슷한 꼴일 거예요.

아시모의 한 가지 단점은 무거운 체중이에요. 녀석은 항상 무거운 체중을 짊어지고 다녀야 해요. 기능과 능력이 많기 때문에 무게가 많이 나가는 것은 당연하지만 그만큼 에너지도 많이 쓰지요. 그래서 안타깝게도 아시모의 전지는 금세 바닥이 나고, 그때마다 재충전을 해야 한답니다.

과학자들은 아시모 같은 만능 로봇의 무게와 에너지 소비를 최적화하기 위해 지금도 노력해요.

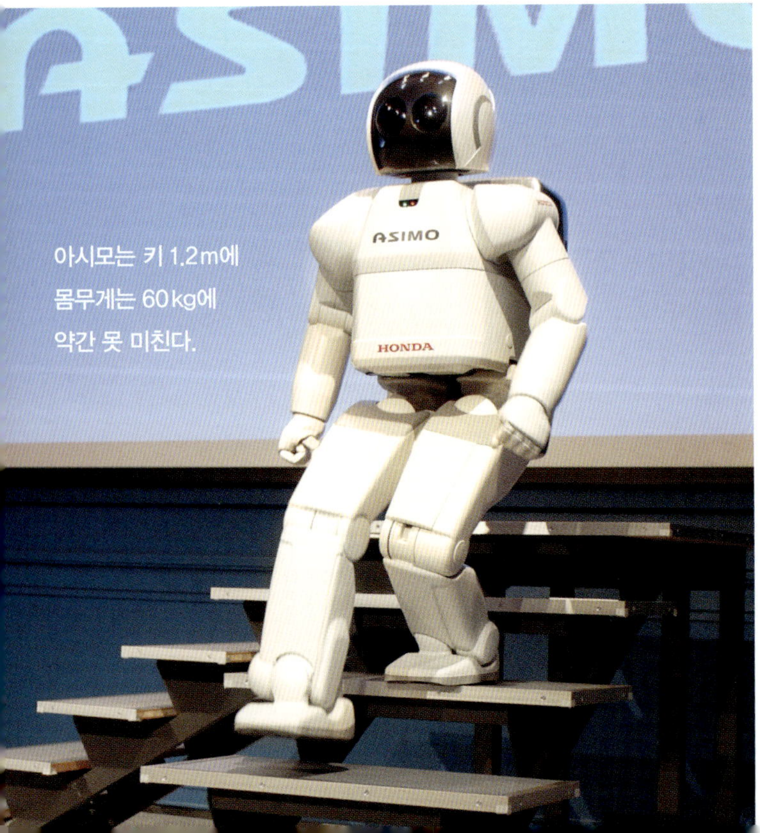

아시모는 키 1.2m에 몸무게는 60kg에 약간 못 미친다.

인터넷에서 'ASIMO'를 검색하면 아시모가 움직이는 모습을 촬영한 동영상을 숱하게 볼 수 있다. 또한 이 책에서 다루는 다른 많은 발명품도 만날 수 있다. 한번 검색해 보라.

생체 공학적 로봇 팔

어떻게 하면 아시모의 에너지 소비를 줄일 수 있을까요? 자연에서 동물이 움직이는 방식은 셀 수 없을 만큼 다양해요. 그렇게 움직이기 위해 동물은 먹이를 먹지요. 즉 움직이는 데 필요한 에너지를 먹이 섭취를 통해 얻어요. 동물의 운동 방식이 많은 에너지를 요구할수록, 동물은 더 많은 먹이를 구해야 해요. 그런데 먹이를 구하는 일은 고될뿐더러 위험하고, 생활 환경에 따라 시간도 많이 들어요. 따라서 인간을 비롯한 모든 동물은 다양한 활동을 잘 해내면서도 에너지를 가장 적게 쓰는 방향으로 진화했어요. 이 사실은 앞서 비행과 수영을 다루는 장들에서도 얘기했어요. 요컨대 발전의 열쇠는 기술의 정확성과 자연의 풍부한 아이디어를 결합한 생체 공학적 로봇을 개발하는 거예요. 그런 로봇의 예로 생체 공학적 로봇 팔이 있어요.

똑똑한 팔

생체 공학적 로봇 팔의 기본 아이디어는 자르브뤼켄 대학에서 개발되었고, 다름슈타트 공대와 독일의 테트라사가 공동 연구를 해서 '바이오롭BioRob'으로 발전시켰어요. 이 로봇 팔은 특별한 특징이 하나 있어요. 이 로봇의 구동 장치, 즉 로봇을 움직이게 하는 장치의 일부가 인간의 팔 근육처럼 탄력적인 소재로 되어 있다는 점이에요. 이런 로봇 팔은 극히 드물어요. 왜냐하면 로봇 팔에서 가장 중요한 것은 정확성인데, 보통 탄력적인 소재는 정확히 제어하기가 어렵거든요. 그래서 로봇 팔은 대개 최대한 딱딱하고 휘어지지 않는 소재로 제작해요. 로봇 팔이 조립 라인에서 작은 물체를 집어 들어 특정한 위치에 놓아야 한다면(또한 이 동작을 무수히 반복해야 한다면) 로봇 팔은 항상 똑같이 움직여야 하지요. 그러지 않으면 물체가 떨어져 조립 라인을 멈춰야 하거나 최종 생산품에 문제가 생기겠죠.

생체 공학적 로봇 팔 바이오롭은 동작이 부드럽고 안전해 심지어 묘목도 심을 수 있다.

그러나 바이오롭은 탄력적이면서도 목적을 정확히 달성할 수 있게 움직여요. 이 작고 가벼운 로봇 팔은 자체 무게를 생각하면 상당히 무거운 짐도 옮길 수 있어요. 자기 무게와 거의 맞먹는 짐도 거뜬히 들어 올리지요. 이 정도 성능을 지닌 로봇 팔은 아주 드물어요. 바이오롭에는 위 그림처럼 아랫부분, 즉 '어깨'에 해당하는 부분에만 모터가 달려 있어요. 그래서 바이오롭의 탄력 있는 팔이 가볍고 빠르게 움직일 수 있어요. 이런 움직임은 철선과 도르래와 금속 스프링이 제어하고요.

특별한 점은 바이오롭이 예상 밖의 장애물에 부딪히면, 용수철들이 느슨해지면서 로봇 팔의 동작이 느려진다는 점이에요. 평범한 로봇 팔이라면 프로그래밍된 동작대로만 움직이기 때문에 앞에 무언가 나타나도, 만약 그 장애물이 유리라도 망설임 없이 직진하겠죠. 유리는 박살이 나 버릴 거예요. 장애물이 사람이라면,

그 사람은 로봇 팔에 눈두덩을 맞아 시퍼렇게 멍들 수도 있겠죠. 이렇게 장애물을 피할 수 있는 회피 기능을 갖춘 덕분에 바이오롭은 사람들과 함께 일을 할 수 있어요. 바이오롭만을 위한 안전 구역을 지정하고 울타리를 칠 필요가 없다는 말이지요. 이것은 특히 규모가 작은 작업장에서 큰 장점이에요.

게다가 바이오롭은 운반하고 프로그래밍하기가 쉬워요. 심지어 사람이 손으로 바이오롭을 잡아서 움직이게 할 수도 있어요. 그러면 이 로봇 팔은 그 움직임을 기억하여 똑같이 재현하지요. 이런 식으로 '학습' 혹은 프로그래밍이 되는 거예요. 그렇기 때문에 바이오롭은 매우 다양한 작업에 투입되어 신속하게 제 구실을 할 수 있어요.

흥미로운 사실은 바이오롭이 극도로 낮은 온도에서도 작동한다는 거예요. 대부분의 로봇 팔은 낮은 온도에서는 작동하지 못해요. 로봇 팔의 관절을 움직이는 전기 모터가 얼어붙기 때문이에요. 그러나 바이오롭의 관절들을 움직이는 장치는 팔이나 손 자체가 아니라 팔의 기초 부위인 어깨와 받침대에 있어요. 따라서 바이오롭은 초저온실 안의 물건도 자유롭게 집어 들 수 있어요. 온도에 민감하지 않은 '힘줄'은 노출되더라도 전기 구동 장치만 저온에 노출되지 않는다면, 바이오롭은 잘 작동하지요. 예컨대 연구용 생물 표본을 보관하는 초저온실의 온도는 심할 경우 섭씨 영하 160도까지 내려가요. 남극보다 세 배나 낮은 온도예요. 바이오롭은 그런 초저온실에서도 '동상'에 걸리지 않고 안전하게 표본을 집어 옮길 수 있어요. 이 일을 보통의 로봇 팔에게 맡기려면 로봇 팔에 보호막을 씌워야 할 테고 따라서 동작의 정확도가 떨어질 거예요.

라라

'라라Lara'라는 이름의 로봇도 인공 근육으로 움직여요. 보통의 로봇은 모든 관절 각각에 설치된 모터가 그 관절을 움직여요. 따라서 로봇의 '팔다리'는 무겁고 에너지를 많이 소비할 수밖에 없어요. 로봇 개발자들은 이미 바이오롭에서 이 문제를 비껴가려고 애썼지요. 라라를 개발한 생체 공학자들은 특별한 소재를 사용했어요.

로봇이 팔을 움직일 수 있으려면, 공이 많이 드는 프로그래밍이 필요해요. 복잡한 움직임을 구현하려면 수많은 개별 모터들에 명령을 해야 하므로 프로그래밍이 한층 어려워지지요. 그래서 과학자들은 운동을 간단하게, 즉 몇 개 안 되는 관절과 모터로 구현하는 길을 찾아요. 그뿐만 아니라 로봇은 당연히 가벼워야 좋겠지요. 그래야 최소한의 에너지로 움직일 수 있으니까 말이에요.

i

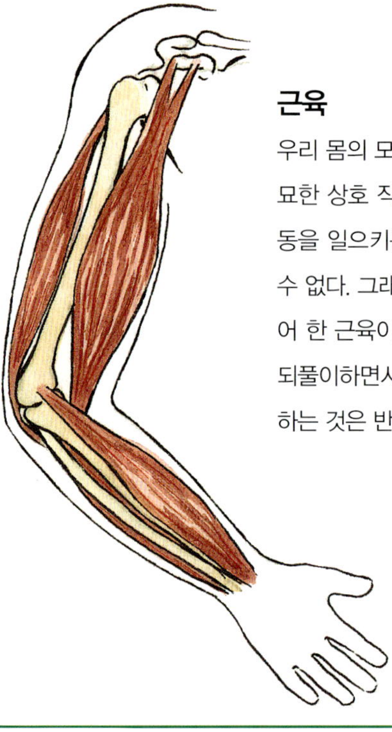

근육

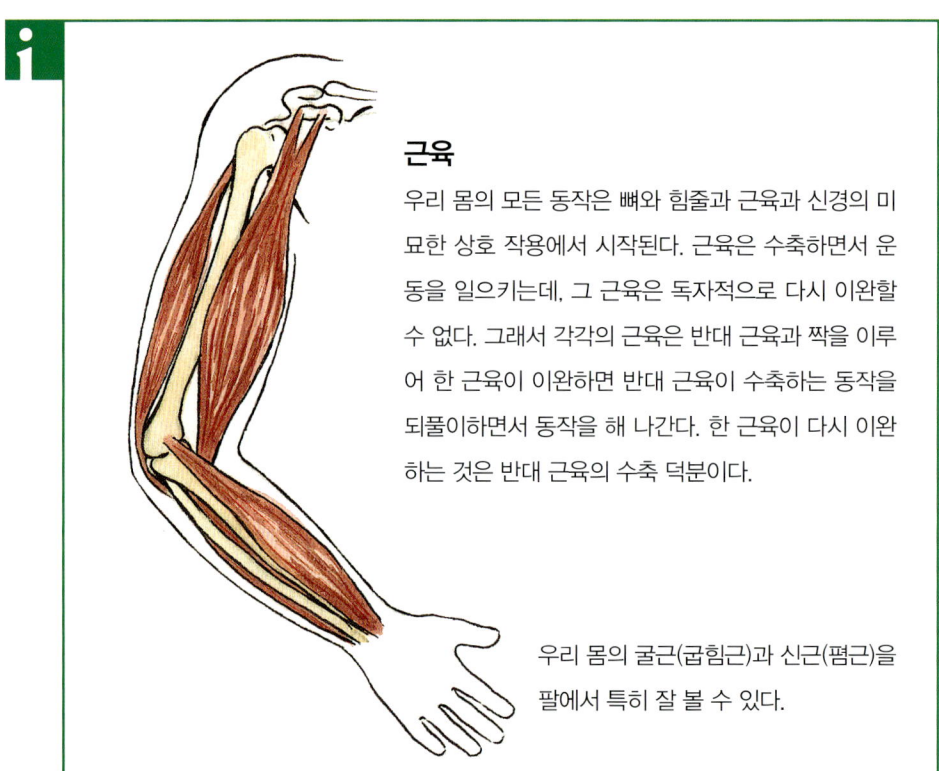

우리 몸의 모든 동작은 뼈와 힘줄과 근육과 신경의 미묘한 상호 작용에서 시작된다. 근육은 수축하면서 운동을 일으키는데, 그 근육은 독자적으로 다시 이완할 수 없다. 그래서 각각의 근육은 반대 근육과 짝을 이루어 한 근육이 이완하면 반대 근육이 수축하는 동작을 되풀이하면서 동작을 해 나간다. 한 근육이 다시 이완하는 것은 반대 근육의 수축 덕분이다.

우리 몸의 굴근(굽힘근)과 신근(폄근)을 팔에서 특히 잘 볼 수 있다.

그래서 라라는 인공 근육 시스템을 갖추었어요. 인공 근육은 수축할 수 있기 때문에 도르래 장치와 같은 구실을 해요. 인공 근육의 소재는 '니티놀nitinol'이라는 형상 기억 합금이에요. 좀 더 자세히 설명하면, 라라의 인공 근육은 니티놀로 된 스프링이에요. 이 특별한 스프링은 변형될(이완할) 수 있지만 자신의 원래 모습을 '기억'해요. 니티놀은 열에 반응하기 때문에 전류가 흘러 열이 발생하면, 라라의 근육은 다시 원래 길이로 수축해요. 그 결과, 라라는 소음을 거의 내지 않고 움직이지요.

이 기술은 전기 모터들 대신에 아주 가벼운 인공 굴근(굽히는 근육)-신근(펴는 근육) 쌍들을 사용해요. 그래서 로봇의 무게도 줄어들고 에너지 소비까지도 줄일 수 있어요. 더 나아가 이 기술을 이용하면 프로그래밍이 간단해지기 때문에 로봇이 지닌 계산 능력의 일부를 다른 복잡한 과제에 할애할 수 있어요. 라라의 후예들은 예컨대 인간의 말을 알아듣고 반응하는 좀 더 정교한 과제를 수행할 수 있어야 할 텐데, 이때 생긴 여분의 계산 능력이 이 과제를 수행하는 데 요긴할 거예요.

라라는 외모도 특별해요. 조형예술대학의 디자이너들이 개발에 참여했는데, 외피가 유난히 가벼워요. 라라는 키 1.3미터에 몸무게는 겨우 6킬로그램 정도예요. 비슷한 크기의 일반 로봇은 무게가

라라는 인공 근육 34개로 움직인다.
근육 각각은 무게가 20g이지만
3.5kg짜리 물건을 들어 올릴 수 있다.

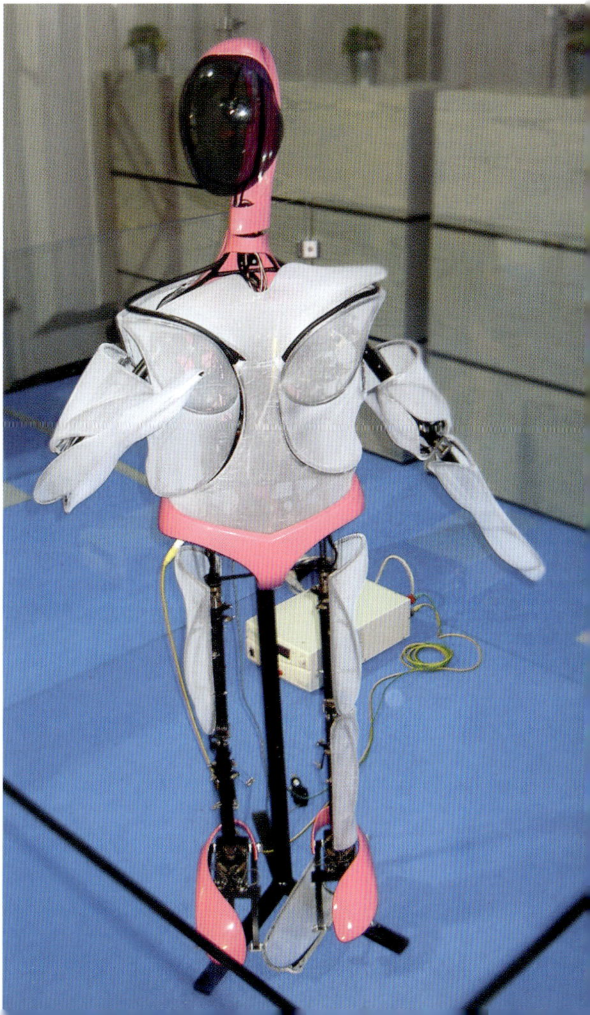

최소한 서너 배는 더 나갈 거예요.

한마디 더 보태면, 라라를 개발한 목적은 여러 가지인데, 그중 하나는 축구 선수로 키우는 것이랍니다. 축구하는 로봇들에 대해서는 다시 얘기할게요.

인공 근육

사람의 근육을 모방한다는 아이디어는 다른 곳에서도 활용되는데, 성공적인 개발의 사례로 로봇 팔과 공장의 기계를 움직이는 인공 근육을 꼽을 수 있어요. 이 인공 근육은 일반적인 실린더(원통과 그 속에서 왕복 운동을 하는 피스톤으로 이루어진 기계 장치)를 대신할 수 있어요. 자동차를 움직이게 하는 추진력은 금속 실린더에 채워진 기체가 연소할 때 발생하는 압력에서 나와요. 그 압력이 피스톤을

움직여 자동차의 바퀴를 돌게 하는 거예요. 다른 기계들에도 이와 비슷한 실린더가 쓰여요. 대부분의 실린더는 기압이나 유압으로 작동하지요. 압축된 공기의 힘으로 피스톤을 움직이는 실린더를 기압 실린더라고 하고, 공기 대신에 기름이나 물 같은 액체를 이용하는 실린더를 유압 실린더라고 해요. 이런 일반적인 실린더들은 연속적으로 작동하는 게 아니라, 단절적으로 한 번 작동한 뒤 멈추었다 다시 작동하기 때문에 여러 단계로 나누어 동작을 조절(제어)할 수밖에 없어요.

반면에 페스토사의 '유동성 근육'은 물 흐르듯 매끄러우면서도 정확하게 움직여요. 당연히 연속적으로 작동하지요. 이 제품은 검은 호스처럼 생겼고 안에 공기를

채울 수 있는데, 소재는 씨줄과 날줄처럼 얽힌 단단한 섬유예요. 이 인공 근육에 공기를 '불어넣으면' 호스 둘레가 굵어지면서 길이가 짧아져요. 공기를 불어넣으면 사방으로 고르게 부푸는 풍선과는 다르게 반응하지요. 인공 근육이 수축하는 것은 가로 방향의 섬유들이 수축하기 때문이에요. 공기가 빠져나가면 그 섬유들은 다시 이완돼요. 호스 속 공기의 양을 일정하게 변화시킬 수 있기 때문에 페스토사의 유동성 근육은 사람의 팔 근육처럼 유연하게 움직일 수 있어요. 이 인공 근육은 아주 정확하고 빠르고 유연한 동작을 할 수 있으며 실린더보다 10배나 더 큰 힘을 내지요. 따라서 이 생체 공학적 근육은 기계공학자들에게 아주 흥미로운 발명품이에요. 더구나 이 제품은 물속이나 모래 속, 먼지 속에서도 작동할 수 있어요. 금속 실린더라면 이런 열악한 환경에서는 쉽게 마모되어 버릴 텐데요. 마지막으로 덧붙이자면, 유동성 근육은 앞 장에서 언급한 가오리 모형과 해파리 모형에도 장착해 이들이 실제 동물들과 유사한 동작으로 헤엄치는 데 도움을 준답니다.

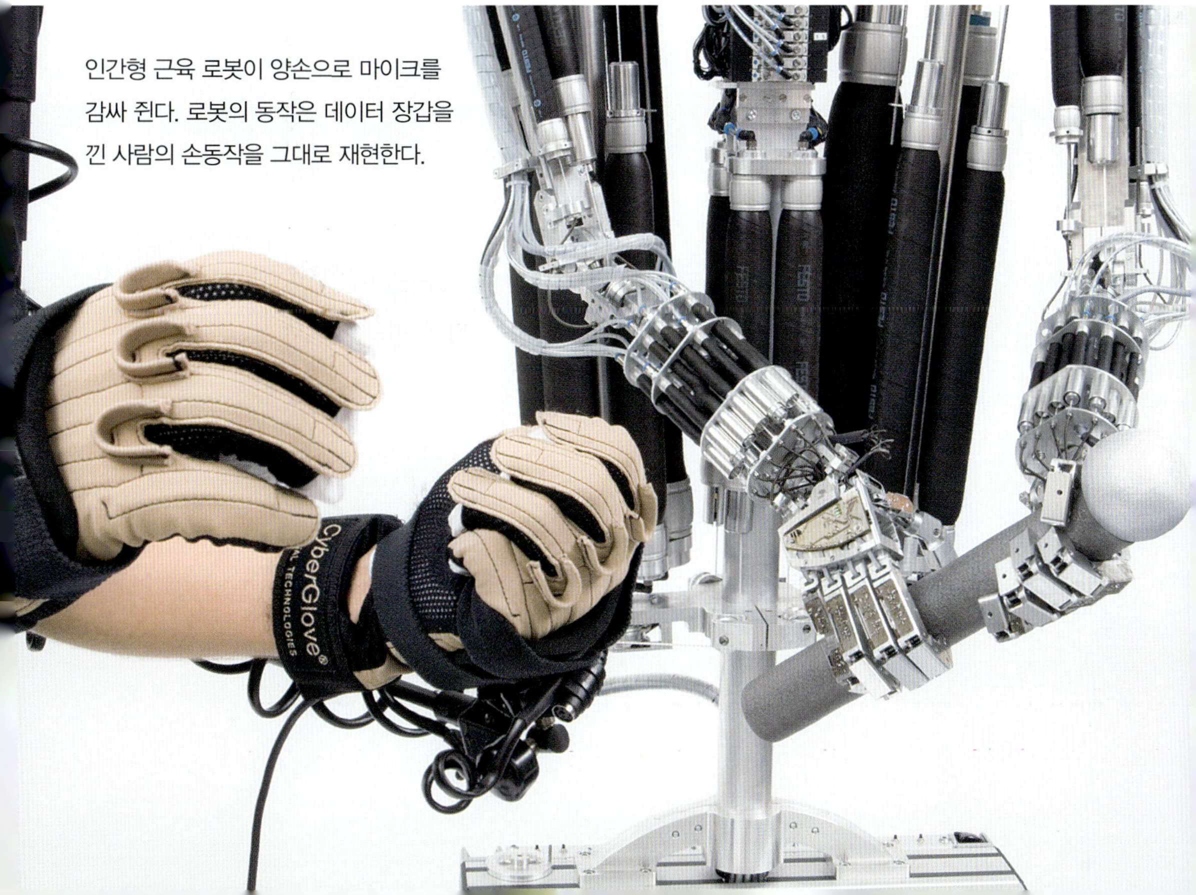

인간형 근육 로봇이 양손으로 마이크를 감싸 쥔다. 로봇의 동작은 데이터 장갑을 낀 사람의 손동작을 그대로 재현한다.

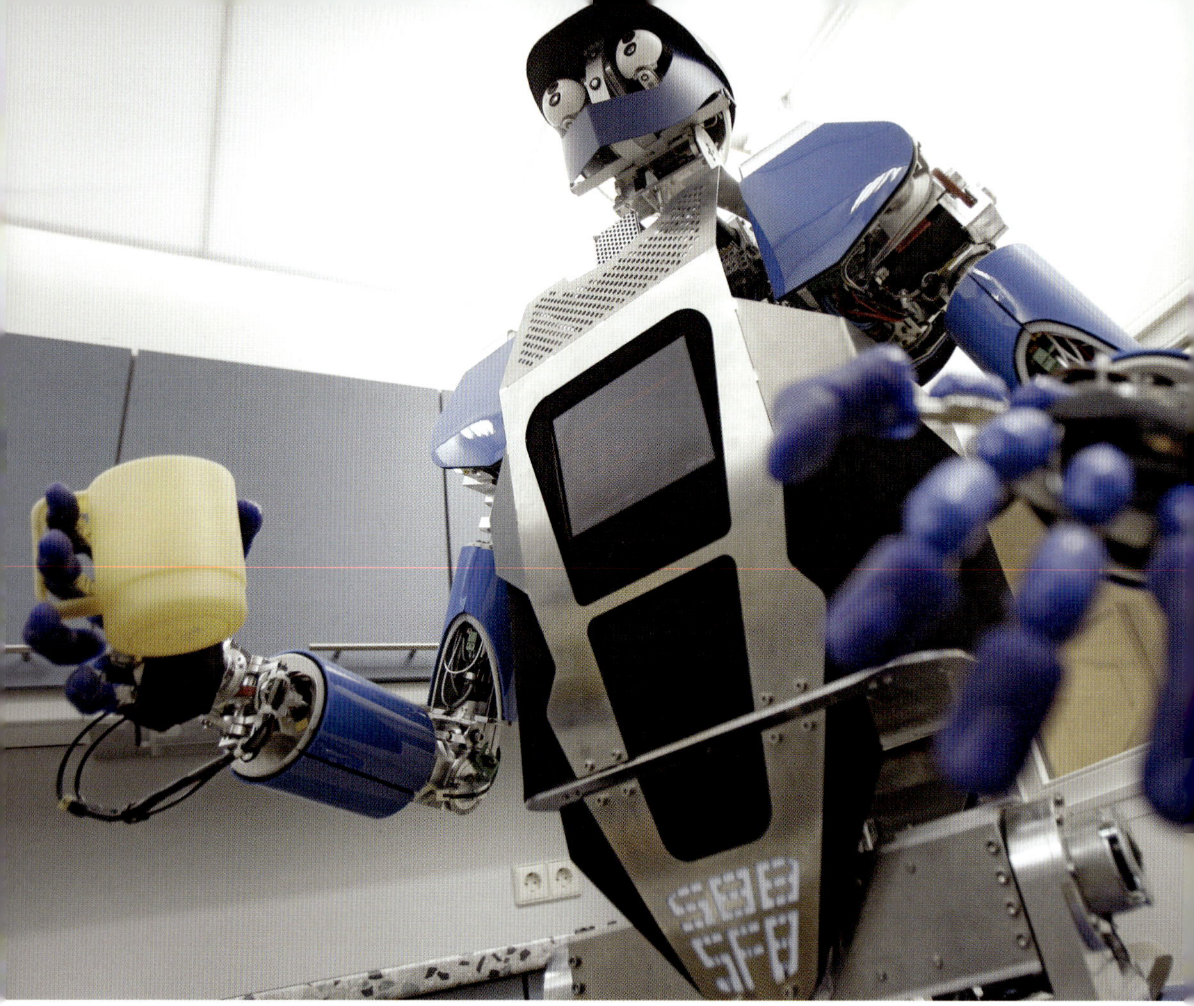

사람의 손은 깨지기 쉬운 물건도 안전하게 잡을 수 있도록 정확하게 움직여요. 기술자들은 이 능력을 로봇의 손에도 주고 싶어 해요. 그 방법 중에 하나가 호스 형태의 인공 근육을 로봇의 팔과 손에 장착하는 거예요. 그런 로봇의 예로 '인간형 근육 로봇'이 있어요. 이 로봇에 장착된 인공 근육은 한편으로는 로봇의 손가락들을 정확하게 제어하면서 다른 한편으로는 물체를 쥐는 로봇의 악력이 그 물체에 알맞도록 적당하게 조절할 수 있답니다. 이 인간형 근육 로봇은 양팔이 있는데, 다소 이례적인 방식으로 조종할 수 있어요. 즉 데이터 장갑을 끼거나 데이터 복장을 입은 사람이 하는 동작을 이 근육 로봇이 정확히 따라 하게 되어 있어요. 사람의 동작과 로봇의 동작 사이의 시간 간격은 겨우 0.5초지요. 이 로봇은 우주 공간이나 물속처럼 인간에게는 위험하거나 버거운 환경에서도 복잡한 손동작을 할 수

아마르 3호 로봇은 미래에 가정에서
스스로 과제를 인지하고
수행할 수 있게 될 것이다.

있어요.

반면에 독일 카를스루에 공과대학에서 개발한 '아마르 3호Armar III' 로봇의 손가락은 공기의 압력이 아니라 액체의 압력으로 움직여요. 관절에 있는 작은 패드에 액체가 채워지고 비워짐에 따라 손가락이 움직이는 구조이지요. 이런 방식으로 움직이는 건 거미의 다리 관절이 움직이는 방식을 본뜬 거예요. 거미의 다리 속에도 작은 방이 있는데, 거기에 액체가 채워지면 다리가 펴진답니다.

아마르 3호는 식기세척기에 그릇을 넣고 꺼낼 수 있으며 다른 집안일도 할 수 있어요. 제대로 된 가사 도우미인 셈이지요. 녀석은 내장된 카메라를 통해 방 안에서의 위치와 방향을 파악하고 사람을 알아봐요. 조종은 음성 명령이나 버튼 조작으로 할 수 있어요. 녀석은 내장된 마이크 6대로 소리를 감지하는데, 심지어 인간의 말과 소음을 구분하는 능력까지 있어요. 이것은 센서 및 프로그래밍 기술로 이룬 대단한 성과랍니다. 언젠가 아마르가 주방에서 스스로 과제를 알아내 수행할 수 있게 되는 게 개발자들의 목표예요.

생체 공학적 인공 기관: 의수

지금까지 이야기한 생체 공학적 집게들은 아주 연약한 물체, 심지어 토마토나 달걀 같은 식료품도 안전하게 잡을 수 있어요. 그러나 그 집게들의 능력이 아무리 대단해도 사람의 손이 가진 능력에는 훨씬 못 미쳐요. 그러므로 의수를 개발하는 일은 복잡하고 정교한, 한마디로 대단히 어려운 일이에요. 당연히 셀 수 없이 다양한 활동을 아주 능숙하게 해내는 사람의 손을 기술로 모방하는 작업은 어려울

인공 기관

생체 공학적 인공 근육과 로봇 팔에 관한 지식은 인공 기관을 개발하는 의학자와 기술자에게도 중요한 관심사다. 인공 기관은 없어진 신체 일부, 예컨대 사고나 여러 가지 상황으로 절단된 팔을 대신한다. 그럴 때 과거에는 간단한 나무 의족과 의수가 전부였다. 해적이 등장하는 영화에서 그런 나무로 된 인공 기관을 다들 보았을 것이다. 그러나 세월이 지나면서 인공 기관은 점점 더 많은 기계 장치를 갖추게 되었다.

오늘날 현대적인 인공 기관을 장착한 사람은 부분적으로 자신의 근육으로 인공 기관을 움직일 수 있다. 예컨대 의수로 물건을 잡을 수 있다. 남아 있는 팔 부분의 근육으로 의수를 조종할 수 있기 때문이다. 하지만 의수 사용자는 처음에 이 조종 기술을 훈련해야 한다. 일부 인공 기관은 대단히 정교해서 그것을 착용한 사람이 스포츠 경기에서 우수한 성적을 내기까지 한다.

의수의 손가락 골격에
장갑을 씌워 겉모습을
진짜 손처럼 만든다.

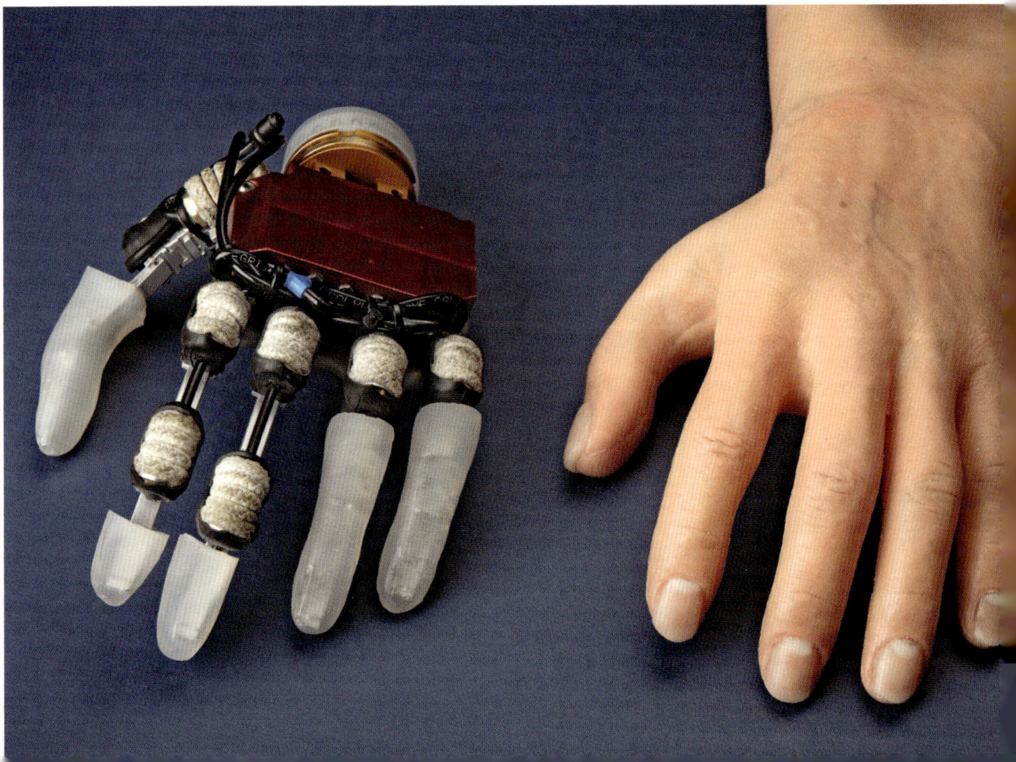

수밖에 없지요. 손을 움직이는 근육들은 대부분 손 자체가 아니라 팔꿈치 아래 팔에 있어요. 만약에 모든 근육이 손에 있다면, 손은 훨씬 더 두껍고 무거울 테지요. 그러면 지금처럼 손을 쉽게 움직이지 못할 테고, 당연히 정밀하고 섬세한 손동작을 잘 해내지 못할 거예요.

아마르의 손가락을 움직이는 기술은 새로운 유형의 의수들에도 적용되었어요. 이 의수들은 움직임이 매우 부드러운 데다, 손가락 관절에 설치한 유압 구동 장치가 아주 작은데도 물건을 쥐고 옮기기에 충분한 힘을 발휘해요. 또한 250가지가 넘는 손 자세를 취할 수 있고 겉모습이 진짜 손을 빼닮아서 의수라는 것을 거의 알아볼 수 없어요.

의수를 개발하거나 인간의 손처럼 움직이는 로봇 손을 개발하기 위해 생물 의공학자biomedical engineer들은 어떻게 하면 사람의 손이 하는 동작을 기술로 구현할 수 있을지 연구하지요. 여러분이 오늘 손으로 한 일들을 돌이켜 보세요. 그 일들을 위해 손가락들이 어떤 동작을 해야 했나요?

현대적이고 탄력적인 소재로 된 의족을 단 사람은 일상생활뿐만 아니라 심지어 강도 높은 스포츠 활동도 할 수 있다.

X 기계 손

단순한 기계 손은 누구나 쉽게 만들 수 있다. 풀, 가위, 빳빳한 종이, 끈, 접착테이프, 빨대 다섯 개를 준비하라. 빳빳한 종이에 손의 윤곽을 그려야 하는데, 어른의 손을 종이 위에 놓고 윤곽을 따라 그리는 것이 좋다. 윤곽이 커야 기계 손 만들기가 수월하기 때문이다. 윤곽을 따라 손을 오리고 뼈들의 위치를 표시하라. 여러분의 손을 만져 보면 뼈들의 위치를 알 수 있을 것이다. 엄지가 아닌 손가락에는 뼈가 세 개 있고, 엄지에는 뼈가 두 개 있다. 손바닥의 뼈들은 손가락들을 손목과 연결하는데, 손목에는 작은 뼈들이 아주 많다.

빨대를 적당히 잘라서 손가락과 손바닥의 뼈들과 유사한 빨대 토막들을 만들어라. 그다음에는 20cm 길이의 끈 다섯 개를 준비하고, 우선 한 끈을 한 손가락에 배치할 빨대 토막들과 그 손가락에 연결된 손바닥 뼈로 삼을 빨대 토막에 꿰어라. 끈의 한쪽 끝을 접착테이프로 손가락 끝에 붙인다.

이어서 끈에 꿴 빨대 토막들을 종이에 표시한 뼈들의 위치에 붙인다. 이때 '뼈들' 사이에 약간 간격이 생기도록 해야 한다. 그래야 손이 움직일 때 뼈들이 서로 거치적거리지 않는다. 이제 끈의 아래쪽 끝을 당겨 보라. 손가락이 구부러질 것이다. 나머지 손가락들에도 똑같은 방법으로 '뼈들'을 붙이고 '힘줄'로 연결하라.

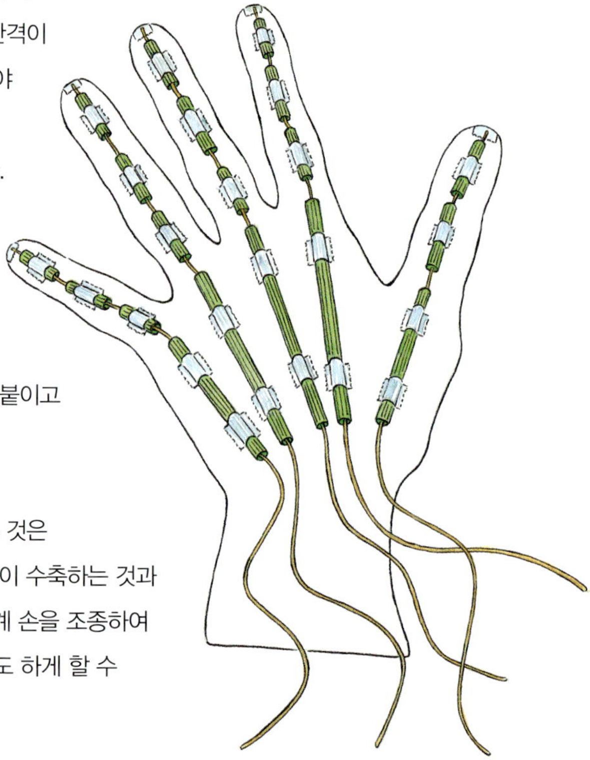

여러분이 끈을 잡아당기는 것은 기계 손을 움직이는 '근육'이 수축하는 것과 같다. 조금만 연습하면 기계 손을 조종하여 몇 가지 손짓도 하고 악수도 하게 할 수 있을 것이다.

아시모나 라라처럼 계단을 오르고 경계석을 넘고 거친 지형을 통과할 수 있는 로봇을 만드는 데에도 근육과 신체 구조에 대한 지식을 활용할 수 있을까요?

걷기를 기술로 구현하는 것은 까다로운 과제예요. 로봇이 걷기를 배우려면 우선 똑바로 서서 넘어지지 않는 것부터 배워야 해요. 이 과제와 관련해서도 생체 공학자들은 자연에서 기발한 방법과 모범을 발견하지요. 특히 이 경우에는 인간을 본보기로 삼을 수 있어요.

걷기라는 대단한 동작

우리는 걷거나 서 있을 때 '균형'을 유지하여 넘어지지 않는 법을 아주 어릴 때 배워요. 그런데 균형이란 정확히 무엇을 의미할까요? 균형이란 어느 한쪽으로 기울거나 치우치지 않은 상태를 말하는데, 물체가 균형을 유지한다는 것은 바로 물체의 무게 중심이 바닥면 위에 놓인다는 의미예요.

우리는 걷고 뛰고 춤출 때 끊임없이 몸의 무게 중심을 옮기거나 바닥 면을 변화

무게 중심과 균형

양다리를 붙이고 똑바로 서라. 이 자세에서 몸의 무게 중심은 대략 배에 위치한다. 바닥 면은 양발이 디딘 면적이다. 이제 상체를 앞이나 옆으로 구부려 무게 중심의 위치를 옮겨 보라. 어떤 일이 일어나는가? 다리를 약간 벌린 다음에 상체를 다시 옆으로 구부려 보라. 이번에는 훨씬 더 많이 구부려도 넘어지지 않을 것이다. 왜냐하면 이 자세에서는 바닥 면이 양 발바닥과 그 사이의 면적을 아우르기 때문이다. 반쯤 쪼그려 앉은 자세로도 실험해 보라. 이 자세에서는 무게 중심을 옆으로 훨씬 더 많이 이동시켜도 넘어지지 않는다. 바닥 면이 넓을수록 자세는 더 안정적이다.

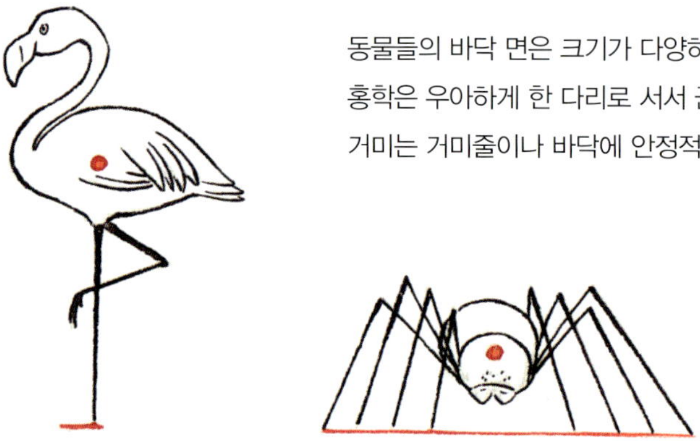

동물들의 바닥 면은 크기가 다양하다.
홍학은 우아하게 한 다리로 서서 균형을 잡는 반면,
거미는 거미줄이나 바닥에 안정적으로 '앉아' 있다.

시키면서 균형을 유지해요. 한 발로 서서 균형 잡기 놀이를 할 때, 여러분은 자기도 모르는 사이에 몸을 움직여 무게 중심을 작은 바닥면 위에 놓으려고 애쓸 거예요. 팔을 뻗거나 들어 올린 다리를 앞뒤로 움직이면서 말이에요.

보행 로봇 라우론

생체 공학자들은 인간과 동물의 움직임에 대한 지식을 걷는 로봇과 기어오르는 로봇을 만드는 데 활용해요. 다리 여섯 개로 걷는 로봇 '라우론Lauron'은 카를스루

에 대학에서 대벌레를 본보기로 삼아 개발한 작품이에요. 이 로봇은 바닥면이 특별히 넓고 무게 중심이 낮기 때문에 균형을 완벽하게 유지해 웬만해서는 넘어지지 않아요. 라우론의 특기는 울퉁불퉁한 지역에서 돌아다니며 정보를 수집하는 거예요. 여섯 개의 다리로 걸어, 넘어지는 일이 거의 없지요. 항상 세 개의 다리가(이를테면 왼쪽 중간다리, 오른쪽 앞다리, 오른쪽 뒷다리) 동시에 움직이므로 세 개의 다리가 공중에 떠 있는 동안 나머지 세 다리는 바닥에 놓여 있어요. 따라서 언제나 안정된 자세를 유지할 수 있어요. 라우론에 내장된 컴퓨터의 크기를 최대한 줄이기 위해 생체 공학자들은 계산 작업에 부담을 주는 불필요한 정보를 없애고 효율성을 높이는 제어 기술을 개발했어요. 이 기술에서는 앞다리들이 바닥의 특성에 관한 정보를 곧장 뒷다리로 전달해요. 라우론에 장착된 카메라들은 주변의 지형을 선명하게 촬영할 수 있어요.

라우론을 살 수는 없어요. 라우론은 오직 연구를 위해서만 개발한 로봇이며, 연구는 이미 끝났지요. 이제부터 할 일은 이 연구에서 얻은 지식을 새로운 생체 공학적 보행 로봇들에 활용하는 것이에요.

생체 공학자들은 다리가 긴 대벌레를 모범으로 삼아 보행 로봇 '라우론'을 개발했다.

빅도그

보스턴에서 군사 목적으로 개발된 로봇 '빅도그BigDog'는 이름에서 짐작할 수 있듯이 큰 개처럼 움직여요. 빅도그는 짐을 운반하며 온갖 험난한 지형에서도 아주 안정되게 앞으로 나아가요. 언덕을 오를 수 있고, 얕은 물을 건널 수 있으며, 눈밭을 여유 있게 통과하고, 자갈밭과 진창에서도 걸을 수 있어요. 이 네발 로봇에게는 이 모든 지형이 아무런 걸림돌이 되지 않아요. 빅도그는 등에 짐을 싣고 있고 다리가 길기 때문에 무게 중심이 꽤 높은 편이에요. 그래서 넘어지기 쉬운데, 빅도그를 개발한 공학자들은 이 문제를, 로봇이 넘어질 위험에 처하면 네 다리에 힘을 주어 스스로 균형을 회복하게 만듦으로써 해결했어요. 두 다리 로봇들은 균형을 회복하는 속도가 아직 느려 넘어질 위험에 빠르게 대처하지 못하는데 비해 빅도그는 이제껏 개발된 두 다리 로봇들보다 더 빠르고 확실하게 균형을 회복할 수 있답니다. 인터넷에서 'BigDog'를 검색하면 빅도그의 보행 실험을 담은 동영상들을 볼 수 있어요.

이런 로봇은 센서를 통해 자신의 균형에 관한 정보를 얻어요. 센서는 로봇이 똑바로 서 있는지, 돌고 있는지, 넘어지는 중인지 알려 주지요. 센서에 대해서는 잠시 뒤에 더 자세히 이야기할게요.

기어오르는 로봇 라트닉

'라트닉RatNic'이라는 로봇은 쥐를 모범으로 삼아 개발했어요. 작은 척추동물인 쥐는 기어오르는 능력이 아주 뛰어나거든요. 라트닉은 수직으로 뻗은 관과 봉을 타고 기어오를 수 있는데, 무게가 유별나게 가벼워요. 동력, 즉 움직이는 힘이 주로 척추에서 나오기 때문이에요. 다른 로봇들은 동력이 대개 다리에서 나오기 때문에 다리에 모터를 여러 개 설치해야 해서 몸무게가 무거울 수밖에 없어요. 반면에 척추의 힘으로 나아가는 쥐 로봇인 라트닉의 다리들은 관을 껴안아 매달리게 하는 역할을 하는데, 다리는 탄력이 있는 스프링과 작은 줄로 움직여요. 라트닉은 몸무게가 1.1킬로그램이며 1초에 5센티미터를 기어오를 수 있답니다.

자연의 모범에서 교훈을 얻기 위해 예나 대학의 과학자들은 아주 새로운 기술을 라트닉에 적용했지요. 먼저 나뭇가지를 기어서 오르내리는 쥐 두 마리(이름은 힌츠와 쿤츠)와 카멜레온 두 마리(레온과 밥)를 약한 엑스선으로 촬영했어요. 그리고 이 동물들의 골격 및 힘줄의 엑스선 사진들에서 얻은 지식을 활용해 라트닉을 이 동물들과 동일한 방식으로 움직이는 소형 기어오르는 로봇으로 제작한 거예요. 카멜레온은 나뭇가지 위에서 달릴 수도 있고 기어오르는 속력도 유난히 빠른 녀석이지요.

이 특별한 능력은 녀석이 기어오를 때 몸을 지탱해 주는 특별한 발톱에서 나와요. 카멜레온의 뾰족한 발톱은 하나하나 움직일 수 있으며 모양도 독특해서 카멜레온이 온갖 표면에 달라붙을 수 있게 해준답니다. 라트닉에게도 이와 비슷한 발톱들을 장착했어요. 그 덕분에 라트닉은

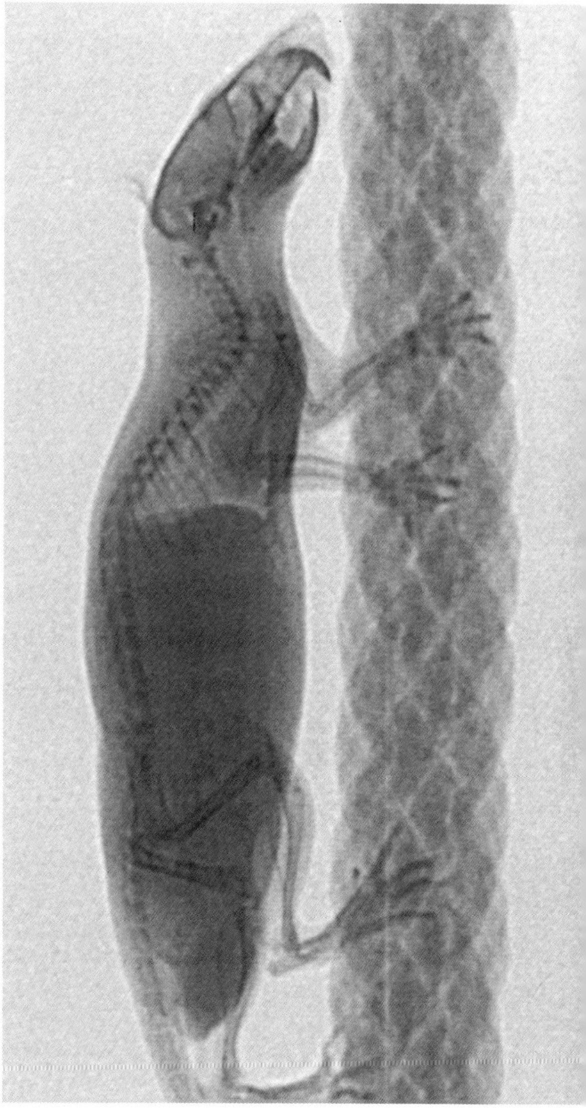

기어오르는 쥐의 엑스선 사진.
예나 프리드리히실러 대학의
과학자들이 찍었다.

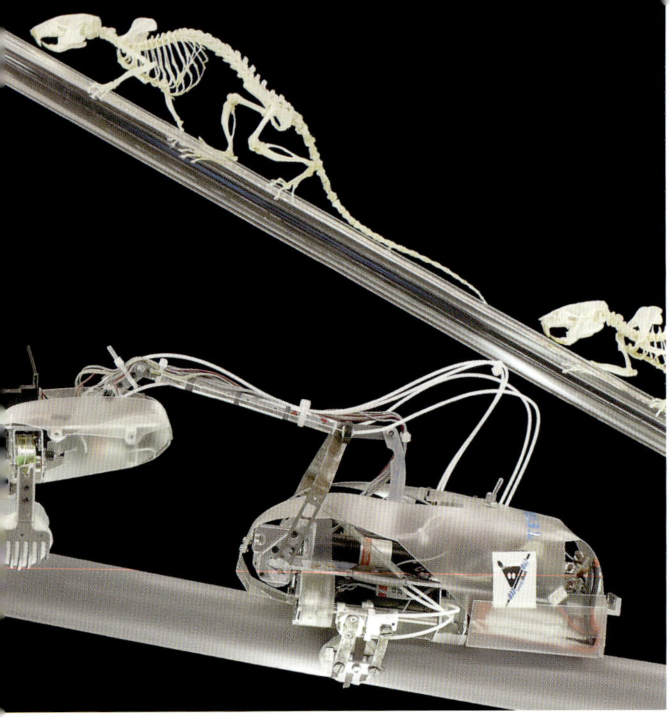

예나 대학과 테트라사의 생체 공학자들은 쥐를 모범으로 삼아 기어오르는 로봇인 라트닉을 개발했다.

아주 다양한 봉을 타고 기어오를 수 있지요.

지금까지 개발된 기어오르는 로봇은 대부분 빨판을 이용해요. 매끄러운 표면을 기어오르기 위해 빨판의 흡인력을 이용하지요. 이에 대해서는 〈점착, 접착, 세정〉을 다루는 장에서 자세히 설명할 거예요.

미래에 라트닉은 카메라와 적외선 센서 같은 소형 센서들을 장착하고 수직 케이블 통로, 관, 엘리베이터 통로를 오르내리며 어디에 결함이 있는지(이를테면 가스관에 구멍이 났는지) 조사하는 일을 할 거예요. 여기에 작은 연장들과 생체 공학적 로봇 팔까지 갖춘다면, 어쩌면 언젠가는 보수 작업까지 해낼 수 있겠죠.

i

적외선 센서

적외선은 열 복사의 일부로 우리가 눈으로 볼 수 없는 빛이다. 적외선 센서는 물체가 내보내는 열복사를 측정하며 방범용 경보기, 화재 감지기, 컴퓨터 접속 장치, 가전제품 리모컨 등에 쓰인다. 〈영리한 에너지 절약법〉을 다루는 장에서 나올 열화상 카메라thermographic camera도 적외선을 포착한다. 이 카메라는 대상의 온도 차이를 색깔의 차이로 보여 준다.

모션 캡처

어떻게 과학자들은 동물의 움직임을 이토록 잘 모방할 수 있었을까? 〈슈렉〉을 비롯한 일부 애니메이션은 컴퓨터로 제작했는데, 그 과정에서 과학자들이 사용하는 방법과 유사한 '모션 캡처motion capture'라는 기법이 쓰인다. 모션 캡처는 다음과 같이 이루어진다.

우선 몸 곳곳에 점을 찍어 표시를 하고, 몸이 움직이는 모습을 촬영한다. 그런 다음에 표시된 점들의 궤적을 분석한 데이터를 컴퓨터에 입력하여 가상의 3차원 물체(몸통과 팔다리를 모두 선으로 표현한 가상 인체)에 적용한다. 점들의 궤적을 상세하게 알면 운동을 완벽하게 따라 하는 데 도움이 된다. 또 다른 방법은 배우가 데이터 복장을 입고 움직이면 데이터 복장에 달린 센서들이 배우의 움직임을 직접 포착하여 얻은 데이터를 컴퓨터로 보내고, 컴퓨터는 그 데이터로 가상 인체의 움직임을 만들어 낸다. 이 방법을 쓰면 영화에 나오는 가상적인 존재의 움직임이 대단히 현실적으로 보인다. 실제 대상에 측정점(점 표시나 센서)을 더 많이 배치할수록, 또 컴퓨터 속 가상 존재의 격자망이 더 촘촘할수록, 실제 운동을 더 정확하게 모방할 수 있다.

모션 캡처가 영화에만 쓰이는 것은 아니다. 이 기법은 의학 연구와 충돌 시험에서도 특정 상황에서 사람의 움직임이나 충돌 시에 물체의 변형을 컴퓨터로 정확히 재현하는 작업에 요긴하게 쓰인다.

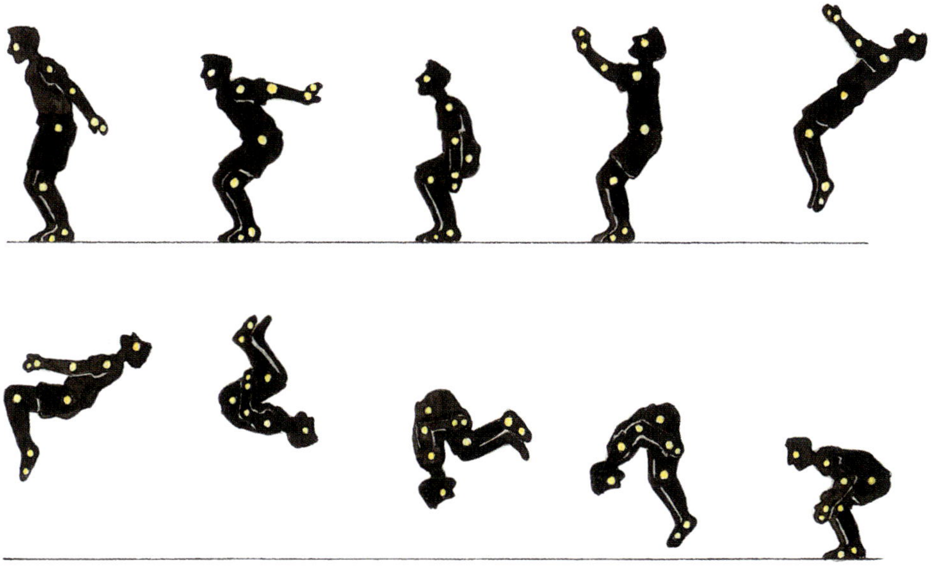

실제 대상에 표시한 점들의 움직임을 가상 인물에 적용하여 실제 대상의 운동을 똑같이 모방한다.

탐사 로봇을 구조 요원으로

탐사 로봇이 인간의 생명을 구하고 위험을 알려 주는 내용의 시나리오를 한번 상상해 볼까요?

예컨대 지진이 발생했는데 쓰러진 나무가 도로를 막거나 다리가 끊겨 인간 구조대가 재난 지역에 신속하게 접근할 수 없는 경우가 있지요. 그때 탐사 로봇이 그 역할을 톡톡히 할 수 있어요. 산불이 난 현장에서는 온도를 감지하는 적외선 센서를 단 탐사 로봇들이 수색에 나서 열이 나오는 지점들을 구조대에 알림으로써 부상자를 찾고 새로운 불씨를 없애는 데 도움을 줄 수 있을 거예요. 화학 공장이나 원자력 발전소에서 사고로 유독 물질이나 방사능이 누출되면, 현장에 직접 들어간 인간 구조 요원은 임무를 수행하기 위해 목숨을 걸어야만 해요. 이럴 때도 탐사 로봇이 나서서 사진을 찍고 공기 표본을 채취하거나 공기 속 유독 물질의 농도를 측정함으로써 위험 정도와 피해를 조사할 수 있을 거예요. 〈날아다닌다는 꿈〉을 다루는 장에서 이미 이야기한 소형 무인 비행체는 재난 현장에서 사람을 구하는 임무도 맡을 수 있을 거예요. 안타깝게도 현재는 주로 군사용으로만 쓰이지만.

탐사 로봇이 활약할 수 있는 또 다른 무대는 태양계에 있는 행성들이에요. 지구 외의 행성들은 온도가 극단적으로 높거나 낮고, 산소가 없어서 인간이 호흡할 수 없어요. 2004년부터 임무를 시작한 소형 탐사 로봇 '스피릿Spirit'과 '오퍼튜니티Opportunity'는 화성 표면에서 바퀴를 달고 돌아다니면서 사진을 찍고 토양 표본을 분석했어요. 이 로봇들의 임무는 화성에서 생명의 흔적을 찾는 것이지요. 과학자들은 오래전에는 화성에 물이 있었고, 따라서 생명이(이를테면 단순한 박테리아가) 진화할 수 있었다는 증거를 찾으려고 애썼어요. 이처럼 탐사 로봇은 위험한 지역에서 어려운 임무를 해낼 수 있어요. 과학자들은 진지한 마음가짐으로 탐사 로봇을 개발하지요. 그런데 기술과 과학과 일이 축구처럼 재미있기까지 하다면 더 좋겠죠?

로봇 축구: 보기와 보여 주기

로봇이 사람처럼 어려운 과제를 해낼 수 있으려면, 로봇을 최대한 잘 만들어야 할 뿐만 아니라 '인공 지능'이라고도 하는 특별한 프로그래밍이 필요해요. 로봇에 내장된 컴퓨터가 수집한 정보를 바탕으로 스스로 결정을 내리고 직접 그 결정을 실행하는 거죠. 즉 모든 행동을 미리 정확하게 프로그래밍할 수 없는 상황에서도 혼란에 빠지지 않고 제 구실을 할 수 있어야 하지요. 미래의 자율 로봇autonomous robot, 곧 독립적으로 행동하는 로봇은 임무 수행 중에 때로는 전혀 모르는 지역에 들어설 수 있는데, 그럴 때에도 위치와 방향을 파악해 어떤 물체들이 있는지 인지하고 신속하게 반응할 수 있어야 해요. 그래야 혹시라도 쓰러지는 나무를 재빨리 피할 수 있을 테니까요.

로보컵

물론 로봇이 이런 능력을 갖춘다는 것은 아주 큰 과제예요. 자율 로봇이라는 복잡한 시스템을 연구하고 개발하는 것은 고된 작업이지요. 그래서 과학자들은 문제를 더 잘 파악하고 즐겁게 해결하기 위해 특별한 대회를 생각해 냈어요. 바로 로봇들의 월드컵인 '로보컵RoboCup'인데, 이 대회는 1997년부터 해마다 열려요. 로보컵에 참가한 로봇들이 하는 주요 활동은 축구 시합이랍니다.

축구를 한다니까 그냥 놀이를 한다는 뜻으로 들릴지도 모르지만, 참가 로봇들에게 축구 경기는 대단히 어려운 임무예요. 왜냐하면 그 로봇들은 원격 조종을 받지 않고 자율적으로 움직이면서 수많은 과제들을 완전히 독립적으로 해결해야 하니까요. 이 과정에서 로봇들은 숱하게 한계에 부딪혀요.

여러분이 축구를 할 때 얼마나 많은 동작을 하는지만 생각해 봐도 충분히 짐작이 갈걸요. 여러분은 달리고, 목표를 겨누고, 공을 차고, 환호할 거예요. 그러면

로보컵 참가

로보컵 독일 대회와 국제 대회는 나이를 기준으로 두 급으로 나눠 개최한다. 각 급의 대회도 과제에 따라 여러 리그로 나뉜다. 학생들(고등학교까지)은 '로보컵 주니어'에 참가하는데, 팀 단위로 직접 제작하고 프로그래밍한 로봇들을 가지고 참가해야 한다. 로봇들은 각각의 리그에서 함께 춤을 추거나 축구 시합을 하거나 위험에 빠진 인형을 구조해야 한다. 판정의 기준은 어떤 로봇이 가장 신속하고 능숙하게 과제를 해결하는가 하는 것이다. 성인 급의 여러 '메이저 리그'에는 전 세계의 대학생과 과학자가 참가한다. 성인 참가자들 역시 팀 단위로 경쟁한다. 가장 큰 관심은 축구하는 로봇들이다. 로봇 축구는 관객이 가장 좋아하는 종목이며 텔레비전에서도 자주 방송된다.(우리나라에서도 매년 지역대회와 전국 대회를 치르며, 입상한 팀은 한국 대표로 세계 대회에 출전한다.–옮긴이)

서 항상 경기장을 관찰하고, 슛을 날리기에 적당한 위치를 잡으면 팀 동료에게 몸짓이나 외침으로 신호를 보내지요. 심지어 멀리 찬 공이 어디에 떨어져 얼마나 높이 튀어 오를지를 대략 짐작할 수도 있어야 하죠. 게다가 공의 움직임을 놓치지 않고 집중해 살피면서요. 여러분은 이 모든 것을 순식간에 판단하고 반응할 거예요. 경기를 시작하기 전에는 경기가 정확히 어떻게 전개될지 몰랐는데도 말이에요. 로봇에게 이런 능력을 어설프게나마 갖추게 하려면, 그야말로 수많은 성가신 작업과 프로그램이 필요해요.

일류 팀들

다름슈타트 공대의 로봇 축구 팀들은 오스카 폰 슈트뤼크 교수와 그의 연구 팀이 프로그래밍하고 '훈련시켜요.' 이 팀들은 그동안 여러 번 로보컵에 참가하여 세계적인 명성을 얻었지요. '다름슈타트 드리블링 다켈스'는 자율적인 개 로봇들로 구성된 팀이에요. 슈트뤼크 교수의 연구 팀은 그 개 로봇들을 아주 훌륭하게 프로그래밍했어요. 벌써 여러 번 국제 로보컵에서 우승한 독일 국가 대표 로봇 축구팀에 선발된 로봇들 중에 가장 많은 수를 차지하는 것은 다름슈타트 드리블링 다켈스 소속 로봇이에요.

여러 로봇 축구 대회에서 개 로봇들이 주홍색 축구공을 놓고 흥미로운 대결을 벌였다. 이 로봇들은 2009년에 최신 인간형 축구 선수 로봇들로 대체되었다.

동료 팀인 '다름슈타트 드리블러스'는 2009년에 인간형 로봇들이 참가하는 '휴먼 리그'에서 우승했어요. 같은 해에 신설된 B-휴먼 리그는 모든 팀이 '나오Nao' 라는 로봇을 가지고 참가하게 되어 있는데, 이 리그의 2009년 우승자 역시 독일 팀이었어요.

모두가 똑같은 하드웨어로

몇몇 리그에서는 모든 팀이 똑같은 하드웨어, 즉 똑같은 로봇을 선수로 써요. 기존에 사용하던 로봇은 일본에서 만든 '아이보AIBO'라는 개 로봇이었어요. 그런데 아이보 제작사가 최근에 이 로봇의 생산을 중단했어요. 로봇 축구 대회 관계자들에게는 충격적인 소식이었지만, 여러 대학의 로봇 개발 팀들은 오히려 새로운 기회를 얻은 셈이지요. 곧 아이보를 대체할 로봇이 선정되었고, 그에 따라 새로운 가능성도 열렸어요. 새로운 축구 선수 로봇 나오는 두 다리로 움직이는데, 알다시피 두 다리로 걷기는 로봇에게 대단히 어려운 과제예요. 나오는 프랑스에서 개발해 생산하며 2009년부터 로보컵에 신세대 축구 선수로 등장하여 이미 대회를 몇 번 치렀어요. 물론 나오의 축구 실력은 개 로봇들에 훨씬 못 미쳐요. 인간 축구 선수와 마찬가지로 나오도 아직 많은 훈련을 받아야 하지요. 그러나 다리가 두 개인 로봇 선수들도 다리가 네 개인 개 로봇들 못지않게 성공할 전망이 밝지요.

인간형 로봇 나오는 키가 약 60cm이다.

자체 제작한 이족 보행 로봇으로

로보컵에는 자체 개발한 다양한 형태의 축구 선수 로봇들을 가지고 참가한 팀들이 겨루는 리그도 있어요. 앞에 설명한 여성 로봇 라라는 다름슈타트 공대 연구진이 이 리그에 출전하기 위해 개발한 작품이지요. 그러나 라라는 축구 선수가 되지 못했어요. 섬세하기는 하지만 행동이 너무 느렸거든요. 반면에 '브루노Bruno'는 2006년 이래로 다름슈타트 드리블러스 팀에서 활약하는 축구 스타랍니다.

로보컵에 참가하는 대학생과 과학자들은 연구 의욕을 높이기 위해 2050년에는 이족 보행 로봇 축구팀이 현역 세계 챔피언 축구팀과 경기를 벌여 승리한다는 목표를 세웠어요. 대단히 야심찬 목표이지요.

X

로봇 축구

인터넷에서 축구하는 로봇들의 동영상을 찾아보라. '로봇 축구robot soccer'나 '로보컵 robocup'을 입력하고 동영상을 검색하면 흥미로운 결과를 얻을 것이다.
로보컵에 관한 자세한 정보는 www.robocupgermanopen.de를 참조하라.
(우리나라에서 참고할 만한 사이트로 http://robocupkorea.org가 있다.–옮긴이)

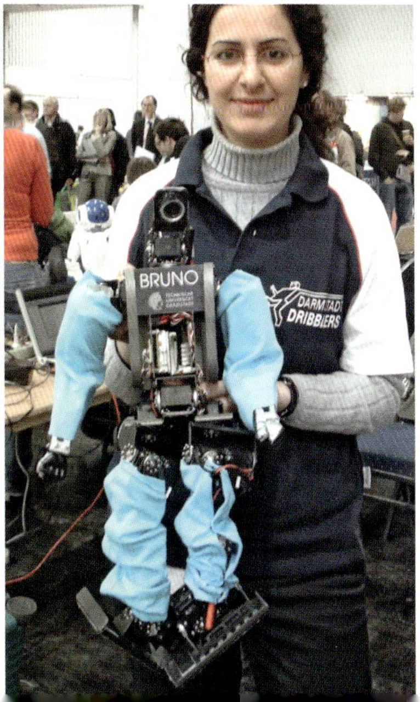

성공적인 이족 보행 축구 선수 로봇 브루노는 다름슈타트 공대 학생들이 개발했다.

센서와 통신

어떻게 축구장의 축구 로봇이 독자적으로, 즉 프로그래머의 직접적인 도움 없이, 경기 상황에 관한 정보를 얻는지에 대해서 알아볼까요?

축구 로봇은 로봇 축구 대회에서 사용하는 주홍색 공과 축구장 바닥의 표시들을 카메라를 통해 파악해요. 모든 로봇에는 카메라와 컴퓨터가 내장되어 있어요. 각 로봇이 카메라로 촬영한 영상 정보는 무선 근거리 통신망 WLAN을 통해 다른 로봇들에 내장된 컴퓨터로 전송되고, 컴퓨터는 정교한 계산과 소프트웨어의 도움으로 그 정보를 처리해요. 이런 식으로 로봇들은 각자의 위치와 공의 위치에 관한 데이터를 교환하지요. 축구장 바닥에는 축구장의 경계와 주요 위치를 알려 주는 여러 색깔의 표시들이 있어요. 양쪽 골문은 파란색과 노란색이고, 선수들이 입은 셔츠의 색깔을 통해서는 상대편을 알아보지요. 이처럼 축구 로봇에 내장된 카메라는 눈 역할을 하는데, 이런 카메라를 센서라고도 불러요. 카메라가 정보를 받아들여 '컴퓨터 뇌'로 보낸다는 점에서 감각 기관(영어로 '센서 sensor')의 구실을 하기 때문이죠. 곧 보겠지만 센서의 유형은 아주 다양해요.

축구 로봇에 장착된 센서가 많을수록, 센서들의 성능이 우수할수록, 축구 로봇은 더 많은 정보를 수집할 수 있어요. 수집된 정보는 내장된 컴퓨터에서 처리되어 로봇의 판단과 행동에 영향을 주지요. 로봇 축구에서는 이 과정이 '공을 본다. – 적절한 방향으로 달린다. – 슛을 날린다!' 이런 식으로 일어날 수 있어요. 프로그래머는 때때로 순전히 재미를 위한 요소를 집어넣기도 해요. 같은 팀의 선수가 골을 넣으면 짖거나 꼬리를 흔들어 '환호한다.', 인간 심판이 골을 선언하고 이 선언이 무선 근거리 통신망 신호로 공표되면 상대 팀은 쓰러지거나 머리를 흔들며 '짜증을 낸다.'처럼요.

인간과 동물도 환경에서 오는 정보를 감각 기관을 통해 끊임없이 받아들이고 처리하고 거기에 적절하게 반응하지요. 예컨대 우리가 건널목에서 신호등을 바라보고 빨간불이 켜 있으면 멈추고, 파란불이 켜지면 길을 건너기 시작하는 것처럼요.

균형 유지

로봇의 센서들은 눈의 구실 외에 또 어떤 일을 할까요? 이족 보행 로봇을 만들 때 맨 먼저 부딪히는 가장 큰 문제는 로봇이 걷다가 균형을 잃고 쓰러지는 것이에요. 이는 로봇이 무척 무겁기 때문에 생기는 문제로, 기술자들은 로봇을 최대한 가볍게 만들려고 노력하지요. 또 하나, 무게를 조정하는 것 말고도 로봇이 넘어지는 것을 막기 위한 묘수는 로봇 안에 균형 센서를 내장하는 것이에요. 이 센서는 로봇이 균형을 잃을 것 같으면 컴퓨터로 신호를 보내서 로봇이 재빨리 균형을 회복할 수 있도록 해요. 이런 센서의 도움으로 균형을 유지하는 능력은 말은 쉬워도 직접 구현하기는 무척 어려운 일이죠. 로봇은 균형 센서의 신호에 아주 빠르게 반응해야 해요. 마치 사람이 균형을 회복할 때처럼 말이에요. 이 경우에 로봇의 본보기는 인간이에요.

보행 로봇 제작자들은 로봇에 균형 센서를 내장하는데, 이 센서는 인간의 전정 기관(속귀에서 평형 감각을 맡고 있는 부위)과 아주 유사하게 작동해요. 균형 센서는 계획된 운동과 예상 밖의 운동을 모두 알아차릴 수 있으므로 로봇이 회전하거나 넘어질 때 움직이기 시작해요.

우리 몸의 균형을 잡아 주는 가장 중요한 기관인 전정 기관은 귓속에 있어요. 전정 기관은 여러 관으로 이루어졌으며 그 속에 액체가 들어 있는데, 액체가 운동에 반응하는 거예요. 전정 기관과 더불어 다른 감각 기관들, 예컨대 눈과 발바닥의 '촉각 기관'도 보조적으로 균형 잡기에 도움을 줘요. 여러분의 발은 수많은 뼈와 작은 근육으로 이루어졌고, 발바닥에는 작은 '센서'가 아주 많아요. 서기와 걷기를 배운 이래로 여러분의 발은 끊임없이 미세한 운동을 통해 몸이 균형을 유지하는 데 중요한 역할을 했답니다. 다시 말해 발은 여러분의 몸이 균형을 잡았는지 느

X

민감한 발바닥

한 발로 서서 가만히 있어 보라. 그리고 발바닥에서 무슨 일이 일어나는지 세심하게 느껴 보라. 여러분의 발바닥은 미세한 기울어짐을 감지하고 곧바로 대처한다.

끼는 센서뿐만 아니라 이른바 '작동 장치actuator'도 가지고 있어요. 정보에 따라 신속하게 반응하는 근육들이 작동 장치이죠. 로봇의 발에도 이런 작동 장치를 내장할 수 있다면 정말 좋을 거예요.

i

감각 기관

우리는 주위에서 일어나는 일을 감각 기관들로 보고, 듣고, 냄새 맡고, 맛보고, 만져서 감지하여 적절하게 반응한다. 초인종이 울리는 소리를 들으면, 대문 앞에 누가 서 있다는 것을 알고, 한낮에 주방에서 맛있는 냄새가 나면, 점심이 준비되었다는 것을 안다. 우리의 감각 기관들은 예로부터 인간이 맞닥뜨려 온 다양한 과제에 맞게 아주 훌륭하게 설계되어 있다. 석기 시대의 사람에게는 동물이 다가오는지, 다가오는 동물이 무엇인지를 보고 들어서 파악하는 일이 아주 중요했다. 시각, 후각, 미각을 통해 우리는 식재료가 양호한지 혹은 부패했는지 확인한다. 오로지 감각 기관들 덕분에 우리는 서로 소통하고 생활환경 안에서 적절하게 행동할 수 있다. 감각들 중 하나가 막히거나 못 쓰게 되면, 다른 감각들을 더 많이 활용한다. 예컨대 맹인들은 손으로 만져서 읽는 점자를 사용하고 신호등 앞에서는 파란불이 켜질 때 나는 소리 신호에 주의를 기울인다.

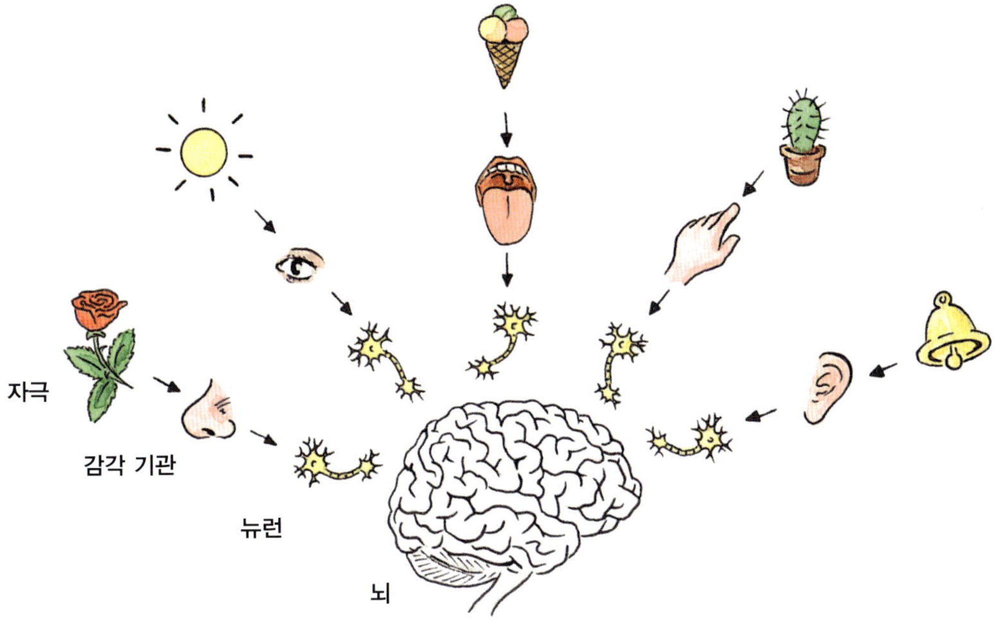

환경에서 오는 자극은
감각 기관이 수용해
뉴런들을 거쳐 뇌로 전달한다.

센서

한마디로 센서는 우리가 주위 환경에서 오는 정보를 받아들일 때 쓰는 감각 기관과 비슷하게 정보를 받아들이고 전달할 수 있는 기술적인 장치예요.

센서에는 흔히 표시 장치(디스플레이)가 달려 있어요. 일부 센서는 데이터를 다른 장치에 전달하여 그 장치가 반응할 수 있게 하기도 해요. 오래전부터 수많은 센서가 일상생활에 쓰여 왔어요. 자동 온도 조절기는 온도를 측정하고 물이 끓으면 전기 주전자의 전원을 자동으로 끄지요. 식료품 매장의 저울은 채소의 무게를 재고 가격을 계산할 수 있어요. 엘리베이터 문에 설치된 빛 센서는 드나드는 사람이 없어서 문을 닫아도 되는지 여부를 파악하지요. 건물 입구의 운동 센서는 근처에서 움직임이 일어나면 이를 감지하여 전등에 알리고요. 그러면 전등이 스스로 켜진답니다.

크기가 겨우 3mm인 이 센서는
자동차의 에어백을 터뜨린다고 한다.

센서를 갖춘 기계

공업 분야에서는 센서가 반드시 필요해요. 센서는 기계나 로봇에게 예컨대 조립 라인에서 특정 부품이 도착했는지 여부를 알려 주어요. 센서의 신호를 받은 기계는 작동을 시작하지요. 기술자들은 이런 센서 시스템을 더 발전시키려고 끊임없이 노력해요.

센서 기술은 특히 인간과 기계가 함께 작업하는 환경에서 더욱 중요해요. 로봇은 프로그래밍된 작업만을 그대로 수행하기 때문에 인간과 함께 일할 때 문제가 될 수 있거든요. 로봇은 다른 행동은 전혀 못 해요! 조립 라인이 정상으로 작동하고 로봇이 계속 반복해서 철판에 나사를 박는 동안에는 모든 일이 순조롭게 진행되지요. 그러나 사람이 로봇의 작업 영역 안에 들어가는 일이 생기면 사정이 달라져요. 옆에 누가 있거나 없거나 로봇은 계속 똑같이 작동하니까요. 당연히 위험이 발생할 거고, 그래서 대부분의 공업용 로봇은 안전 철망으로 둘러싸여 있지요. 로봇 연구자들의 목표 중 하나는 인간과 함께 안전하게 일할 수 있는 로봇을 제작하는 거예요. 이를 위해 기술자와 과학자는 로봇 팔에 센서들을 장착해 로봇 팔이 특정 상황들을 인지하고 장애물을 피하거나 동작을 멈추게 한답니다. 앞에서 살펴본 바이오롭과 인간형 근육 로봇이 그런 능력을 갖춘 로봇이에요.

인간과 동물의 감각 기관을 기술적 센서의 모범으로 삼는다는 아이디어도 당연히 떠오를 거예요.

냄새 목록과 고양이 눈

감각 기관에도 자연의 기가 막힌 비법이 들어 있어요. 우리와는 다른 환경에서 살지만 우리와 마찬가지로 살아가는 데 필요한 과제를 해결해야 하는 동물들에게서 그런 놀라운 비법을 볼 수 있지요. 먹이를 찾고 위험에 직면하면 자신을 보호해야 한다는 과제 말이에요.

이를 위해 동물의 감각 기관은 빠르고 확실하게 기능해야 해요. 개는 후각이 아주 발달해서 인간보다 냄새를 훨씬 더 잘 맡고 공기 속의 특정 물질들을 웬만한 측정 장치보다 훨씬 더 잘 감지하죠. 우리는 대개 본 것을 기억하지만, 개는 냄새를 기억해요. 개의 머릿속에는 방대한 냄새 목록이 저장되어 있는 셈이에요. 개는 그 냄새들을 길잡이로 삼아 행동해요. 다른 개의 성별과 건강 상태를 냄새로 알고, 공포나 호감 같은 주변 사람의 감정도 코로 감지하지요.

고양이와 올빼미처럼 주로 밤에 활동하는 동물들의 눈은 어둠에 적응되어 있어요. 그 덕분에 녀석들은 빛이 거의 없는 곳에서도 물체를 볼 수 있어요. 올빼미의 눈은 아주 커요. 반면에 고양이의 눈은 희미한 빛을 안구의 뒷면에서 반사시켜 눈의 감각 능력을 높이지요. 이 반사 때문에 고양이의 눈이 어둠 속에서 빛을 내는 것처럼 보이지만 사실 그 빛은 작은 거울에서 반사된 빛과 다르지 않아요. 도로와 자동차, 자전거 따위에 설치된 '고양이 눈Cat's Eye'을 알 거예요. 고양이 눈은 야간에 헤드라이트의 빛을 반사시키는 기능을 가진 유리 구슬을 말해요. 여러분의 자전거에도 틀림없이 달려 있을 그 반사 장치는 비록 생체 공학적 발명품은 아니지만 그런 이름으로 부르지요. 자전거에 달린 고양이 눈에는 수많은 작은 거울들이 있어요. 그 거울들이 빛을 반사시키기 때문에, 여러분이 밤에 도로에서 자전거를 타면, 가로등이나 자동차의 전조등에서 나온 빛이 자전거의 고양이 눈에서 반사되어 사람들이 여러분을 확실히 볼 수 있게 해 준답니다.

위치와 방향을 알려 주는 초음파

반면에 박쥐는 어둠 속에서 길을 찾기 위해 전혀 다른 '기술'을 사용해요. 올빼미, 고양이와 마찬가지로 야행성인 박쥐는 밤에 활동하고 어둠 속에서 사냥을 하지요. 온대 지방에 사는 박쥐의 먹이는 주로 곤충인데, 박쥐는 어둠 속에서 곤충을 사냥할 때 초음파를 길잡이로 삼아요. 무슨 말이냐고요? 박쥐는 스스로 초음파를 내지르고 그 소리가 물체나 동물에 부딪혀 돌아오는 소리를 들어요. 그래서 초음파가 반사되어 다시 돌아오는 그 방향에 무언가가 있다는 것을 알아차리는 식이에요. 다시 말해 소음을 내고 그 소음이 주위 물체에 부딪혀 돌아오는 것을 귀로 듣는 거예요. 초음파는 주파수가 너무 높아서 사람은 듣지 못해요. 박쥐들이 한껏 소리를 질러도 우리의 귀가 아프지 않으니, 다행스러운 일이지요.

고양이는
특별한 눈이 있어서
어둑한 곳에서도
아주 잘 볼 수 있다.

초음파는 오래전부터 인류의 기술에 활용되어 왔어요. 물론 인류는 박쥐와 상관없이 초음파 반향을 이용하는 기술을 개발했지만 활용은 박쥐와 유사해요. 예컨대 주차 센서가 달린 자동차를 보세요. 큰 차를 좁은 주차 공간에 집이넣기란 쉬운 일이 아니지요. 그러나 박쥐의 특별한 묘수를 채택한 자동차는 주차하기가 한결 편해요. 자동차의 모서리에 달린 초음파 센서들이 주변 물체(다른 자동차나 벽)까지의 거리를 끊임없이 측정해 '삑삑'거리는 경고음을 내기 때문이지요. 아마 많은 독자가 그 소리를 들어 보았을 거예요. 주차하는 자동차가 장애물에 가까이 접근할수록 경고음이 더 빨라지므로 운전자는 눈뿐만 아니라 귀를 통해서도 언제 브레이크를 밟아야 할지 알 수 있어요.

초음파 센서가 달린 시각 장애인용 지팡이도 이미 개발되었어요. 많은 시각 장애인들은 기다란 하얀색 지팡이를 사용하며, 걸을 때 넘어지거나 장애물에 부딪히는 것을 막기 위해 그 지팡이로 발 앞의 바닥을 더듬지요. 최근에 나온 시각 장애인용 지팡이는 초음파 신호를 내보내서 장애물이 어디에 있는지 파악하고 손잡이의 여러 지점을 진동시키는 방법으로 장애물의 위치를 사용자에게 알려 준답니다.

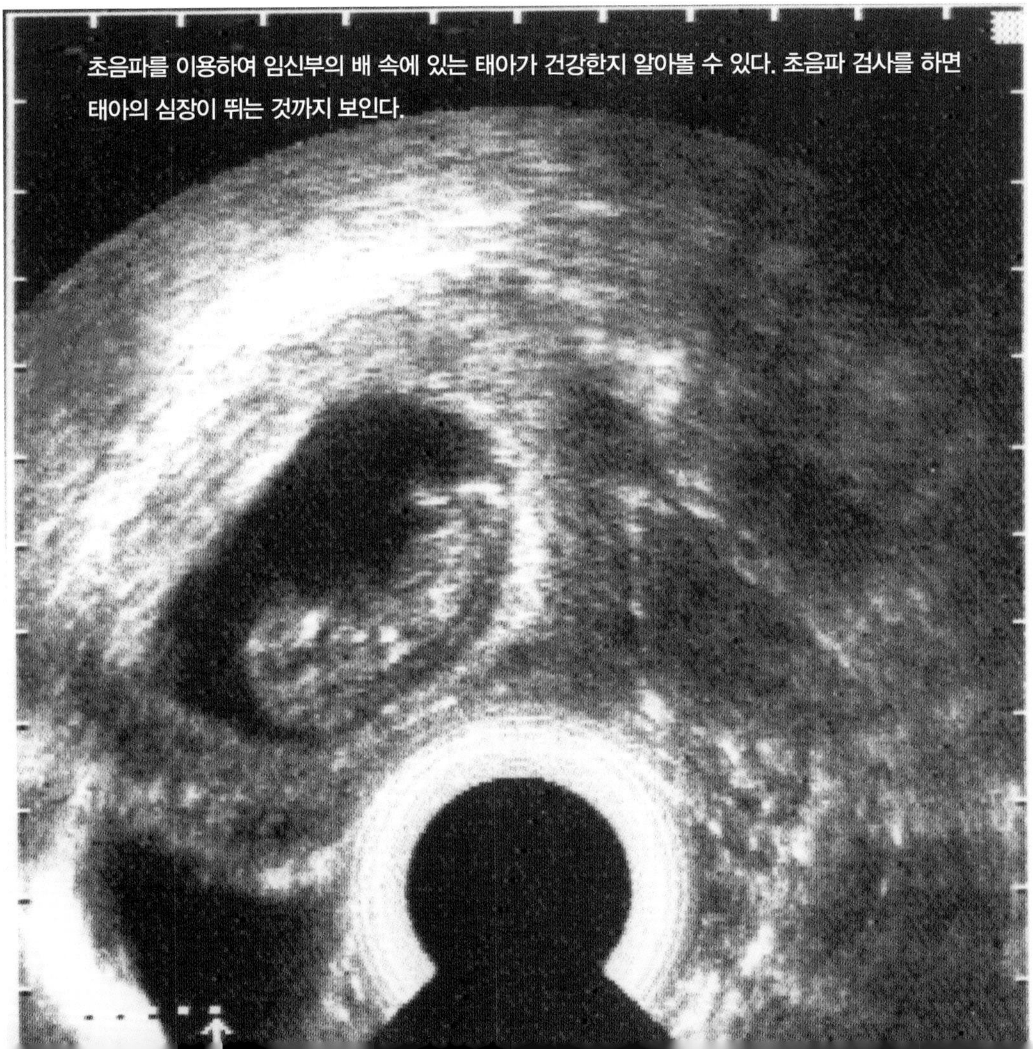
초음파를 이용하여 임신부의 배 속에 있는 태아가 건강한지 알아볼 수 있다. 초음파 검사를 하면 태아의 심장이 뛰는 것까지 보인다.

반사 반응

사람의 반사reflex는 감각 기관이 환경으로부터 받아들인 정보에 뇌보다 더 빨리 반응한다. 반사의 좋은 예로 속눈썹의 기능을 들 수 있다. 속눈썹이 미세한 바람을 감지하면, 우리는 생각할 겨를도 없이 곧바로 눈을 감아 다가오는 물체에 대비한다. 예컨대 자전거를 탈 때 먼지나 날파리가 눈으로 다가와 속눈썹이 '위험'을 알리면, 우리의 눈은 순식간에 감긴다.

달팽이도 반사 반응을 한다. 달팽이는 더듬이로 주변을 더듬어 정보를 얻는데, 사람이 더듬이를 건드리면, 달팽이는 곧바로 그 연약한 기관을 움츠려 보호한다.

달팽이는 높이 솟은 더듬이로
주변 환경을 조사한다.
더듬이는 자연적인 센서다.

여러분 중에는 병원에서 초음파 검사를 받아 본 사람도 있을 거예요. 초음파 검사기는 우리 귀에 들리지 않는 초음파를 흑백 영상으로 변환하여 보여 주지요. 이 장치를 이용하면 몸속으로 쏘아 보낸 초음파의 '반향'을 모니터의 영상으로 볼 수 있어요. 초음파 검사는 전혀 아프지 않은 데다 엑스선 촬영과 달리 위험한 방사선에 노출될 필요도 없어요. 그래서 사람들은 임신부를 검사할 때 초음파를 이용한답니다.

생체 공학적 센서들

현재 생체 공학자들은 동물의 감각 기관 중에서 아주 흥미로운 것 몇 가지를 연구하고 있어요. 예를 들어, 쥐와 생쥐는 수염을 빙빙 돌리면서 수염으로 주변을 더듬는답니다. 물개는 수염으로 물의 소용돌이를 느끼는데, 달아나는 물고기를 쫓아갈 수 있을 정도로 정확해 사냥에 큰 도움이 되지요. 물고기는 측선 기관lateral line organ(옆줄, 어류나 양서류의 몸 양옆에 나란히 있는 줄 모양의 감각 기관)으로 위치와 방향을 파악해요. 이 기관은 작은 구덩이들로 이루어졌는데, 구덩이 안에 미세한 털들이 돋아 있어요. 그 털은 물고기를 스치는 물의 흐름에 의해 이리저리 휘어지며 방향을 알아차리지요. 메뚜기 역시 흥미로운 묘수를 쓴답니다.

소리를 걸러서 듣기: 메뚜기의 놀라운 능력

메뚜기의 복부에는 미세한 털로 덮인 더듬이들이 있어요. 메뚜기는 그 더듬이들로 공기의 움직임을 느끼는데, 아주 미세한 움직임도 알아차릴 수 있어요. 이 '센서들'은 이제껏 사람이 제작한 어떤 측정 장치보다 자극에 더 민감해요. 거미를 비롯한 천적이 다가오면, 천적이 일으킨 공기 흐름을 포착하여 천적의 접근을 알아챌 정도이지요. 이것은 참으로 놀라운 능력이에요. 항상 주변을 흐르는, 그것도 여러 방향으로 흐르는 공기 중에서, 콕 집어서 천적이 일으키는 공기 흐름을 구별해 내다니요. 공기의 흐름은 바람이 불거나 위험하지 않은 곤충이 지나갈 때에도 발생하는데요. 도대체 메뚜기는 뒤에서 다가오는 물체가 거미라는 것을 어떻게 알아챌까요?

독일 율리히 연구소의 과학자들은 '실리아CILIA' 프로젝트로 뭉친 유럽 전역의 동료들과 함께 이 질문에 대한 답을 연구하고 있어요. 그들은 다음과 같은 사실을 발견했어요. 바로 메뚜기는 감각 기관을 통해 수집한 정보 중에 자신에게 가장 중요한 정보가 무엇인지 알아채고 그것만 걸러 낸다는 것을요.

사람도 이런 걸러 내기 능력을 지녔어요. 예컨대 흥겨운 파티에서 수많은 사람이 떠들면, 항상 배경 잡음이 있기 마련이지요. 그런데도 우리 뇌는 우리와 대화하는 상대방의 말을 집중해서 들을 수 있어요. 주변이 시끄러워도 필요한 정보만 걸러 낼 수 있다는 뜻이에요. 이런 현상을 '칵테일 파티 효과Cocktail Party Effect'라고도 해요.

메뚜기는 미세한 감각용 털들로
아주 약한 공기의 움직임을 감지한다.

그러나 청각이 손상된 사람들은 배경 잡음을 그렇게 간단히 '걸러 낼' 수 없으며 소음이 어디서 나는지도 잘 파악하지 못해요. 보청기를 사용할 때에도 배경 잡음 때문에 중요한 소리에 집중하기 어려울 때가 많고요.

그래서 메뚜기 연구의 결과는 보청기 및 휴대 전화 생산자들의 중요한 관심사예요. 메뚜기의 센서를 본뜰 수 있다면 이 장치들을 보다 기능적으로 개량할 수 있을 테니까요. 이 장치들이 잡음을 걸러 내고 중요한 소리만 남긴다면, 뇌가 혼란에 빠지지 않고 더 편하게 정보를 파악할 수 있을 거예요.

퉁소상어는 약한 전기 신호를 이용하여
주위 환경을 파악한다.

퉁소상어의 전기 센서

퉁소상어Elephant fish는 야행성이며 눈이 아닌 다른 감각 기관을 사용하여 어둠 속에서 길을 찾아요. 녀석은 꼬리 밑동에 있는 특수한 기관에서 약한 전기 신호를 내보내지요. 그리고 스스로 만들어 낸 그 전기장이 자기 주위에서 어떻게 변화하는지를 온몸의 피부에 무수히 분포한 센서들로 감지해요. 이를 통해 퉁소상어는 주위에 다른 생물이나 물체가 있는지 없는지를 알 수 있어요. 무언가가 다가오면 그 영향으로 전기장이 왜곡되는데, 그러면 퉁소상어는 그 왜곡의 패턴을 감지하여 다가오는 것이 생물인지 아니면 돌인지, 장애물이 어디에 있고 얼마나 큰지 파악하는 거예요.

통소상어 연구는 의료 기술에 응용될 수 있어요. 예컨대 작고 얇은 센서를 혈관 속에 삽입하여 동맥과 정맥의 안벽이 '깨끗한지' 혹은 석회가 끼어 있는지 알아내는 기술을 생각해 볼 수 있겠지요. 특히 이런 센서는 온갖 재료의 물체를 파괴하지 않으면서 그 내부를 검사하는 데에도 활용할 수 있을 거예요.

후각을 가진 불딱정벌레

침엽수비단벌레Melanophila acuminata는 불에 탄 나무에 알을 낳아요. 알에서 나온 애벌레가 갓 불탄 나무를 먹기 때문이지요. 그래서 이 곤충은 산불의 냄새를 아주 예민하게 감지한답니다. 그뿐만 아니라 녀석은 다리에 팬 작은 구덩이 두 개 안에 적외선 감각 기관들을 가지고 있어서 10킬로미터 떨어진 곳에서 불이 내는 열도 감지하고 그곳으로 날아가요. 침엽수비단벌레의 적외선 감각 기관을 본뜬 센서가 개발된다면, 당연히 산불 경보에 큰 도움이 될 거예요. 그러나 원래 모세포들hair cells(털처럼 생긴 세포들)에서 발전한 이 곤충의 적외선 감각 기관은 너무 작아서 쉽게 모방할 수 없어요. 이 분야에서는 아직 기술이 더 발전해야 해요.

공노래기를 본뜬
화재 진압 로봇을 개발하자는
아이디어가 제기되었다.

미래의 산불 관리를 위해 나온 또 다른 아이디어는 산불을 초기에 진압하는 로봇을 개발하자는 거예요. 독일 마그데부르크 슈텐달 대학 연구소에서 개발 중인 화재 진압 로봇 '올레OLE'가 그런 예에 해당해요. 이 로봇의 겉모습은 노래기의 일종인 공노래기를 닮아야 하지요. 공노래기는 다리가 34개이고, 위험에 처하면 몸을 공 모양으로 말아서 재빨리 굴러가니까요. 그래서 이름에 '공'이 붙었지요.

공노래기를 본뜬 화재 진압 로봇은 6개의 다리로 움직일 거예요. 물론 이 아이디어는 단지 연구를 위해 나온 것이며, 공노래기를 닮은 로봇은 실제로 제작되지는 않았어요. 하지만 바탕에 깔린 아이디어는 그럴싸하지요. 올레는 위험에 처하면 다리를 오므리고 몸을 둥글게 말아서 열에 극도로 강한 세라믹 등딱지로 자신을 보호할 수 있을 거예요.

이처럼 자연은 새로운 로봇과 센서를 개발하거나 하루가 다르게 변해 가는 이 분야의 기술을 개량할, 즉 더 발전시킬 가능성을 다양하게 제공하지요. 아시모나 나오 같은 로봇들은 센서로 정보를 수집하고 정교한 동작으로 반응해요. 탁월한 기능을 하는 동물의 감각 기관을 기술적인 장치로 재현하기 위한 아이디어가 다양하게 나오고 있지요. 많은 생물학적 센서는 동물의 표면(이를테면 인간의 피부)에 분포해요. 다음 장에서는 표면이 어떤 매혹적인 속성들을 가질 수 있는지 살펴볼 거예요.

자연에 있는 모든 표면은
제각각 주어진 과제와 그것을 해결하는 데
적합한 속성을 지녔어요. 생체 공학자들은
자연의 표면들을 꼼꼼히 관찰하고
기술에 응용하지요.

점착, 접착, 세정

다양한 표면들

지금 책을 읽는 여러분은 아마도 온갖 표면들에 둘러싸여 있을 거예요. 매끄러운 테이블 상판이 있는가 하면 잘 미끄러지지 않는 운동화 바닥이 있고, 반짝이는 마룻바닥이 있는가 하면 회반죽을 바른 거칠거칠한 벽이 있지요. 폭신폭신한 양탄자도 있고 예쁜 색을 칠한 연필 겉면도 있고, 그리고 빳빳한 이 책의 표지도 있어요. 개는 털가죽으로 덮여 있고, 대다수의 나무는 거칠고 주름이 많은 껍질로 싸여 있어요. 사람의 표면은 피부예요.

표면은 여러 가지 역할을 해요. 어떤 표면은 몸을 보호막처럼 둘러싸 보호해요. 몇몇 표면은 주위 환경으로 신호를 보내기 위해 색깔이 화려하거나 향기를 풍기기도 해요. 꽃잎이나 과일의 표면이 그렇죠. 모든 표면은 무언가를 둘러싼 경계 면이자 다른 매질(물체를 둘러싼 공간을 채우고 있는 물질. 이를테면 물이나 공기 따위를 매질이라고 한다.)과의 접촉 면이에요.

기술에서는 서로 다른 여러 대상과 표면을 연결해야 하는 경우가 많아요. 금속을 연결할 때에는 용접을 하거나 리벳(금속을 연결할 때 쓰는 뭉뚝한 못 모양의 부품)을 사용하지요. 직물을 연결할 때는 꿰매고, 자동차의 좌석 시트는 벨크로로 고정하고요. 플라스틱은 시간이 지나면 굳는 액체 접착제로 붙인답니다. 특히 어

i

우리 몸의 표면: 피부

피부는 우리 몸에서 가장 면적이 큰 기관이다. 성인의 피부는 총면적이 최대 2㎡로 침대 시트와 맞먹는다. 무게는 최대 10kg에 달한다. 몸의 표면인 피부는 햇빛으로부터 몸을 보호하고 체온이 너무 올라가면 땀을 내보내는 등 여러 가지 기능을 한다. 또한 피부에는 무수히 많은 '센서'가 있다. 그 센서들 덕분에 우리는 촉감과 열기와 냉기를 느낄 수 있다.

려운 일은 두 대상을 아주 튼튼하게 붙이면서도 다시 뗄 수도 있게 일시적으로만 결합시키는 거예요. 게다가 어떤 표면은 아무것도 달라붙지 못할 것처럼 보이기도 하지요. 자연에는 셀 수 없이 많은 접착제와 접착 메커니즘이 있어요. 이 장에서 여러분은 생체 공학자들이 특별한 관심을 쏟는 표면 몇 가지를 배울 거예요.

결합

두 표면을 단단히 결합하는 일은 종이와 천 따위로 간단한 장난감을 만들 때에도 반드시 필요해요. 우리는 다양한 방법으로 두 표면을 결합할 수 있어요. 종이와 털실은 액체 풀이나 고체 풀로 붙일 수 있어요. 깨진 그릇도 특수한 접착제로 다시 붙일 수 있고, 의자 다리가 부러지면 목재용 접착제를 쓰면 돼요. 아주 강력한 접착제는 접착된 부분들을 오랫동안 단단히 붙어 있게 해요. 대개 그런 부분들은 혹시 부서져서 분리되는 수는 있더라도 다시는 떨어지지 않지요.

빳빳한 종이를 접고 자르고 붙여서
멋진 배 모형 따위를 만들 수 있다.

말벌은 이빨로 씹어서
잘게 부순 나뭇조각들로
오랫동안 꾸준히
집을 짓는다.

그러나 모든 접착제가 그렇게 강력하지는 않아요. 일부 접착제는 물로 다시 녹일 수 있는데, 그런 접착제를 '수용성'이라고 불러요. 여러분 중에 편지 봉투에서 예쁜 우표를 떼어 내기 위해 물을 묻혀 본 적이 있는 사람도 있을 거예요. 책상에 달라붙은 사탕도 물을 묻히면 떨어지지요. 어떤 스티커는 다시 떼어 내기 편하게 만들어지기도 해요. 책에 붙은 가격 스티커가 그런 경우예요. 책을 선물하려는 사람은 포장하기 전에 가격표를 쉽게 떼어 낼 수 있지요. 몇 년 전부터 어딘가에 붙였다가 쉽게 다시 뗄 수 있는 메모용 쪽지가 널리 쓰이고 있어요. 그런 쪽지를 책에 붙이면 나중에 책을 손상시키지 않고 떼어 낼 수 있어요. 냉장고 표면에 붙이면 나중에 표면의 칠이 벗겨지지 않게 떼어 낼 수도 있고요. 하지만 아쉽게도 그런 쪽지는 대개 한 번 붙였다 떼어 내면 다시 사용할 수 없어요. 다시 쪽지가 필요하면,

새 쪽지를 써야만 하지요. 이 문제는 비단 냉장고 문에 붙이는 쪽지에만 해당하는 건 아니에요. 일터에서도 표면이 매끄러운 물체를 운반할 때 붙여서 쓰는 점착식 손잡이나, 손상되기 쉬운 표면을 가진 제품의 생산에서 이 문제가 불거지죠. 표면이 저절로 미끄러질 정도로 반드러워 잡을 곳이 없는 물체나 표면이 예민해 흠이 생기기 쉬운 물체에서요. 이 문제를 해결할 새로운 아이디어를 찾기 위해 과학자들은 자연에 눈을 돌려요. 물체의 표면을 손상시키지 않으면서 여러 번 사용할 수 있는 접착제가 혹시 자연에 있는지 살펴보려고 말이에요.

자연에 있는 접착제들

우리는 자연이 만들어 낸 천연 접착제를 끊임없이 사용하지요. 때로는 원치 않아도 사용할 수밖에 없고요. 끈적끈적한 단백질은 과자를 마녀의 집 모형에 붙여 주고, 당분 때문에 사탕은 머리카락과 이빨에 달라붙지요. 녹말은 쿠키가 부스러지는 것을 막는 접착제이고요. 자연의 생물들도 접착제를 사용하는데, 그 성분을 따져 보면 한결같이 단백질과 녹말이에요. 달팽이는 나무줄기에 붙어서 기어오르고 심지어 뒤집힌 자세로도 붙어 있는데 어떻게 그럴 수 있을까요? 비법은 달팽이가 단백질이 포함된 점액을 분비하기 때문이에요. 따개비는 배 밑바닥에 단단히 달라붙을 수 있어요.(〈물속의 물고기처럼〉이라는 장의 '오염 방지'에 관한 내용을 다시 보세요.) 홍합은 물속의 물체에 달라붙을 수 있을 뿐만 아니라 이때 사용한 접착제를 다시 녹여서 다른 곳으로 이동할 수도 있지요.

몸에 붙은 거미줄을 떼어 내느라 고생한 경험은 누구나 있을 거예요. 왜 거미줄 중에서도 일부 줄만 달라붙는지는(거미줄을 만져 보면 달라붙는 줄이 있고 그렇지 않은 줄이 있다.) 이 책의 마지막 장에서 설명할 거예요. 말벌의 집도 다들 보았을 거예요. 말벌은 아주 잘게 부순 목재에 침을 발라 뭉쳐서 일종의 죽을 만들고, 이것으로 집을 짓지요.

접착 대신 점착으로

물체들을 다시는 뗄 수 없을 정도로 단단하게 붙이는 강력한 접착제가 있으면 여러 상황에서 큰 도움이 되어요. 그런데 물체들이 일시적으로만 붙어 있어야 하는 경우도 많아요. 예컨대 물건을 잠시 동안만 붙여서 운반한 다음에 다시 분리해야 할 때가 있지요. 혹은 로봇 팔의 손가락 끝에 끈끈한 물질을 발라서 작고 손상되기 쉬운 마이크로칩 등을 붙여 운반할 수도 있을 거예요. 그러면 핀셋이나 집게로 잡을 때보다 더 섬세하게 물체를 다룰 수 있지요. 그런 손가락 끝을 만들려면 확실한 접착 효과를 일시적으로만 발휘하는 접착제가 필요해요. 여러분은 신문을 넘기다가 종잇장들이 달라붙어 떼어 내느라 애를 먹은 일이 없나요? 그럴 때 손가락에 침을 조금 묻히면 종이를 더 잘 잡을 수 있어요. 침이 손가락과 종이 사이에서 얇은 막을 만들어 종이를 약간 빨아 당기기 때문이죠. 이처럼 물은 접착제를 녹이기도 하지만 때로는 두 표면(손가락과 종이) 사이의 점착력을 높이기도 해요. 종이가 엄지손가락에 영원히 달라붙어 있기를 바라는 사람은 당연히 없겠죠. 그러므로 이 점착력이 잠깐 동안만 발휘된다는 것은 좋은 일이에요. 어떤 동물은 아주 매끄러운 수직 벽을 기어오를 수 있어요. 이를테면 파리처럼요. 파리는 기어 다닐 때 발에서 액체를 분비하여 우리 눈에 보이지 않는 발자국을 여기저기 남겨요. 과학자들은 파리의 발자국을 고성능 현미경으로 자세히 관찰하여 파리가 미끄러지지 않는 이유가 그 액체 덕분임을 밝혀냈어요. 즉, 파리가 벽면을 기어오를 때 의지하는 원리는 우리가 손가락에 침을 묻혀 종이를 넘길 때의 순간적인 점착 원리와 같아요.

반면에 발에서 액체를 분비하지 않으면서도 벽을 기어오를 수 있는 동물이 있어요. 예를 들어 도마뱀붙이가 그래요. 그래서 생체 공학자들은 도마뱀붙이에 특별한 관심을 쏟아요.

특별한 점착 장치: 도마뱀붙이의 발

도마뱀붙이Gecko는 더운 지방에 사는 작은 파충류이며 탁월한 곤충 사냥꾼이에요. 여러 종이 있으며, 크기는 최소 4센티미터에서 최대 40센티미터에 이르러요. 비교적 큰 종들은 몸무게가 최대 300그램으로 버터 덩어리보다 더 무거워요. 이 동물의 흥미로운 특징은 크고 무거운 종들도 온갖 표면에 붙어서 미끄러지지 않고 기어 다닐 수 있다는 점이에요. 사냥감을 쫓는 도마뱀붙이는 심지어 천장에 붙어서 내달릴 수도 있답니다.

물론 이렇게 활동하려면 도마뱀붙이가 발을 벽에 단단히 점착시켜야 하는 것은 기본이고, 그렇게 붙여 놓은 발을 곧바로 다시 뗄 수도 있어야 하지요. 그럴 수 없으면 재빨리 기어 다닐 수 없을 테니까요. 이제껏 사람이 개발한 어떤 접착제도 이렇게 빠르고 정확하게 점착과 분리를 번갈아 반복하는 능력은 갖고 있지 못해요.

도마뱀붙이의 발은 벽에 단단히 달라붙는다. 발바닥이 미세한 털들로 덮여 있기 때문이다.

이 놀라운 능력은 바로 엄청나게 큰 표면적을 지닌 녀석의 발바닥에서 나온답니다. 그럼 도마뱀붙이의 발이 엄청 거대한가 보다 하고 짐작하는 독자도 있겠지만, 그렇지는 않아요. 그 대신에 도마뱀붙이는 길고 바닥이 평평한 발가락에 맨눈으로도 볼 수 있는 수많은 주름이 있어요. 그 '점착 주름* haftlamellen'은 보기에도 그렇고 만져 봐도 폭신폭신해요. 점착 주름은 아주 부드럽고 유연하거든요. 그러나 도마뱀붙이가 지닌 진정한 묘수는 녀석의 발바닥을 고성능 현미경으로 관찰해야 비로소 드러난답니다.

도마뱀붙이 발바닥의 점착 주름은 수많은 미세한 털로 덮여 있는데, 그 털 하나하나마다 끄트머리가 더 가늘고 끝이 뭉뚝한 털들로 갈라져 있어요. 이렇게 섬세하게 갈라져 있기 때문에 같은 크기의 매끄러운 발바닥보다 총면적이 훨씬 더 크지요. 이 '거대한' 발바닥 표면은 온갖 다른 표면에 붙였다 떼었다를 반복할 수 있어요. 이것이 가능한 이유는 판데르발스 힘 Van der Waals force 덕분이랍니다.

정리하자면, 도마뱀붙이는 접착제 없이 표면에 달라붙어요. 사냥감을 뒤쫓을 때는 당연히 달라붙은 발을 다시 빠르게 떼는 것이 중요하겠죠. 그래야 발을 움직이며 내달릴 수 있을 테니까 말이에요. 이를 위해 도마뱀붙이는 매 걸음을 내디딜

때 발을 약간 든 상태에서 발가락 끝부터 말아 올리는 방식으로 표면에서 발을 떼지요. 이 방법은 벨크로나 반창고를 떼는 방법과 비슷해요. 반창고를 떼어 낼 때 한쪽 귀퉁이부터 잡아당기기 시작해서 전체를 떼어 내는 방식 말이에요. 도마뱀붙이는 아주 짧은 동안에도 수없이 발을 떼는데, 당연히 아프지 않아요. 한마디 보태자면, 발 하나로 매끄러운 벽에 매달린 도마뱀붙이는 이론적으로 성인 두 명의 무게로 잡아당겨도 떨어지지 않는답니다. 이처럼 대단한 점착력을 지녔기 때문에 생체 공학자들은 도마뱀붙이의 발에서 무언가 배우려고 애쓰는 거예요!

판데르발스 힘

'판데르발스 힘'은 네덜란드 물리학자 요하네스 디데릭 판데르 발스의 이름을 따서 만들어진 용어로, 아주 가까운 거리에서만 작용하는 약한 인력을 말한다. 판데르 발스는 두 표면이 아주 가깝게 접근하면 서로를 끌어당긴다는 것을 알았다. 이때 표면적이 클수록 끌어당기는 힘이 커진다. 판데르발스 힘은 아주 미세한 구조를 지닌 재료들 사이에서 특히 강하게 작용한다. 연잎 효과를 다루는 장에서 판데르발스 힘을 다시 만날 것이다.

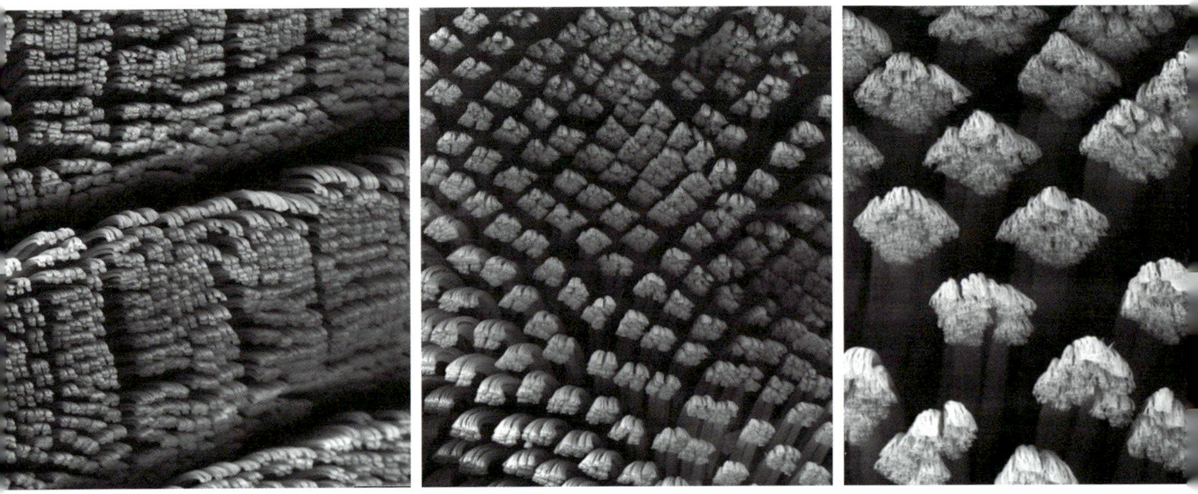

X

잘게 나눌수록 더 커진다

물체를 작은 조각 여러 개로 쪼개면, 표면적은 더 커진다. 물속에서 설탕 가루는 설탕 덩어리보다 더 빨리 녹는다. 이는 설탕 가루들과 물이 접촉하는 면적이 설탕 덩어리와 물이 접촉하는 면적보다 훨씬 더 크기 때문이다. 이 원리를 간단한 실험으로 확인할 수 있다. 가위, 종이, 자만 준비하면 된다. 먼저 종이의 둘레를 자로 재라. 첫 번째 그림에서처럼 네 변의 길이를 재고 더해서 A+B+C+D를 구하면 된다. 이어서 종이를 반으로 잘라서 두 조각의 둘레를 모두 재라. 세 번째 그림에서처럼 A+B+C+D+E+F+G+H를 구하면 된다. 자르기 전과 후에 둘레가 어떻게 달라졌는가? 종이를 더 잘게 자른 다음에 다시 둘레를 재 보라. 종잇조각들이 작아질수록, 둘레의 총합은 점점 더 커질 것이다. 설탕도 마찬가지다. 개별 설탕 알갱이가 작으면 작을수록, 설탕 전체가 물과 닿는 표면적은 더 커진다. 그래서 큰 설탕 덩어리보다는 작은 설탕 알갱이들이 더 빨리 녹고, 고운 설탕 가루가 가장 빨리 녹는 것이다.

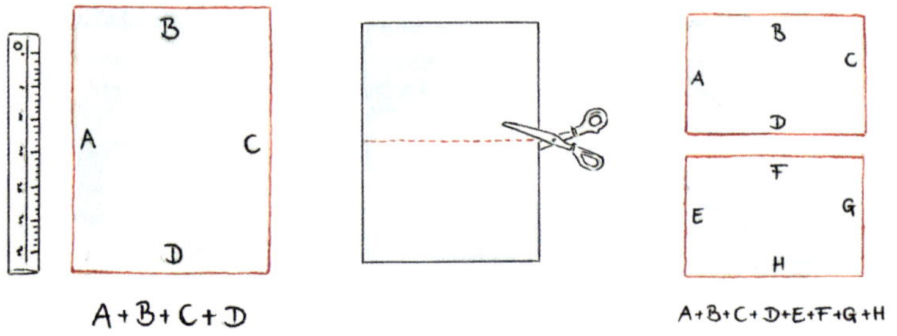

도마뱀붙이의 발바닥은 무수히 많은 미세한 끄트머리들로 갈라져 있어서 표면적이 엄청나게 크다. 도마뱀붙이의 발을 배율이 높은 현미경으로 관찰하면, 점점 더 미세한 표면 구조가 드러난다.

엄청난 점착력: 도마뱀붙이 점착테이프

미국의 과학자들은 도마뱀붙이의 발을 본떠 점착력이 아주 강하고 계속 다시 사용할 수 있는 점착테이프를 개발했어요. 그 테이프는 1제곱센티미터당 10킬로그램을 버틸 수 있어요. 엄지손톱만 한 테이프로 묵직한 책가방을 벽에 너끈히 매달아 둘 수 있다는 말이죠.(아쉽지만 천장에 매달아 둘 수는 없어요.) 그 점착테이프는 도마뱀붙이의 발에 있는 미세한 털 대신 플라스틱으로 된 섬세한 관으로 뒤덮여 있는데, 그 관은 끝이 어느 정도 유연해서 다른 물체의 표면에 잘 달라붙을 수 있어요. 도마뱀붙이의 발과 비슷한 셈이지요. 그러나 이 점착테이프는 사용하다 보면 조금씩 망가지기 때문에 여러 번 사용할 수는 없어요. 또 기술적인 이유 때문에 아주 작은 크기로만 생산할 수 있고요. 하지만 생체 공학자들은 자연에서 이미 '녹색소리쟁이딱정벌레'를 비롯한 또 다른 모범들을 발견했답니다. 이 딱정벌레에 대해서는 곧 다시 이야기할 거예요.

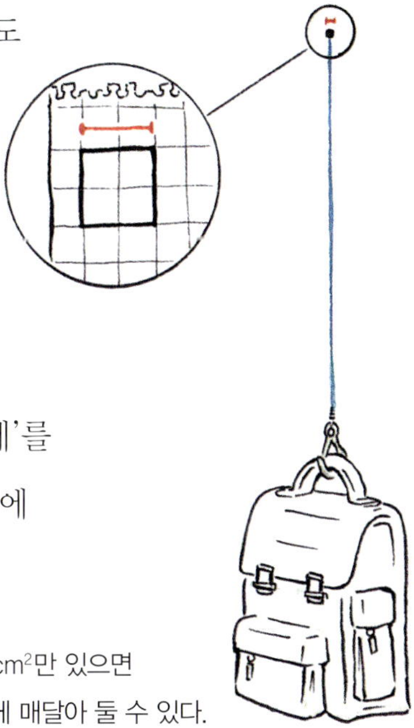

도마뱀붙이 점착 필름 $1cm^2$만 있으면 속이 꽉 찬 책가방을 벽에 매달아 둘 수 있다.

고층 건물의 유리창을 닦는 것은
쉬운 일이 아니다. 기어오르는 로봇들이
이 일을 도울 수 있을 것이다.

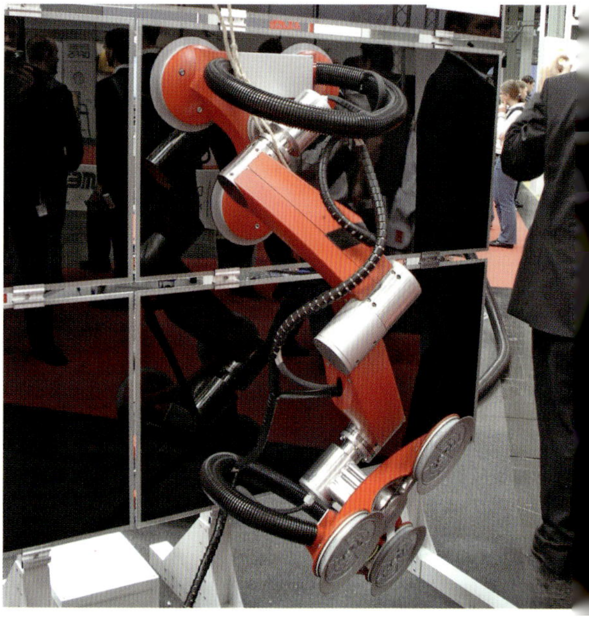

빨판의 원리는 매끄러운 표면에서
아주 효과적이다. 하지만 거친
표면에서는 도마뱀붙이의 발을
장착한 로봇이 더 유리하다.

시봇의 디자인 초안

디자이너들과 생체 공학자들이 구상한 미래의 도마뱀붙이 로봇인 시봇은 도마뱀붙이를 본뜬 미세한 점착 구조를 지니고 있어서 벽을 타고 기어오를 수 있을 것이다.

도마뱀붙이의 발로 기어오르는 로봇

아주 큰 무게를 버티면서도 다시 떼어 낼 때는 쉽게 떼어지는 점착 도구는 아주 많은 분야에서 필요하다. 예를 들어 건물 벽을 타고 높이 올라가 유리창을 닦는 로봇이나 우주 정거장의 외부를 수리하는 로봇에게는 그런 점착 도구가 꼭 필요할 것이다. 이미 여러 해 전부터 기술자들은 벽이나 관에 달라붙지만 필요하면 흔적 없이 쉽게 떼어 낼 수 있는 물질을 개발하기 위해 노력해 왔다.

커다란 빨판들로 유리벽에 달라붙어 기어오르는 로봇은 이미 개발되어 있다. 그런 로봇들은 유리창 닦이에 쓸모가 있을 것이다. 그러나 빨판은 부압(주변의 대기압보다 낮은 압력)을 이용하므로 아주 매끄러운 표면에만 달라붙을 수 있다. 도마뱀붙이의 발과는 작동 원리가 다르다. 그러므로 빨판 로봇은 건물의 유리벽을 기어오르는 작업에만 제한적으로 활용할 수 있다. 창문들 사이에 거친 벽이 있다면, 빨판 로봇은 그 구간을 통과하기 어렵기 때문이다. 우주에서도 빨판은 소용이 없다. 적어도 우주선 외부에서는 확실히 그렇다. 왜냐하면 우주 공간은 애당초 진공에 가까워서 빨판으로 부압을 만들어 낼 수 없기 때문이다. 따라서 우주에서는 다른 점착 장치가 필요하다.

'도마뱀붙이 발'을 가진 기어오르는 로봇은 열악한 환경에서도 안정적인 점착력을 발휘할 것이다. 그런 로봇이 여럿 제안되었는데, 그중 하나는 '시봇C-Bot'이다. 언젠가 시봇이 완성되면, 녀석은 초음파 센서를 달고 건물 외벽이나 다리에 달라붙어 기어 다니면서 균열이나 습기가 밴 곳과 같은 손상 부위를 탐색할 것이다.

곤충들의 멈춤 메커니즘

슈타니슬라프 고르프 교수는 온갖 벽을 타고 오를 수 있는 로봇을 개발한다는 목표에 한 걸음 다가섰어요. 이 목표를 위해 고르프는 도마뱀붙이와 파리가 아니라 딱정벌레와 집게벌레, 빈대를 연구했어요. 왜냐하면 이 곤충들은 매끄러운 수직 벽을 아무 어려움 없이 기어오르기 때문이에요.

대부분의 곤충은 아주 작은 발톱과 갈퀴로 바닥을 움켜쥐어요. 게다가 어떤 곤충은 발에서 기름기가 있는 액체를 분비하여 점착력을 일시적으로 높이기도 하지요. 이는 우리가 손가락에 침을 묻혀 종이가 잘 달라붙게 하는 것과 비슷한 원리예요. 하지만 그런 액체는 점착력을 크게 높이지만 표면에 흔적을 남기지요. 생체 공학자들은 흔적 없이 다시 떨어지는 점착제를 자연에서 찾으려고 애써요.

녹색소리쟁이딱정벌레를 모범으로 삼은 점착테이프

과학자들은 곤충들이 천장에 거꾸로 붙어 있을 수 있는 방법을 두 가지 더 발견했어요. 하나는 발이 미세한 털로 뒤덮였거나 털끝이 아주 부드러우면 그런 점착력을 발휘할 수 있다는 거예요. 이런 곤충의 발바닥은 도마뱀붙이처럼 표면적이 매우 크므로 물체의 표면에 쉽게 점착해요. 또 하나는 발바닥이 더 섬세하게 갈라져 있을 때 점착력이 좋아진다는 사실이에요. 덩치가 커서 더 큰 무게를 지탱해야 하는 동물일수록 발바닥이 더 섬세하게 갈라져 있다는 것을 확인했지요. 갈라진 끄트머리들이 조밀하게 분포할수록 점착력이 더 강해진다는 사실도요.

작은 딱정벌레인 '녹색소리쟁이딱정벌레'도 주요 연구 대상으로 꼽혀요. 딱정벌레류는 달팽이나 지렁이 같은 곤충이나 작은 동물 등 온갖 것을 먹이로 삼는데,

녹색소리쟁이딱정벌레가 가장 즐겨 먹는 것은 뜻밖에도 습지 근처에 사는 풀인 소리쟁이의 잎이에요. 게다가 녀석은 알을 낳아서 소리쟁이 잎의 아랫면에 붙여 놓는답니다. 알에서 나온 애벌레는 거기에 단단히 매달릴 수 있어야 하지요. 녹색소리쟁이딱정벌레가 점착 연구에 아주 적합한 것은 어쩌면 이들이 이처럼 어릴 때부터 매달려 있어야 하기 때문인지도 모르죠. 과학자들은 녀석의 발을 현미경으로 관찰했어요. 그리고 이 딱정벌레의 발에 돋은 부드러운 털들이 바닥에 달라붙는다는 것을 발견했지요. 털들은 끝이 뭉뚝해서 도장처럼 생겼어요. 털의 밀도는 몸무게가 더 무거운 도마뱀붙이에 비하면 1,000배나 낮지만 그래도 가벼운 딱정벌레를 표면에 고정하기에는 충분할 만큼 높아요.

작은 녹색소리쟁이딱정벌레는
특별한 묘수로 바닥을 움켜쥔다.

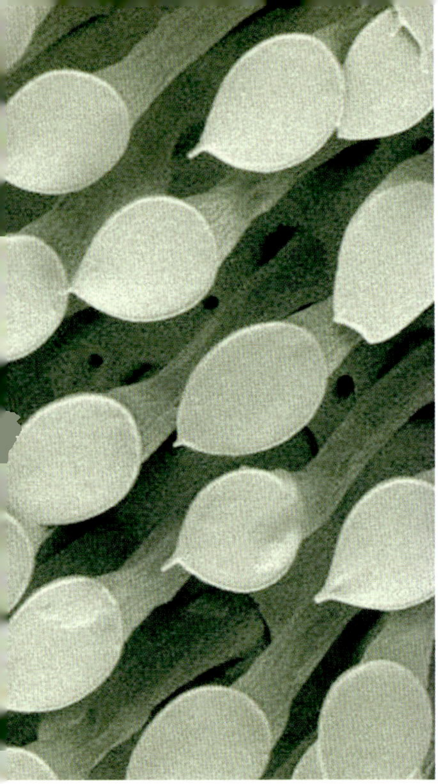

녹색소리쟁이딱정벌레의
발을 촬영한 현미경 사진

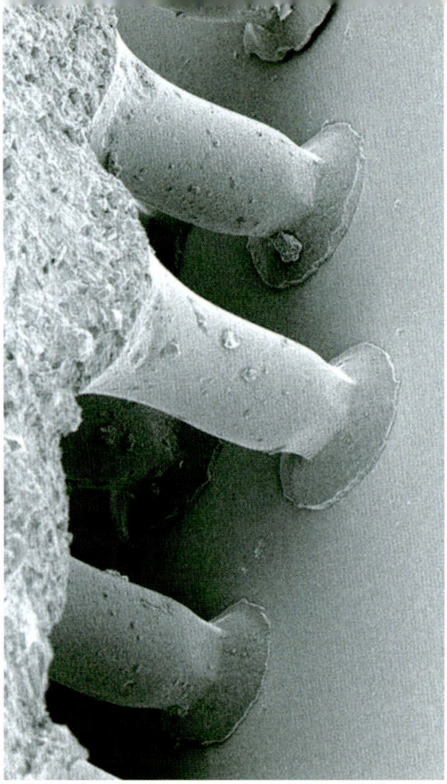

녹색소리쟁이딱정벌레를 모범으로 삼은
생체 공학적 점착테이프는 아주 다양한
표면에 달라붙는다.

흥미를 느낀 연구자들은 녹색소리쟁이딱정벌레의 발에 난 털을 모방한 구조를 고무테이프에 적용하여, 초대형 딱정벌레 발바닥을 제작했어요. 이를 위해 액체 플라스틱을 미세 구조를 갖춘 틀에 붓고 마치 푸딩을 굳히듯이 굳혔지요. 그런 다음에 플라스틱을 틀에서 떼어 내자, 한 면에 작은 도장 모양의 돌기가 빽빽이 들어찬, 딱정벌레의 발을 닮은 고무테이프가 만들어졌어요. 실험을 해 보니 그런 구조의 고무테이프는 매끄러운 고무테이프보다 훨씬 더 강한 점착력을 발휘했지요. 또 녹색소리쟁이딱정벌레 점착테이프는 도마뱀붙이 점착테이프보다 훨씬 더 크게 만들 수 있어요. 어떤 실험에서는 이 점착테이프를 발에 장착한 소형 로봇이 유리벽을 기어오르는 데 성공하기도 했어요.

미래에는 생체 공학적 점착테이프로 유리 표면에 물체들을 붙였다가 아무 흔적 없이 뗄 수 있을 거예요. 예컨대 판유리나 다른 형태의 유리 제품을 운반할 때 쓰는 붙이고 떼는 손잡이에 그런 점착테이프를 적용할 수 있겠지요. 제작 과정에서 절대로 오염되면 안 되는 CD나 마이크로칩을 생산할 때에도 그런 점착테이프가 쓸모 있을 거예요. 집게나 거즈의 표면이 녹색소리쟁이딱정벌레의 발을 닮았다면 아주 작은 물체를 집어 옮기기가 훨씬 더 편할 거고요. 게다가 이 도구들은 접착제 없이 점착력을 발휘하므로 예민한 물체에 어떤 흔적도 남기지 않아요.

녹색소리쟁이딱정벌레 점착테이프는 또 다른 장점이 있어요. 보통의 접착테이프와 달리 이 테이프는 오염되면 간단히 비눗물로 세척할 수 있다는 점이에요. 그러면 다시 원래의 점착력을 회복하지요!

로봇 '미니-휙스Mini-Whegs™'는 심지어 유리 벽도 기어오를 수 있다. (TM은 Trade Mark의 약자로 등록 상표라는 뜻이다.-옮긴이)

관성력

파리가 원반에 앉아 있는데 원반이 회전하면 파리는 바깥으로 내동댕이쳐진다. 이때 파리가 받는 힘은 여러분이 회전목마를 탈 때 느끼는 힘과 같다. 회전목마가 돌면, 여러분은 몸이 바깥쪽으로 밀리는 것을 느낀다. 여러분이 탄 자동차가 빠른 속력으로 달리면서 방향을 바꿀 때에도, 여러분은 반대 방향으로 몸이 밀리는 것을 느낀다. 이 현상은 여러분의 몸을 비롯해서 자동차 안에 있는 모든 물체가 자동차와 똑같은 속도로 운동하기 때문에 생긴다. 자동차가 운동 방향을 바꾸면, 질량의 관성, 즉 모든 물체가 원래의 속력과 방향을 유지하려 한다는 사실이 드러난다. 자동차 따위가 갑자기 운동 방향을 바꾸면, 자동차 안의 물체는 흔히 '원심력'이라고 부르는 '관성력'을 받는다.

관성력은 대개 g라는 단위로 나타내는데, 이때 g는 지상의 물체가 중력 때문에 겪는 가속도를 의미한다. 중력은 우리 몸을 항상 '1g'로 '가속시킨다.' 우리는 이 가속도를 느끼지 못하지만, 우리가 저울에 올라가서 몸무게를 잴 수 있는 것은 이 가속도가 있기 때문이다. 우리가 달에 가서 몸무게를 재면 더 작은 측정값이 나온다. 왜냐하면 달의 인력은 지구의 인력보다 더 작기 때문이다. 반대로 롤러코스터에서는 우리의 몸무게보다 최대 4배 큰 힘(4g의 관성력)이 작용한다. 다시 말해 우리의 몸무게가 4배 무겁게 느껴진다. 곡예비행 조종사들은 심지어 10g의 관성력을 견딜 수 있어야 한다. 왜냐하면 곡예비행 중에 방향을 전환하거나 원을 그릴 때 엄청난 가속도가 발생하기 때문이다. 14g를 넘는 관성력(가속도)은 인간에게 아주 위험하다.

우주인은 우주 왕복선이 발사될 때 약 3g로 가속되는데 그 상황에서도 계기판을 정확히 보고 조작할 수 있어야 한다. 이 어려운 일을 해내기 위해 우주인들은 인간 원심 분리기에서 훈련을 받는다. 우주인은 이 훈련 장치의 좌석에 앉아 점점 더 빠르게 회전하면서 의식을 잃지 않는 연습을 한다.

독일 항공우주센터의 인간 원심 분리기는
멀미약 연구에도 쓰인다.

원반 위의 딱정벌레

슈타니슬라프 고르프 교수는 다양한 곤충이 표면에 얼마나 잘 붙어 있을 수 있는지를 여러 기발한 방식으로 연구했어요. 그중 한 가지는 곤충을 원반 위에 놓고 녀석이 미끄러져 내동댕이쳐질 때까지 원반의 회전 속도를 높이는 것이었죠. 아이들 놀이터에도 이와 비슷한 원반이 있어요. 과학에서는 액체나 물체를 빠르게 회전시키는 기계를 원심 분리기라고 불러요. 물체가 가속도 운동을 할 때 느끼는 가상의 힘을 관성력이라고 해요. 곤충들은 극도로 빠르게 돌아가는 원반에서 그 작은 몸에 엄청난 관성력을 받으면서도 표면에 잘 붙어 있었어요. 어떤 곤충은 200g라는 믿기 힘든 관성력을 받고서야 비로소 표면에서 미끄러졌지요. 200g는 중력 가속도의 200배, 즉 자기 몸무게의 200배의 힘이에요.

모래 폭풍에 단련된 기적의 도마뱀

생체 공학자들은 몇몇 동물의 특별한 점착 능력뿐만 아니라 유난히 내구성(물질이 원래의 상태에서 변하지 않고 오래 견디는 성질)이 강한 표면에도 관심을 기울여요. 내구성이 강한 표면의 예로 '샌드피시'라는 도마뱀의 피부를 들 수 있어요. 녀석의 피부는 메마른 사막의 모래에 비벼도 흠집이 나지 않는답니다.

모래의 마찰

여러분은 해변을 산책하거나 해변에서 비치발리볼을 해 본 적이 있나요? 발이 푹푹 빠지는 모래밭에서 걷거나 달릴 때는 무척 힘이 들죠. 모래밭에서 넘어지거나 모래성을 쌓느라고 오랫동안 무릎을 꿇고 있으면, 피부에도 문제가 생겨요. 모래에 쓸리고 비벼져 상처가 나기 십상이니까요.

물체도 마찬가지예요. 모래 속에 오래 묻혀 있으면 물체는 흔히 뭉뚝해지죠. 표

모래 분사기

모래는 표면을 거칠게 얽어 놓을 수도 있고 강변의 자갈처럼 둥글게 다듬을 수도 있다. 바로 이 속성을 이용한 장치가 모래 분사기sand blaster이다. 이 장치를 쓰면 금속에서 녹을 벗겨 낼 수 있다. 모래 분사기는 때때로 화석을 발굴하고 조사하는 데도 쓰인다. 발견된 유물의 표면에 굵거나 가는 모래를 모래 분사기로 '분사'한다. 그러면 미세한 돌 조각들이 떨어져 나가고 차츰 화석의 표면이 드러난다.

강가에 가면 자갈들 사이에서 뭉뚝하게 다듬어진 유리 조각을 흔히 볼 수 있다.

면이 모래 알갱이에 부딪혀 깎이기 때문이에요. 강변에 가면 날카로운 표면이 둥글고 뭉뚝하게 연마된 유리 조각을 흔히 볼 수 있답니다. 물속에 가라앉아 있거나 떠다니는 모래는 오랜 시간에 걸쳐 자신과 접촉한 모든 날카로운 모서리를 닳게 만들어요. 아무리 고운 모래라도 그래요. 그래서 강변에는 둥근 자갈이 많지요. 이런 마찰에 오래 노출된 물체일수록 모양은 둥글어지고 크기는 작아져요. 이처럼 모래는 여러분의 피부처럼 섬세하고 연약한 표면을 파괴할 수도 있고 단단한 표면을 반질반질하게 할 수도 있어요. 그뿐만 아니라 모래는 모래 속에서 움직이는 물체의 움직임을 상당히 큰 저항으로 방해해요. 예컨대 모래 더미를 헤치는 삽이나 화분의 흙을 푸는 꽃삽도 모래의 저항을 받는답니다. 여러분도 손을 모래 속에 묻은 채로 움직여 보면, 모래의 저항을 확실히 느낄 수 있을 거예요. 물속이나 공기 속에서 손을 움직일 때보다 훨씬 더 힘들어요.

모래 속의 물고기처럼

사하라 사막에는 이 모든 문제에 아랑곳하지 않는 샌드피시라는 작은 도마뱀이 살아요. 이 녀석은 매일 사막의 모래를 헤치며 돌아다니는데도 피부가 항상 아름답게 반짝이죠. 이 사막 도마뱀은 기온이 너무 높거나 위험에 처하면 순식간에 모래 속으로 파고들 수 있기 때문에 '샌드피시Sand fish'라는 이름을 얻었어요. 녀석이 이렇게 놀라운 능력을 발휘할 때면 마치 모래가 물처럼 저항이 거의 없는 것처럼 보여요. 물속의 물고기처럼 날렵하게 모래 속에서 움직인다는 것은 놀라운 일이에요. 샌드피시는 어떻게 그럴 수 있을까요?

베를린 공대의 생체 공학자 잉고 레헨베르크도 이 질문을 탐구했어요. 레헨베르크는 연구 팀과 함께 사막으로 가서 샌드피시의 피부를 연구했지요. 녀석이 얼마나 쉽게 모래를 헤치고 나아가는지 측정하기 위해, 경사면을 진짜 샌드피시 피부로 덮고 그 위에 모래를 떨어뜨려 흘러내리게 했어요.

결과는 놀라웠어요. 샌드피시의 피부에 떨어진 모래는 마치 접시에 떨어진 완두

X

모래 흘려 내리기

이 실험은 여러분도 쉽게 따라 할 수 있다. 도자기 접시, 두꺼운 종이, 플라스틱 접시를 비스듬히 기울여 들고 그 위에 모래나 소금 따위를 떨어뜨려 흘러내리게 해 보라. 어떤 표면에서 모래가 가장 빠르게 흘러내리는가? 모래를 적셔서 실험하면 어떻게 되는가?

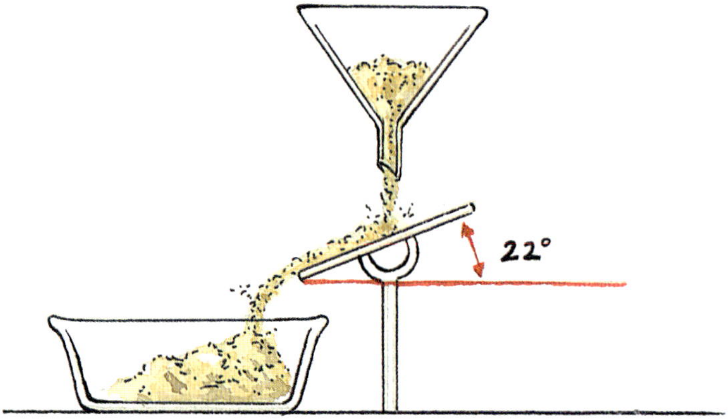

모래는 실험용 경사면을 아주 조금만
기울여도 벌써 흘러내리기 시작한다.

물고기가 물속에서 헤엄치듯이 샌드피시는 모래 속에서 능숙하게 헤엄칠 수 있다.

콩들처럼 주르륵 흘러내렸어요. 생체 공학자들은 경사면을 아주 조금만 기울여도 모래가 흘러내리는 것을 발견했어요. 다른 재질의 경사면에서는 모래가 그렇게 쉽게 흘러내리지 않았는데 말이죠. 연구 팀은 유리, 강철, 테플론teflon, 나일론 등 여러 재질로 만든 경사면들로 동일한 실험을 했어요. 역시 다른 모든 표면보다 샌드피시의 피부에서 모래가 훨씬 더 쉽게 흘러내렸어요. 이것은 모래가 샌드피시의 피부에서보다 유리를 비롯한 다른 재질의 경사면에서 더 강하게 제동되었다는 말이기도 해요. 샌드피시의 피부는 모래의 운동을 거의 방해하지 않았어요. 이 결과는 샌드피시가 그토록 쉽게 모래 속으로 파고들 수 있는 것은 능숙한 몸놀림 때문만이 아니라 특수한 피부를 가진 덕분일 것이라는 연구 팀의 예측과 맞아떨어졌지요.

반짝이는 외모

연구 팀은 밤에 사막을 휩쓰는 모래 폭풍이 지난 뒤에 우연히 또 하나의 발견을 했어요. 바로 모래에 반쯤 파묻힌 샌드피시의 사체였어요. 녀석의 피부는 햇빛에 찬란하게 반짝였죠. 죽은 지 꽤 오래되었는데도 피부는 여전히 반짝이고 매끄러웠으며 모래 폭풍에도 불구하고 어느 구석도 마모되지 않았지요. 연구를 계속한 결과, 다른 많은 파충류와 마찬가지로 샌드피시는 매일 먹이를 찾아 최대 1,000미터를 이동하면서 피부를 바닥에 마찰하는데도 놀랄 만큼 매끄럽고 찬란한 피부를 절대로 잃지 않는다는 것을 밝혀냈어요.

연구 팀은 샌드피시의 피부가 모래의 마찰에 어떻게 반응하는지 연구했어요. 이를 위해 다음번 모래 폭풍을 기다리는 대신에 인공 모래 폭풍을 만들었죠. 여러 시간 동안 샌드피시의 피부, 유리, 강철에 모래를 분사하면서 모래가 표면을 얼마나 많이 마모시키는지 비교했어요. 10시간 동안 모래를 분사한 뒤 살펴보니, 샌드피시의 피부에는 아무런 흠집도 없었어요. 반면에 강철판과 유리판은 긁힌 자국투성이였고요.

사막 도마뱀의 묘수

어떻게 샌드피시의 피부는 오랫동안 모래와 마찰했는데도 전혀 흠집이 생기지 않고 찬란한 광택을 그대로 유지하는 것일까요? 여러분이 배를 모랫바닥에 대고 기어 다닌다고 상상해 보세요. 배의 피부가 금세 엉망이 될 게 뻔하잖아요.

해답은 비늘로 이루어진 피부의 특별한 속성에 있어요. 샌드피시의 피부는 비늘로 덮여 있는데, 그 비늘은 사람의 손톱처럼 각질로 되어 있어요. 그리고 비늘이 평평하지 않고 미세한 산등성이들이 있어요. 비늘 표면에 미세하고 단단한 산등성이들이 솟아 있는 것이죠. 게다가 산등성이 꼭대기에 수많은 가시가 돋아 있어, 전체적인 모양이 톱을 떠오르게 해요. 산등성이들의 간격과 높이는 딱 적당해서, 모래 알갱이가 그 단단한 산등성이에만 닿도록 되어 있고요.

산등성이에서 모래가 걸러지기 때문에 비늘의 표면은 스쳐 지나는 모래 알갱이들에 긁히지 않아요. 또한 산등성이 꼭대기의 가시들이 부러지는 것을 막기 위해 산등성이를 이루는 기반은 탄력이 있어요. '현명한 사람은 굽힐 줄 안다.'는 속담처럼, 그 산등성이는 모래 알갱이에 눌리면 쉽게 휘어지는 비늘 쪽으로 밀려 들어가 부러지는 것을 면하지요.

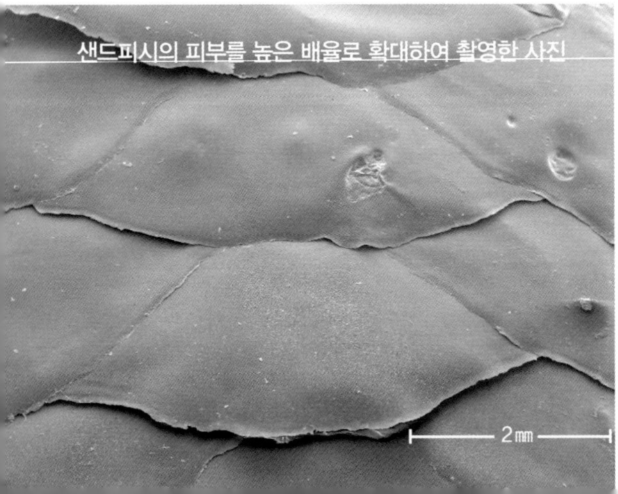

샌드피시의 피부를 높은 배율로 확대하여 촬영한 사진

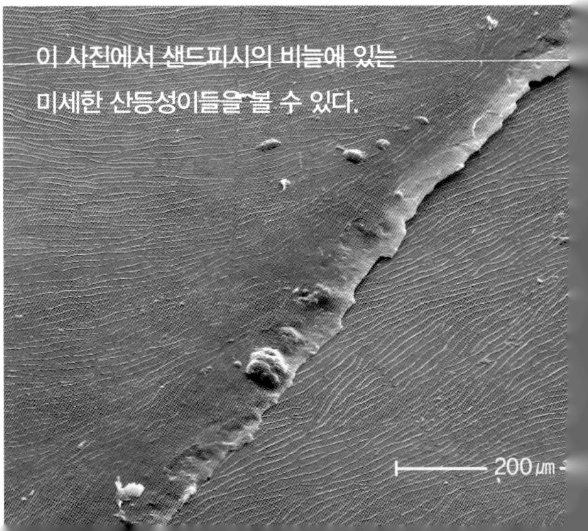

이 사진에서 샌드피시의 비늘에 있는 미세한 산등성이들을 볼 수 있다.

마치 여러분이 머리를 빗을 때, 압력을 받으면 빗살이 뒤로 물러나는 것과 같아요. 빗질을 할 때 빗살의 모양을 보면 사용자의 머리 모양에 맞춰서 연약한 피부를 다치지 않도록 빗살이 뒤로 물러나는 걸 알 수 있어요. 샌드피시 비늘의 산등성이들도 부러지지 않기 위해 뒤로 물러나요. 말하자면 압력을 피하는 거예요.

도마뱀이 모래를 헤치고 나아갈 때나 모래 폭풍과 마주칠 때 발생하는 문제가 하나 더 있어요. 모래 알갱이들이 정전기를 일으킨다는 점이에요. 여러분이 풍선을 머리카락에 비빌 때에도 이런 현상이 일어나 머리카락이 풍선에 '달라붙지요.' 사막의 모래 알갱이에는 정전기 때문에 미세한 흙먼지가 달라붙어요. 모래의 표면이 광택을 잃는 것은 주로 이 흙먼지 때문이에요. 게다가 흙먼지는 모래의 마찰력을 높인답니다.

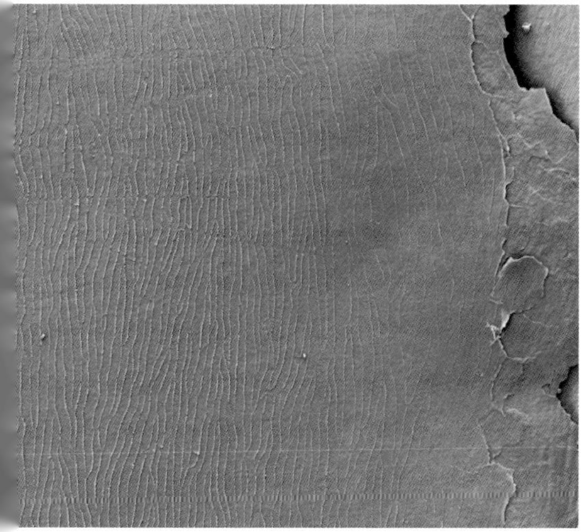

모래 알갱이는 산등성이들의 간격보다 30배 크다. 따라서 모래알갱이와 샌드피시의 비늘이 접촉하면, 모래 알갱이는 산등성이 꼭대기에만 닿는다.

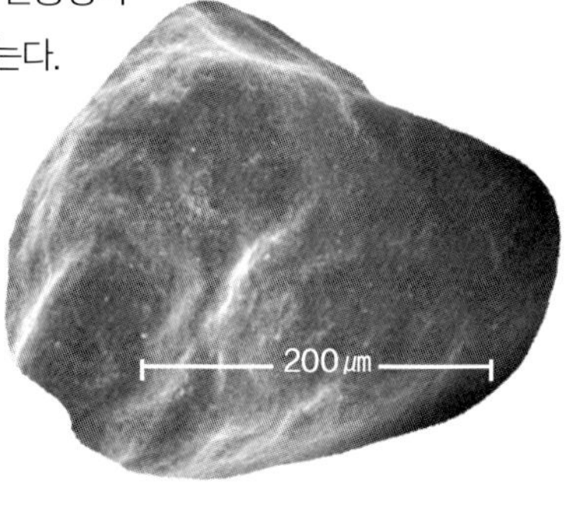

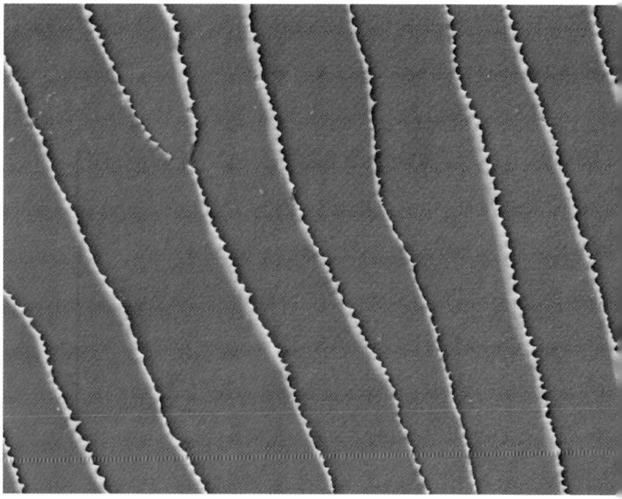

배율을 더 높이면 산등성이 꼭대기에 가시들이 돋아 있는 것을 볼 수 있다.

샌드피시는 이 문제에 대처하는 묘수도 가지고 있어요. 샌드피시 피부의 미세한 산등성이들이 흙먼지를 빗질하듯 없애 버리거든요. 결국 흙먼지는 모래 속에서 헤엄치는 샌드피시에게 아무런 방해도 되지 않기 때문에 샌드피시의 피부는 광택을 유지할 수 있어요. 그러나 이 묘수가 정확히 어떻게 작동하는지는 아직 밝혀지지 않았어요.

샌드피시처럼 모래를 헤치고 나아가기

샌드피시의 비늘을 모범으로 삼아 모래 속에서 쉽게 움직이면서도 마모되지 않는 표면을 개발할 수 있을 거예요. 그런 샌드피시 표면은 어쩌면 에너지 절약형 선박, 굴착기 버킷, 천공기(암석 등에 구멍을 뚫는 기계)에 안성맞춤이 아닐까요? 이미 여러 실험을 거쳐 과학자들은 샌드피시의 비늘을 닮은 표면을 제작했어요. 실제로 생체 공학적 산등성이들을 지닌 표면은 매끄러운 표면에 비해 '마찰'을 훨씬 적게 받고 쉽게 마모되지 않아요. 하지만 현재까지 과학자들은 아주 크기가 작은 인공 도마뱀 피부만 생산할 수 있을 정도예요. 그 특수한 구조를 더 큰 표면에도 적용하기 위해 계속 노력하고 있지요.

미래에는 모래에 비벼도 멀쩡한, 특수한 표면을 가진 기계와 장치가 나올지도 몰라요. 예컨대 스노보드처럼 모래 위에서 타는 '샌드보드'의 밑면, 얽히지 않는 터치스크린, 정전기 걱정 없는 화성 탐사 차량의 표면 등을 생각해 볼 수 있어요. 하지만 맨 먼저 계획된 과제는 모래, 자갈, 재, 곡물 가루, 곡물 따위의 건조한 가루나 알갱이를 옮기는 운반 시설과 기다란 관에서 발생하는 마찰을 줄이는 거예요. 관 속의 마찰을 줄이면 가루를 쉽게 이동시킬 수 있고 관도 빨리 마모되지 않아 수명이 연장될 테니까요. 이 또한 에너지와 비용을 줄이는 길이지요.

부지런한 벌은 환경에 이롭다

흥미로운 표면을 가진 동물이 사막에만 있는 것은 아니에요. 정원과 공원에는 크게 무리를 지어 살면서 꽃꿀과 꽃가루를 모아 애벌레에게 먹이는 꿀벌이 있어요. 그렇다고 모든 벌이 꿀벌은 아니에요. 예컨대 '기름벌* Ölbiene'이라는 놈도 있어요. 유럽에는 두 종밖에 없는 이 벌은 이름에서 알 수 있듯이 특정한 꽃들에서 기름을 모아요. 꽃에서 빗질하듯이 기름을 쓸어 담아 집으로 운반하지요. 집에는 애벌레가 사는 방들이 있어요.

부지런한 기름벌이
애벌레에게 줄
먹이를 모은다.

기름벌의 다리에 운반할 기름이
묻어 있지 않은 모습(위)과
묻어 있는 모습(아래)

집에 도착한 기름벌은 모아 온 기름과 꽃가루를 섞어서 애벌레에게 먹여요. 또한 기름을 방의 벽에 발라서 방수 처리를 하기도 하죠. 그런데 기름벌은 어떻게 기름을 쉽게 운반하는 거죠? 녀석은 기름을 담아 올 그릇이 없는데 말이에요. 생물학자들은 기름벌이 어떻게 기름을 운반하는지 연구했지요.

기름벌의 묘수

본 대학의 비터 비트만 교수와 연구팀은 기름벌이 뒷다리에 있는 여러 갈래로 갈라진 털을 이용하여 기름을 운반한다는 것을 발견했어요. 흥미로운 것은 기름이 방울져 떨어지지 않고 털에 달라붙는다는 점이에요. 벌이 운반한 기름을 내려놓을 때는 기름이 털에서 완벽하게 떨어져 나가고요. 따라서 벌은 곧바로 다시 기름을 옮길 수 있지요. 이 놀라운 속성은 기름벌 털의 특별한 구조와 배치 덕분이에요.

기름벌 뒷다리의 털들은 아래쪽으로 뻗어 있어요. 게다가 끝이 여러 갈래로 갈라져 있어서 마치 크리스마스트리를 뒤집어 놓은 듯한 모양이죠. 그런 털들이 함께 있는 모습은 거꾸로 매달린 숲을 떠오르게 해요. 숲의 잔가지들이 마치 그물처럼 빽빽하게 얽혀 있어요. 이 털 숲의 우듬지 위로는 다른 털보다 더 길고 뻣뻣한 강모(剛毛)가 몇 개 솟아 있고요. 실험을 통해 이 털 숲은 기름을 여러 주 동안 머금을 수 있다는 사실이 드러났어요. 또한 털의 무게보다 최대 30배 무거운 기름을 운반할 수도 있지요. 이 예에서 보듯이, 기름벌의 털과 같은 아주 가벼운 생물학적 구조물이 믿기 어려울 정도로 높은 효율을 발휘하는 경우가 있답니다.

기름 유출에 대처하기

기름벌에 대한 흥미로운 지식은 놀랍게도 기름띠를 제거하는 데 유용하게 쓸 수 있어요. 여러분도 유조선에 구멍이 뚫려 기름이 새어 나가는 광경을 텔레비전에서 본 적이 있을 거예요. 유조선 사고로 바다에 떠다니는 기름띠는 그 지역에 사는 생물들에게는 심각한 재앙이죠. 걸레로 바닥의 물을 닦아 내듯이 바다에 퍼진 기름을 수면에서 간단히 제거할 수 있다면, 많은 생명을 구할 수 있을 거예요.

바다에 기름이 유출되는 사고는 안타깝게도 계속 반복해서 일어나요. 예컨대 1989년에 알래스카 앞바다에서 엑손발데스호가 그랬던 것처럼 유조선이 조난을 당하는 경우가 있어요. 그 당시 원유 3만 7000톤이 새어 나가 바다와 해안의 민감한 생태계를 파괴했어요. 어떤 선박은 규정을 어기고 폐유를 바다에 버리기도 해요. 폐유를 제대로 처리하려면 비용이 많이 들기 때문이죠.

기름은 생태계를 오랫동안 교란할 수 있어요. 석유 단 한 방울이 식수 1,000리터(욕조 다섯 개를 가득 채울 만큼의 양)를 오염시킬 수 있어요. 석유에는 독성 물질이 있어서 물과 섞이면 물을 먹을 수 없게 되거든요. 물속에 사는 아주 작은 생물인 플랑크톤은 바다 동물 먹이 사슬의 첫 번째 고리예요. 플랑크톤이 독성 물질에 중독되면, 나머지 동물 모두가 그 독성 물질을 섭취하게 돼요. 이게 전부가 아니에요. 기름 유출 사고가 일어나면 물고기들은 호흡할 수 없어서 죽어 가요. 기름 속에는 산소가 없는 데다, 기름이 달라붙은 아가미가 제구실을 못 하니까요.

더구나 먹이까지 오염되니 살아남을 길이 없죠. 기름 웅덩이에 빠진 새는 날 수 없어요. 깃털에 달라붙은 기름을 떼어 낼 수 없어서 그래요. 계속 부리로 기름을 없애다가 기름을 먹고 중독되는 새도 많지요. 기름띠가 해안에 도달하면, 그곳의 생태계도 위험에 빠져요.

기름띠는 해류를 타고 빠르게 퍼져 나가므로, 기름 유출 사고가 나면 반드시 최대한 빠르게 대처해야 해요. 특수 선박들이 방제 작업에 나서지만, 수면에서 기름띠를 제거하는 작업은 공이 많이 들어요. 기름은 물 위에 뜨므로, 우선 물에 뜨는 차단막 오일 펜스로 기름띠를 둘러싸 기름이 넓게 퍼지는 것을 막지요. 그런 다음에 기름을 펌프로 빨아올리거나 천 따위에 흡착시켜 걷어 내요.

기름 유출 사고는 바다 생태계를 심각하게 교란한다. 기름이 퍼지는 것을 막으려면 신속하게 대처해야 한다. 방제 작업에 기름 차단막이나 흡착포를 사용한다.

하지만 이 작업은 비용과 시간이 아주 많이 들어요. 게다가 차단막은 딱딱한 재료로 되어 있어서 출렁이는 수면에 맞지 않아요. 큰 파도가 치면 기름이 차단막 아래로 빠져나가 버리죠. 기름을 다른 화학 물질과 결합시켜 제거하면, 보통은 바닷물에 독성 물질이 남고요. 수면에서 기름을 제거하는 또 하나의 방법은 흡착포를 사용하는 거예요.

흡착제

흡착제란 다양한 액체를 빨아들여 머금는 고체 물질이다. 종이 기저귀 속에도 알갱이 형태의 흡착제가 있다. 그 알갱이들은 오줌을 빨아들이면서 겔로 변한다. 고양이 배설용 상자에 까는 점토도 잘 알려진 흡착제다.

생체 공학적 흡착포

흡착포는 직물의 한 종류라 비교적 탄력성이 있다는 것이 장점이에요. 그 덕분에 흡착포는 물속에서 다양한 모양을 띠고 움직일 수 있어요. 방제 작업자는 흡착포로 기름을 걷어 낸 다음, 흡착포를 다른 곳으로 옮겨 태워 버릴 수 있어요. 하지만 기름을 머금은 흡착포를 태우면 유독성 기체가 발생하고 값비싼 기름도 사라져 버리지요.

이 대목에서 기름벌의 기름 운반 비법이 도움이 될 가능성이 있어요. 생체 공학자이며 기술자인 토마스 슈테그마이어와 동료들은 특수한 구조를 가진 생체 공학적 직물을 제작해요. 이 직물은 가는 씨실과 날실이 엮인 구조인데, 이 실은 물을 싫어하는 성질이 있어요. 슈테그마이어를 비롯한 발명가들은 기름벌의 다리를 보고 이런 성질을 가진 실을 재료로 써야겠다는 아이디어를 얻었지요. 물을 싫어하는 성질 때문에 이들 직물에 닿은 물은 방울져 떨어지고 기름은 흡수돼요. 더 나아가 새로 개발한 생체 공학적 직물들은 보통의 흡착포보다 훨씬 더 많은 기름을 머금을 수 있어요. 중요한 장점이 하나 더 있는데, 이 직물은 머금은 기름을 다른 흡착포보다 훨씬 더 많이 뱉어 낸다는 점이에요. 따라서 방제 작업과 동시에 값비싼 기름을 거두어들일 수도 있어요. 물을 닦은 뒤 걸레를 짜서 물을 회수할 수 있는 것과 마찬가지 원리예요. 더구나 이 직물은 한 번 사용한 뒤에 태우거나 폐기 처리하지 않고 여러 번 다시 쓸 수 있어요. 따라서 환경에도 부담을 덜 주지요.

그러나 안타깝게도 기름벌의 묘수를 대규모 기름띠에 적용하는 것은 그리 간단한 일이 아니에요. 꽃의 식물성 기름과 석유는 성질이 다르거든요. 또 작은 벌의 묘수가 큰 바다에서도 통하리라는 보장도 전혀 없지요. 그러나 생체 공학자들은 마치 벌처럼 부지런히 연구에 매진하고 있어요!

X

기름 흡착포

기름띠 제거가 얼마나 번거로운 일인지를 실험으로 알아볼 수 있다. 우선 식탁 위에 신문지를 여러 겹 깔아서 기름이나 물이 떨어져도 문제가 없게 하자. 식탁 위에 물이 담긴 유리컵을 놓고 찻숟가락으로 식용유를 떠서 물 위에 떨어뜨려 보라. 기름이 어떻게 되는가? 기름이 떨어진 직후에는 물과 기름이 함께 요동하지만, 결국 기름과 물이 갈라져 기름이 물 위에 뜬다. 이렇게 물과 섞이지 않는 성질을 '소수성'이라고 한다. 이제 주방용 휴지로 기름을 조심스럽게 걷어 내 보라. 기름이 묻은 휴지는 따로 준비한 접시 위에 놓는 것이 가장 좋다. 식탁에 기름이 묻으면 곤란하니까 말이다. 다른 천들(손수건, 냅킨, 자투리 옷감들)을 흡착포로 사용해 볼 수도 있다. 하지만 실험에 사용한 천은 깨끗이 세탁하기 어려울 수 있다는 점을 염두에 두라. 어떤 천이 기름을 가장 잘 빨아들이는가? 다양한 기름(해바라기씨유, 올리브유, 베이비오일)으로도 실험해 보라. 어떤 점이 까다롭고, 어떻게 하면 기름을 더 잘 빨아들일 수 있는가? 손에 기름을 묻히지 않고 흡착포를 다른 곳으로 옮겨 기름을 짜내려면 어떻게 해야 할까? 다양한 흡착포와 기름의 성질을 연구 일지에 적어 두기 바란다.

물거미 – 잠수할 때 잠수종을 사용하는 거미

앞에 이야기한 생체 공학적 직물은 기름을 잘 빨아들이고 다시 잘 뱉어 내요. 하지만 액체를 전혀 빨아들이지 않을뿐더러 심지어 물속에서도 전혀 젖지 않는 생체 공학적 직물도 있어요. 이런 직물을 만드는 비결을 생체 공학자들은 물거미에게서 배웠지요.

거미는 보통 육지에 살며 거미줄을 쳐서 날아다니거나 기어 다니는 먹잇감을 잡아요. 하지만 물가나 심지어 물속에서 살면서 먹잇감을 사냥하는 거미 종도 있어요. 물거미는 못이나 웅덩이처럼 고요하거나 잔잔히 흐르는 물속에 살면서 작은 갑각류와 곤충을 잡아먹지요. 녀석은 인간과 마찬가지로 공기를 호흡하는데도 거의 모든 시간을 물속에서 보내요.

어떻게 그럴 수 있을까요? 아주 간단해요. 물거미는 물속에서 '잠수종diving bell'을 쓰거든요. 잠수종은 다이빙벨이라고도 하는데, 물속에 들어가 일할 수 있도록 만든 큰 종 모양의 물건을 칭하는 이름이에요. 종처럼 생긴 둥근 철판을 물속에 천천히 가라앉히면 종 내부의 윗부분에 공기 주머니가 생겨서 잠수부가 수중 활동을 오래 할 수 있도록 도와주지요. 아무튼 거미가 만든 공기 덩어리 역시 역할이 비슷한 잠수종이에요. 잠수종을 만들기 위해 녀석은 물속에서 식물의 줄기를 기둥 삼아 빽빽하게 거미줄을 쳐요. 작은 지붕을 만드는 것이죠. 그런 다음에 몸에 공기 방울을 품어 옮기는 방법으로 그 지붕 아래에 공기를 모아 두어요. 그러면 차츰 커다란 공기 방울이 만들어지는데, 물거미는 하루의 대부분을 그 공기 방울 안에서 보낸답니다. 여러분도 공기 방울을 물속으로 옮길 수 있을까요? 다음 실험에서 확인해 보세요.

물거미는 물속에 공기 방울을
저장해 놓고 숨을 쉰다.

X

물속에서 젖지 않기

커다란 그릇이나 냄비에 물을 담아라. 유리컵을 거꾸로 들고 천천히 물속에 담가라. 어떻게 되는가? 유리컵을 기울어지지 않게 정확히 수직으로 유지하면, 유리컵 속의 공기는 밖으로 빠져나오지 못한다. 여러분도 물거미처럼 '잠수종'을 만든 셈이다. 유리컵을 기울이면, 컵에서 빠져나온 공기가 방울을 이뤄 수면으로 올라오고 컵에 물이 들어찰 것이다. 친구나 부모님을 상대로 내기를 할 수도 있다. 종이 뭉치를 작게 만들어서 접착테이프로 유리컵 바닥에 붙여라. 그런 다음에 유리컵을 물속에 완전히 담그면서도 종이 뭉치가 젖지 않게 할 수 있겠느냐고 상대방에게 물어보라. 여러분은 당연히 그렇게 할 수 있다. 그냥 유리컵을 거꾸로 들어서 물속으로 집어넣으면 된다. 그러면 종이 뭉치가 공기 방울 속에 머물 테니 말이다.

물거미의 새로운 묘수들

남아메리카에는 물속으로 잠수할 뿐 아니라 물 위에서 달릴 수도 있는 물거미가 있어요. 녀석은 물로 떨어진 곤충과 작은 물고기를 먹고 살아요. 이 물거미가 물에서 나올 때 보면, 놀랍게도 표면이 전혀 젖지 않은 상태예요. 이런 특징이 생체 공학자들의 호기심을 자극했지요. 물거미는 어떻게 물에 젖지 않고 헤엄칠 수 있을까요?

생체 공학자들이 알아낸 묘수는 바로 이거예요. 물거미의 몸에는 물을 밀쳐 내는, 즉 '소수성'을 가진 작은 털이 많이 돋아 있어요. 소수성은 물과 친하지 않은 성질이라는 말이에요. 그 털 덕분에 녀석은 물속에서 몸을 공기 막으로 둘러싼 수 있어요. 하지만 언뜻 이해하기 어려워요. 앞의 실험에서 보았듯이, 물속의 공기 방울이 잠수종 아래에 갇혀 있다면 모를까 그렇지 않다면 곧바로 떠오를 텐데요.

물거미의 몸에 돋은 미세한 털은 기름벌의 다리에 돋은 털처럼 끝이 여러 갈래로 갈라져 있어요. 그래서 털 하나하나가 털의 집단처럼 보이죠. 거미가 잠수하면 이 털들 사이에 있는 미세한 공간에 공기가 갇혀요. 이런 식으로 녀석의 몸을 둘러싼 공기 막이 생겨나는 거예요. 이 공기 막 덕분에 거미는 물속에서도 젖지 않을뿐더러 제 몸을 둘러싼 공기로 호흡까지 할 수 있답니다. 이 녀석은 잠수종을 휴대하고 다니는 셈이지요. 그뿐만 아니라 본 대학 연구 팀이 밝혀냈듯이, 공기 막은 물속에서 거미가 받는 저항을 크게 줄여 주어요. 펭귄이 깃털 속에 품었던 공기 방울을 내뿜어 만드는 공기 베일과 똑같은 구실을 하는 것이죠. 따라서 물거미는 큰 힘을 들이지 않고도 움직일 수 있어요. 에너지를 절약할 뿐만 아니라 움직일 때 물을 많이 요동치게 하지 않는다는 점도 중요한 장점이에요. 그 덕분에 녀석은 먹잇감에 '몰래' 접근하는 솜씨가 뛰어나요.

생체 공학자들은 물거미처럼 물의 저항을 줄이는 방법을 파이프라인과 관에 적용하고 싶어 해요. 그러면 관 속의 석유나 기타 액체가 더 쉽게 흐를 수 있을 테니까 말이에요. 이 방법을 배에 적용하면 적은 에너지로도 배가 물거미처럼 쉽게 나아갈 수 있을지도 모르죠.

생체 공학자들은 이미 모형 배 밑에 공기 방석을 까는 방법을 실험했어요. 예컨대 선체에 스프레이를 뿌려서 배의 표면이 폭신하면서 물을 밀쳐 내고 공기를 머금는 성질을 띠도록 만드는 방법이지요. 스프레이를 뿌린 표면은 티셔츠에 플록 가공(직물에 접착제를 바르고 짧은 섬유를 붙이는 공법)한 것처럼 보여요. 현재 과학자들은 더 안정적인 '플록 가공' 표면과 거친 질감을 만드는 페인트를 개발하려고 애쓰지요.

이렇게 표면이 공기를 머금을 수 있게 처리하면 배가 받는 물의 저항을 10분의 1로 줄일 수 있어요. 대부분의 사람들은 배의 표면이 매끄러운 금속이어야 훨씬 더 쉽게 물을 헤치고 나아갈 수 있다고 생각하겠지만요. 하지만 〈물속의 물고기처럼〉이라는 제목의 장에서 이미 보았듯이, 때로는 거친 표면이 물을 더 잘 헤치고 나아간답니다. 뎅켄도르프에 있는 직물 처리 기술 연구소의 생체 공학자들도 선체를 새로운 직물로 감싸는 실험에서 비슷한 결과를 얻었어요.

물거미의 몸에 돋은
미세한 털 덕분에 물속에서도
얇은 공기층이 물거미의 몸을 둘러싼다.

그 연구소에서 토마스 슈테그마이어와 연구 팀은 생체 공학적 기름 흡착포뿐만 아니라 물속에서 놀라울 정도로 많은 공기를 간직할 수 있는 특수 직물도 개발했어요. 그 직물은 물속에서도 젖지 않아요. 이렇게 물과 섞이지 않는 소수성 직물은 심지어 나흘 동안 물속에 담가 놔도 전혀 젖지 않아요.

물속에서 젖지 않기

이런 직물로 수영복을 만들면 정말 편리할 거예요. 수영을 끝내고 옷을 갈아입을 필요가 없으니까요. 철인삼종경기 선수가 수영 구간을 마치자마자 전혀 젖지 않은 수영복 바지 차림으로 자전거에 올라타 신나게 내달릴 수 있겠죠. 하지만 현재까지 개발된 이런 유형의 직물들은 탄력성이 부족해서 수영복 재료로 쓰기에는 적합하지 않아요. 그 직물로 옷을 만들면, 옷이 몸에 잘 밀착되지 않을 거예요. 그런 수영복을 입고 다이빙을 하다가 벗겨지기라도 하면 큰 낭패겠죠? 물거미 수영복을 상용화하려면 생체 공학자들의 노력이 아직 조금 더 필요해요.

세탁할 필요가 없어 – 연잎의 묘수

특별한 표면은 동물만의 전유물이 아니에요. 아주 특별한 표면을 가진 식물도 있어요. 바로 연(蓮)이 그런 식물이에요. 비가 조금만 내려도 연잎의 표면은 깨끗하게 세척되지요. 표면을 문지르거나 닦을 필요가 전혀 없어요. 이른바 '연잎 효과Lotus effect®'(등록 상표이다. registered trade mark의 약자인 ®로 표시하기도 하고 TM이라고 표시하기도 한다.–옮긴이)를 이용한 제품들은 생체 공학적 발명품 가운데 가장 잘 알려진 편이에요. 연잎 효과의 핵심은 물을 밀쳐 내는 성질이 매우 강한 표면에 있어요. 기술자들은 연잎의 표면을 모범으로 삼아 그런 성질을 가진 표면을 만들어 냈어요. 연잎 효과를 적용한 표면은 물거미와 마찬가지로 물에 젖지 않아요. 게다가 그런 표면은 자가 세정 능력을 지녔어요. 쉽게 말해서 약간의 물만으로도 아주 깨끗해진다는 의미예요.

여러분이 밖에서 놀다가 돌아왔는데 비누로 몸을 씻을 필요가 없다고 상상해 보세요. 그저 샤워기 아래 잠깐 동안 서서 쏟아지는 물줄기를 맞기만 하면 몸이 깨끗해진다고 말이에요. 자가 세정 능력을 갖춘 옷은 비 오는 날에도 젖지 않고 오히려 깨끗해질 거예요. 상상만 해도 흥분되지 않나요? 옷이 더러워지면 세탁기에 넣어 빠는 대신에 비 오는 날에 산책만 하면 충분할 테니까요. 자동차와 자전거도 닦을 필요가 없고, 거리 청소도 필요 없고, 고무장화는 항상 반짝거리겠죠. 상상이 아니에요. 현실에서 연잎이 정확히 그렇답니다. 연잎은 빗물에 깨끗이 씻기지만 젖지는 않아요.

하지만 자연을 모방하는 것은 그리 쉬운 일이 아니에요. 인간이 개발한 표면에 연잎 효과를 적용하기가 왜 쉽지 않은지 이제부터 알아보아요.

연은 항상 깨끗하기 때문에
아시아에서는
청결의 상징으로 통한다.

깨끗한 식물

빌헬름 바르틀로트 교수와 연구 팀은 일찍이 1970년대에 연의 청결함을 주목했어요. 바르틀로트 교수는 식물학자예요. 당시에 그는 어느 식물이 어느 과에 속하는지를 아주 폭넓게 연구했는데, 국화, 콩과 꽃식물, 장미 따위가 연구 대상이었지요. 그의 팀은 당시 식물학 연구 팀 중에서는 가장 먼저 주사전자현미경(SEM)을 보유한 축에 들었어요. 주사전자현미경을 이용하면 관찰하려는 대상의 미세한 세부를 100만 배까지 확대해서 볼 수 있어요.

연구자들은 온갖 식물의 표면을 고배율로 확대하여 관찰하고 분류했어요. 이 작업을 하려면 당연히 식물의 표면이 아주 깨끗해야 했어요.

관찰 대상들을 세척하는 과정에서 몇몇 식물이 물에 잘 젖지 않는다는 걸 발견했어요. 그런 식물에 떨어진 물은 구슬처럼 방울져 순식간에 굴러떨어졌지요. 게다가 그런 식물은 적은 양의 물로도 아주 쉽게 세척할 수 있었어요. 그중에서도 특히 잘 세척되는 것이 연잎이었어요. 반면에 다른 식물의 잎에 묻은 오물은 쉽사리 제거되지 않았지요. 연은 아시아에서는 청결의 상징이에요. 왜냐하면 이 식물은 진창에서 자라는 데도 더러워지지 않으니까요. '연잎 효과'라는 등록 상표가 고안된 배경에는 연의 이런 상징성도 깔려 있어요.

연잎의 표면처럼 물을 강하게 밀쳐 내는 표면을 일컬어 '초소수성'을 지녔다고 해요.(초소수성 super hydrophobic은 물을 매우 싫어하는 성질이라는 뜻으로, super는 '매우', hydro는 '물', phobic는 '싫어하는' 이라는 의미이다.) 앞서 보았듯이 기름벌의 다리에 돋은 털도 물을 밀쳐 내요. 그 털도 '소수성'을 지녔다고 하지요.

자가 세정 능력을 가진 식물

연잎의 자가 세정 능력을 실험을 통해 알아볼 수 있다. 필요한 준비물은 작은 피펫뿐인데, 빨대를 이용해서 여러분 스스로 피펫을 만들 수 있다. 빨대의 위쪽 끝을 고무찰흙으로 막거나 엄지손가락으로 눌러 막아라. 그 상태에서 아래쪽 끝을 물속에 담근 다음에 빨대의 중간을 손가락으로 눌렀다가 놓아라. 그러면 약간의 공기가 빨대에서 빠져나가고 물이 빨려들 것이다. 이제 피펫을 다른 곳으로 옮겨서 위쪽 끝의 마개(고무찰흙이나 엄지손가락)를 열면 다양한 표면에 물을 떨어뜨릴 수 있다. 피펫 대신에 바늘을 제거한 주사기를 사용해도 좋다.

다양한 식물의 잎에 물을 떨어뜨리면서 물이 표면에서 어떻게 움직이는지 관찰해 보라. 물이 흘러가는가? 아니면 스며들거나 방울져 굴러가는가? 연구 일지에 보고서를 작성할 때 식물의 이름을 적거나 모습을 그리고 옆에 그 식물에 떨어진 물방울이 어떤 모양이 되는지를 간략하게 그릴 수 있을 것이다.

다양한 표면을 약간(!) 더럽혀 놓고 씻어 내는 실험도 할 수 있다. 예컨대 연필심 가루나 분필 가루를 표면에 묻혀 놓고 물을 떨어뜨리면서 얼마나 잘 씻겨 나가는지 살펴볼 수 있다. 다음 식물들을 대상으로 삼으면 실험이 특히 흥미로울 것이다. 한련, 튤립, 양배추, 콜라비, 포인세티아, 살갈퀴Vetch, 레이디스맨틀Lady's mantle.

표 면	물방울의 모양	쉽게 세척된다
연 잎	○	예
피 부	⌒	아니요
접 시		

연구 일지에 이런 표를 그리고 빈칸을 채워 보자.

잎 미끄럼틀 위의 물방울

본격적인 연구를 시작한 과학자들은 소수성과 자가 세정 능력을 지닌 식물의 표면 대부분이 지닌 공통점을 발견했어요. 상식적인 예상과 달리 표면이 그다지 매끄럽지 않다는 점이에요. 오히려 확실히 울퉁불퉁했어요. 표면은 수많은 봉우리로 뒤덮여 있고, 그 봉우리들은 왁스 결정으로 덮여 있지요.

왁스는 동식물에 있는 천연 왁스와 첨가제를 혼합하여 만든 합성 왁스가 있어요. 우리는 일상생활에서 왁스를 아주 흔하게 써요. 자동차에 왁스칠을 하고, 가죽 재킷에 왁스를 바르며, 왁스로 된 구두약도 있지요. 이러한 왁스는 모두 동식

연잎의 거친 표면에서 물방울이 굴러다닌다.

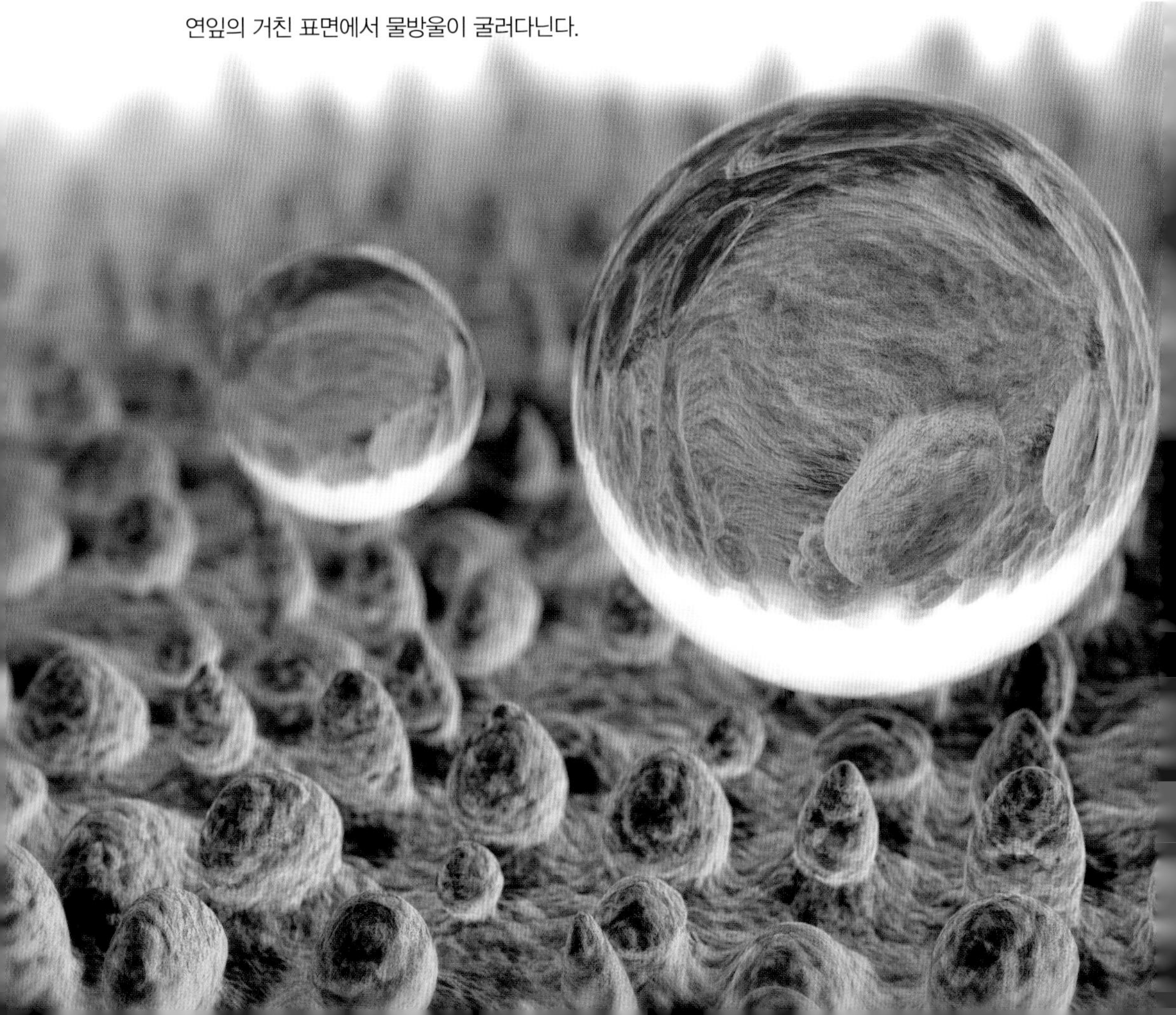

물의 천연 왁스를 본떠 만든 거예요. 이때 왁스는 표면을 변화시켜 물을 빨아들이지 못하게 해요. 벌써 짐작하겠지만, 왁스는 소수성을 지녔어요. 물을 밀쳐 낸다는 뜻이에요.

일부 식물은 왁스 결정으로 된 아주 얇은 층으로 둘러싸여 있어요. 그 왁스층을 맨눈으로도 볼 수 있는 식물도 있어요. 양배추 잎과 서양자두는 하얀 층을 두르고 있는데, 손가락으로 문지르면 그 층이 쉽게 벗겨져요. 이 식물에 떨어진 빗물은 잎에 젖어들지 않고 방울져 굴러 내리지요. 서양자두는 물로 씻을 필요가 없어요. 마른 천으로 꼼꼼히 닦는 편이 더 나아요. 반면에 연잎의 왁스층은 맨눈에는 보이지 않아요. 연잎 표면의 봉우리들 역시 100개를 옆으로 나란히 놓아야 겨우 1밀리미터를 차지할 정도로 작아요. 왁스 결정은 1,000개를 쌓아야 1밀리미터가 되고, 옆으로 나란히 놓아 1밀리미터를 만들려면 1만 개가 필요하지요. 이렇게 유난히 작은 결정을 '나노 결정nanocrystalline'이라고 해요.

나노 기술

과학자들은 아주 작은 부분들로 구성된 재료의 놀라운 속성들을 점점 더 많이 발견하는 중이다. 이런 연구를 하는 분야를 나노 기술이라고 한다. '나노'(그리스 어로 난쟁이를 뜻함)는 작은 부분들이 얼마나 작은지 알려 주는 접두어이다. 1nm(나노미터)는 10억분의 1미터로, 상상할 수 없을 만큼 작다. 하지만 '나노'라는 접두어는 그 작은 부분들이 어떤 물질로 이루어졌는지와는 무관하다. 다시 말해 온갖 화학 물질로 이루어진 부분이 나노 기술의 연구 대상일 수 있다.

연잎의 구조와 소재 때문에, 연잎에는 물이나 때가 잘 달라붙지 못해요. 소수성 왁스 결정들이 물을 밀쳐 내지요. 작은 해충도 마찬가지예요. 그런데 연잎에 때가 끼지 않는 이유는 무엇일까요?

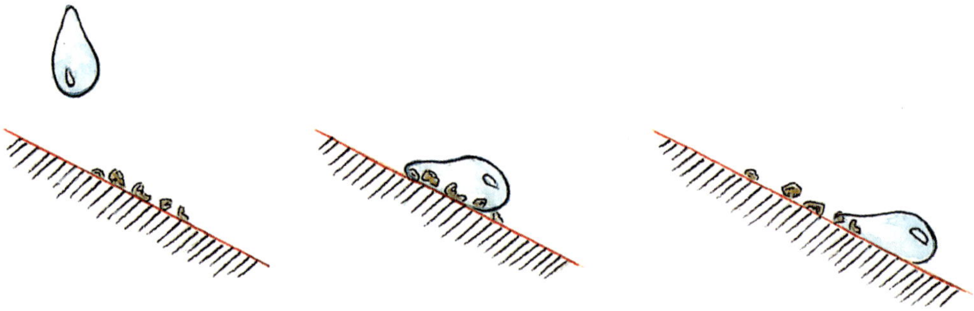

a) 매끄러운 표면에서는 물방울이 먼지를 조금밖에 씻어 내지 못한다.

b) 연잎 표면에서는 물방울이 공처럼 굴러 내리면서 먼지를 말끔히 씻어 낸다.

생각해 보면, 매끄러운 표면이 거친 표면보다 훨씬 더 깨끗할 것 같아요. 하지만 이 생각은 사실과 달라요. 매끄러운 표면에서는 먼지 조각이 넓은 표면과 접촉할 수 있기 때문에 오히려 더 잘 달라붙어요. 반면에 울퉁불퉁한 표면에서는 먼지 조각이 얼마 안 되는 지점에서만 표면과 접촉하므로 잘 달라붙지 못하지요.

물의 표면 장력 때문에 연잎에 떨어진 물방울은 공 모양이 돼요. 또 거친 연잎에는 매끄러운 표면보다 상대적으로 먼지가 적게 접촉하기 때문에 연잎 위로 굴러가는 물방울이 먼지 조각을 더 쉽게 떼어 내 데려가지요.

X

표면 장력

물의 표면 장력이 없다면, 연잎 효과는 발생하지 않는다. 유리컵에 물을 가득 부은 다음에 피펫으로 물을 한 방울씩 더 넣으면, 물의 표면 장력을 관찰할 수 있다. 물이 한 방울, 한 방울 더해지면서 물의 표면이 차츰 유리컵의 주둥이 위로 산처럼 솟아오를 것이다. 이때 그 산에 가루 세제를 조금 뿌리면 어떻게 될까?

한련은 연잎과 마찬가지로 초소수성을 지녔다. 이 사실을 여러분이 직접 확인할 수 있다. 한련은 여름에 정원에서 흔히 볼 수 있는 덩굴 식물이다. 한련 잎에 액체 세제를 한 방울 떨어뜨린 다음에 물을 떨어뜨리면 어떻게 될까?

비누는 물의 표면 장력을 없앤다. 그래서 비눗물은 공 모양으로 물방울을 만들지 않고 그냥 흘러내린다. 이 때문에 비누로 목욕을 한다면 진정한 연잎 효과가 발생하지 않는다. 물이 방울져 내리면서 자동으로 몸의 먼지를 떼어 내지 못할 테니까. 물론 많은 사람들은 몸을 문지르지 않고도 깨끗이 씻을 수 있기를 꿈꾸지만 말이다.

여러분은 연잎의 자가 세정 능력을 어디에 적용하고 싶은가?

혹시 여러분이 아는 식물의 특별한 성질 중에 생체 공학적으로 이용할 만하다 싶은 것이 있는가? 이 책의 앞부분을 읽었다면, 우엉과 양귀비가 씨를 퍼뜨리는 묘수는 이미 알 것이다. 담쟁이, 엉겅퀴, 장미는 어떤 흥미로운 속성을 가졌을까? 혹시 생체 공학적 아이디어가 떠오르는가? 여러분의 아이디어를 연구 일지에 글이나 그림으로 기록해 두자.

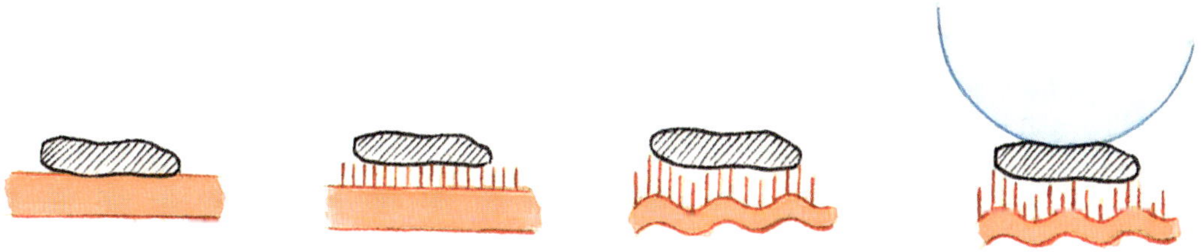

a) 먼지 조각과 매끄러운 표면 사이의 접촉면은 비교적 넓다. 따라서 먼지가 잘 달라붙는다.

b) 거친 표면 위의 먼지 조각은 몇 개 안 되는 지점에서만 표면과 접촉한다.

c) 거친 표면에 굴곡까지 있으면, 먼지와 표면 사이의 접촉면은 더 좁아진다.

d) 다양한 크기의 왁스 결정들은 그 접촉면을 크게 줄인다.

연잎 효과를 기술에 적용하기

바르틀로트 교수와 연구 팀은 식물 표면의 자가 세정 능력을 발견하고 당연히 큰 흥미를 느꼈어요. 그들은 식물의 그런 속성을 어디에 써먹을 수 있을지 궁리하며 기술자들이 다루는 표면을 두루 살폈어요. 만일 옷, 건물의 벽, 자동차 등이 비가 올 때마다 저절로 깨끗해져서 따로 세정할 필요가 없다면, 많은 돈이 절약될뿐더러 환경에도 이로울 테지요.

연구 팀은 몇몇 기업에 연잎이 지닌 효과를 설명했지만 반응은 심드렁했어요. 제품 개발자들은 그런 발견을 기술에 응용할 수 있고 심지어 큰돈을 벌 수 있다는 것을 상상조차 하지 못했어요. 1970년대에는 생체 공학이라는 개념이 아직 낯설었으니까요. 본 대학의 연구 팀은 자가 세정 효과를 다른 인공적인 표면에도 적용할 수 있다는 걸 보여 주기 위해 이른바 시제품을 제작했어요. 그것은 소수성 표면을 가진 플라스틱 접시였어요. 이를 본 기술자들은 감탄했고 마침내 확신을 얻었어요. 이렇게 해서 식물학자들과 기술자들이 공동으로 주택 외벽용 페인트를 개발했어요. 지금은 생체 공학적 페인트를 칠한 덕분에 비가 올 때마다 깨끗해지는 집이 많지요.

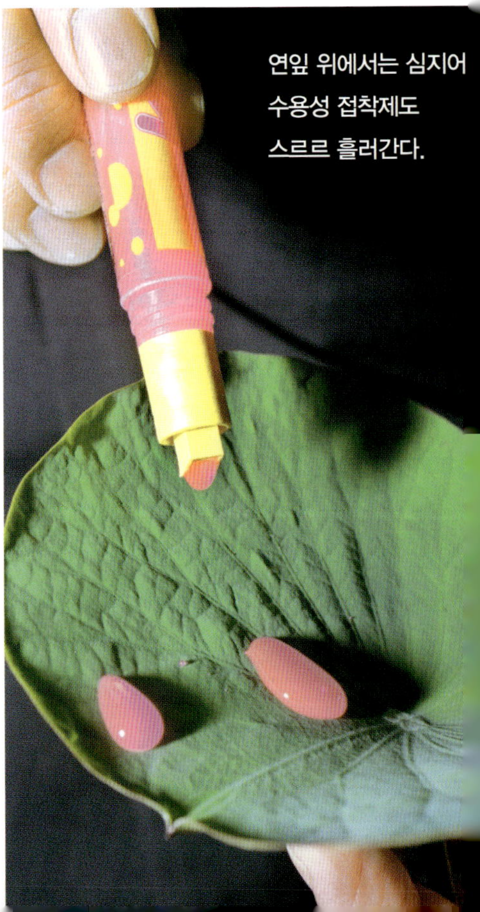
연잎 위에서는 심지어 수용성 접착제도 스르르 흘러간다.

연잎 효과를 다른 제품에 적용하려는 시도도 이루어지고 있어요. 고속 도로에 설치된 교통 감시용 카메라를 본 적이 있을 거예요. 그런 카메라는 유리판으로 보호하는데, 차가 많이 다니는 고속 도로에서 그 유리판을 청결한 상태로 유지하는 일은 상당히 번거롭고 비용이 많이 들어요. 그 유리판에 연잎 효과를 적용할 수 있다면, 문제가 말끔히 해결되겠죠.

생체 공학 연구의 최신 주제들 중 하나는 소수성과 자가 세정 능력을 지닌 직물이에요. 그런 생체 공학적 실과 천은 이미 제작 단계에서 표면을 아주 미세한 굴곡 구조로 만들고 추가로 미세한 소수성 막을 덧씌워 완성하지요. 뎅켄도르프 직물 처리 기술 연구소의 연구자들은 수많은 실험과 시험을 거쳐 좀 더 나은 해법을 발견해 왔어요. 자가 세정 효과를 특히 잘 나타내는 (또한 몇 가지 다른 조건을 충족하는) 직물은 심지어 '자가 세정 – 자연에서 얻은 영감Self-Cleaning-Inspired by Nature'이라는 품질 인증까지 받았어요. 지금까지는 차양, 천막, 경기장 지붕에 쓰이는 직물처럼 자주 만질 필요가 없는 직물만 이 인증을 받았어요. 이 직물들은 제 몫을 톡톡히 해내고 있으며, 더 나은 직물을 개발하기 위한 노력도 진행 중이죠.

생체 공학적
외벽용 페인트는
건물의 겉면을 깨끗하게
유지하는 데 도움이 된다.

자가 세정 표면의 내구성

연잎의 표면은 내구성이 그리 강하지 않아요. 예민하고 쉽게 망가지죠. 여러분이 연잎 표면을 손가락으로 문지르기만 해도 작은 봉우리들이 뭉개지고 소수성 물질이 벗겨져요. 물론 식물은 이런 손상을 입더라도 아주 쉽게 회복할 수 있어요. 건물의 벽이라면 연잎 효과가 다르게 작동하지요. 건물의 벽은 왁스가 아니라 역학적으로 매우 안정된 미세 구조(마이크로나 나노처럼 아주 작은 크기의 돌기가 일정하게 나 있는 구조)를 지녀야만 연잎 효과를 나타낼 수 있어요.

그런데 원리적으로 볼 때 미세 구조를 가진 표면은 바닥재나 철로처럼 아주 큰 힘을 받는 제품에는 부적합해요. 따라서 생체 공학자들의 목표 중 하나는 큰 힘에도 견딜 수 있도록 연잎 효과 표면의 내구성을 강화하는 거예요. 가능하다면 거기에 자가 복구 능력까지 갖추게 하는 거죠.

생체 공학적 표면의 에너지 절약 효과

생체 공학적 표면을 연구하는 과학자들은 내구성이 강하고 '에너지를 절약하는' 표면을 만드는 방법을 이리저리 궁리해요. 금속관의 수명을 늘리고 옷을 세탁하는 횟수와 건물에 페인트를 칠하는 횟수를 줄인다면, 시간과 돈과 에너지와 원료가 절약될 테니까요. 이것은 과학자와 기술자의 중대한 목표예요. 그리고 누구나 이 커다란 목표를 달성하는 데 기여할 수 있어요. 어떻게 하면 에너지와 원료를 절약할 수 있을지 늘 고민하고 실천하면 돼요. 예컨대 집을 지을 때에도 에너지와 원료를 절약할 수 있어요. 다음 장에서 적은 재료로 튼튼한 건물을 짓기 위해 자연은 어떤 묘수들을 개발했는지 살펴볼 거예요.

연잎 효과 아님

쉽게 세척할 수 있는 표면을 선전하는 광고에서 종종 연잎 효과를 언급한다. 그러나 이 명칭은 법의 보호를 받는 등록 상표이므로 진짜 연잎 효과 제품에만 붙여야 옳다. 연잎 효과와 유사한 특징을 지녔지만 생체 공학적이지 않은 표면도 있다. 예컨대 다른 원리들을 통해 효과를 발휘하는, 주변에서 흔히 보는 방수 제품과 쉽게 세척되는 표면이 그렇다. 재킷과 신발에는 특수한 물질을 스프레이로 뿌려서 방수 처리를 하는데, 그 물질은 물을 밀쳐 내기는 하지만 자가 세정 능력은 없다.

자동차 앞 유리에 뿌리는 스프레이도 있다. 그 스프레이의 효과는 빗물이 빨리 흘러내려 운전자의 시야를 가리지 않게 하는 것이다. 테플론을 바른 프라이팬과 코팅 처리된 안경 렌즈도 쉽게 세척할 수 있다. 그러나 이들 표면에 떨어진 물은 연잎 효과에서처럼 확실하게 방울져 구르지 않으며 표면을 '저절로' 세척하지 못한다. 반대 주장을 하는 이들도 있지만, 욕실에서도 연잎 효과를 이용할 수 없다. 왜냐하면 비누 성분이 조금이라도 섞이면 물의 표면 장력이 줄어들기 때문이다.

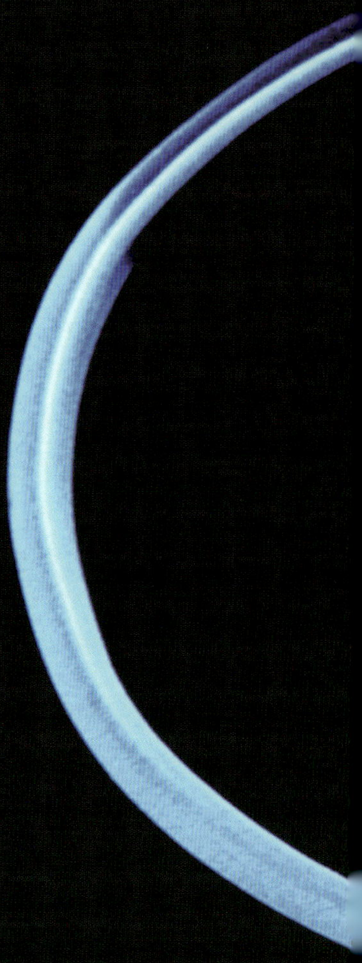

심지어 미생물도 정교한 건축 솜씨로
안정적인 거처를 마련해요.
인간은 수천 년 전부터 이런 묘수들을
주목해 왔지요.

경이롭게 튼튼한 건축물

독일 남부 보덴제 호수 근처의 작은 마을 운터울딩겐에 가면 선사 시대 호상 주택(호수 위에 세운 주택)의 복제품들을 볼 수 있다. 그 주택들은 호숫가에서 생활하기에 알맞게 지어졌고 호수의 수위 변화에도 대처할 수 있게 설계되었다.

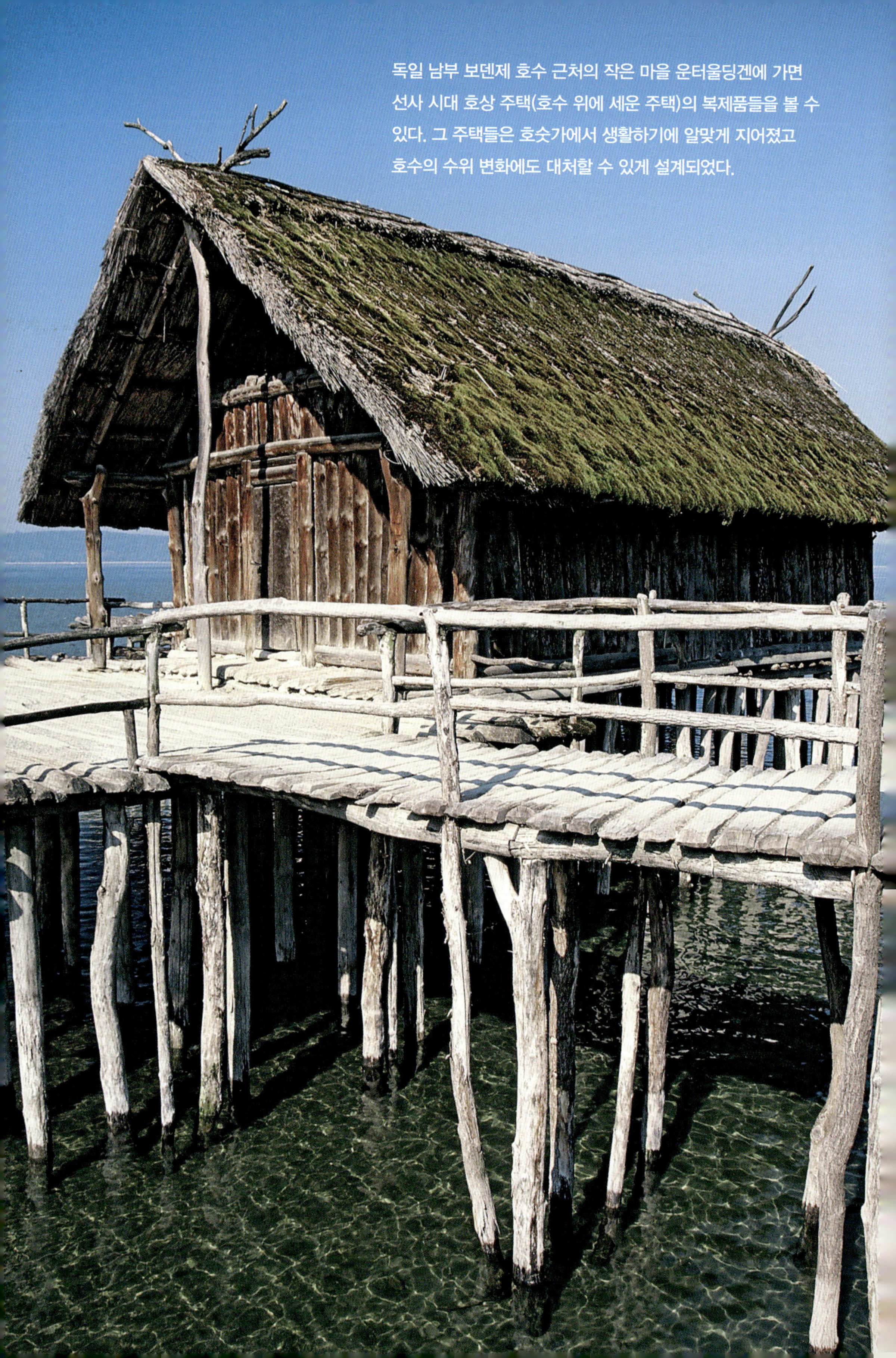

자연에서 영감을 얻다

우리 인간이 사용하는 건물은 자연에 사는 생물의 경우와 마찬가지로 여러 기능을 동시에 해야 해요. 거주자를 추위와 더위, 비와 눈으로부터 보호해야 하고, 거센 바람에도 무너지지 않아야 하죠. 이 장에서는 건물의 안정성을 높이기 위해 기술자, 건축가, 생체 공학자가 자연의 건축물과 재료에서 어떤 묘수들을 배울 수 있는지 살펴보기로 해요.

모든 동물은 천적을 피해 숨고 잠을 자기 위해 거처를 마련하지요. 또 새끼를 안전하게 기르기 위해서도 거처가 필요하고요. 조개나 거북처럼 단단한 껍데기로 자신을 보호하는 동물도 있고 둥지와 굴을 마련하는 동물도 있어요. 말벌은 종이로 층이 여러 개 있는 집을 짓고, 베짜는새는 가늘고 부드러운 식물 섬유로 공 모양의 둥지를 지어 나뭇가지 끝에 매달아요. 자연에는 셀 수 없이 많은 유형의 거처가 있어요. 대부분의 동물들은 한결같이 각자의 생활 환경에서 쉽게 구할 수 있는 물질을 건축 재료로 삼지요. 새들은 주변에서 발견한 나뭇가지, 나뭇잎, 깃털로 둥지를 지어요. 조개껍데기의 주성분은 바닷물에 녹아 있는 석회(칼슘)예요. 프레리도그는 자기가 사는 땅에 굴을 파서 거처로 삼아요.

지붕이 덮인 보금자리

사람도 거처가 필요해요. 문명이 발달하면서 다양한 유형의 건물을 만들었어요. 석기 시대 사람들은 추위와 더위, 비, 눈, 사나운 동물을 피하기 위해 굴을 거처로 삼았어요. 나중에는 진흙과 목재로 오두막을 지었고, 그다음에는 돌, 콘크리트, 심지어 유리로 건물을 지었어요. 건축 재료와 기후 조건, 유행에 따라 무척 다양한 건물 유형과 건축 양식이 생겨났지요.

동물계와 식물계에도 제각각 다른 속성을 지닌 다양한 '건축 재료'가 있어요. 딱딱한 재료가 있는가 하면 부드러운 재료도 있고, 잡아당겨도 잘 늘어나지 않는 재료, 묵직한 재료, 구멍이 숭숭 뚫린 재료도 있어요. 몇몇 재료는 아주 가벼우면서도 튼튼해요. 각 재료는 필요에 따라 다양하게 쓰이지요.

자연은 흔히 여러 재료를 솜씨 좋게 조합하여 흥미로운 속성들을 새로 만들어 내요. 이런 자연의 건축술에서 우리는 안정성이 탁월한 건물을 특이한 형태로 짓거나 재료를 적게 들이고도 지을 수 있는 방법을 배울 수 있어요.

건물과 건축 재료의 어울림

모든 건축 재료는 제각각 고유한 속성을 지녔고 하중(물체가 버텨 내야 하는 무게)에 반응하는 방식도 다양해요. 목재를 쓸 때에는 눈으로 지을 때와는 당연히 다르게 지어야 하지요. 이는 목조 건물이나 이글루를 지어 본 사람이라면 누구나 아는 사실일 거예요. 자연의 건축에서도 마찬가지예요. 심지어 자연에는 종이로 된 집도 있어요.

종이로 된 말벌의 집

말벌은 스스로 만든 종이로 집을 지어요. 먼저 목재를 씹어서 잘게 부순 뒤 자신의 침을 섞어 반죽하여 일종의 종이 죽을 만들어요. 그리고 종이 죽을 겹겹이 쌓아서 얇은 벽을 만드는데, 물기가 마르면 상당히 튼튼해요. 중부 유럽에 사는 말벌 중에서 가장 큰 놈은 참말벌(학명은 '베스파 크라브로 Vespa crabro')이라는 종이에요. 이 말벌 종의 인상적인 집은 다층 건물인데 기둥이며 지붕, 외벽, 방 들이 모두 종이로 되어 있어서 깃털처럼 가벼워요. 이 말벌은 대개 한 집에 300에서 400마리가 사는데, 거주자가 많은 만큼 집도 커요. 그래야 여왕벌이 차례로 낳는 알을 수용할 수 있으니까요. 하지만 이 건축 방식은 너무나 뻔한 단점을 지녔어요. 종이는 내구성이 약하기 때문에 겨울이 되면 집이 습기를 머금어 너덜너덜해진다는 점이에요. 따라서 다음 세대의 말벌들은 이듬해 봄에 새 집을 지어야 하지요. 특별히 가벼운 건축 재료를 찾으려고 연구하는 생체 공학자들이 곤충에게서 배운 또 다른 묘수는 샌드위치 구조를 다루는 절에서 살펴보기로 해요.

베스파 크라브로는 종이로 정교한 집을 짓는다.
(사진 속 글씨 Eingang은 입구라는 뜻이다.)

X

종이 공예

말벌 집은 얇은 종이 벽으로 이루어졌다. 종이가 얼마나 튼튼한지 알아보기 위해 종이로 모형 집을 지어 보자. 도배용 풀과 낡은 신문지를 준비하라. 풀을 다룰 때는 어른의 도움을 받는 것이 좋다. 풍선에 바람을 넣어 부풀리거나 철사를 얽어서 작품의 기본 틀을 만들어라. 신문지를 작은 조각으로 자르거나 찢은 다음, 종잇조각에 풀을 발라 기본 틀 위에 붙여라. 다음 종잇조각을 그 옆에 붙이는데, 두 종잇조각을 약간 겹치게 하라. 이런 식으로 종잇조각 붙이기를 반복하여 원하는 작품(이를테면 돔)을 만들어라. 이제 종이 작품이 마를 때까지 기다려야 한다. 마르는 시간을 줄이려면 종이 벽을 너무 두껍지 않게 만들어야 한다. 또 작품을 속이 비거나 아래가 열린 형태로 만드는 것이 좋다. 작품이 완전히 마르면, 기본 틀로 삼았던 풍선을 터뜨려도 된다. 그러면 튼튼한 종이 돔이 완성될 것이다. 이제 그 돔을 그림으로 장식해 보라.

지붕을 떠받치기

사람은 특별히 내구성이 강한 재료를 골라서 집을 지어요. 지역과 기후에 따라 적합한 재료가 다르지요.

흔히 쓰이는 콘크리트는 압력(누르는 힘)에 버티는 힘이 아주 강해요. 다시 말해 콘크리트 덩어리를 눌러서 찌그러뜨리는 것은 거의 불가능하다는 얘기예요. 그러나 콘크리트는 장력(당기는 힘)에 버티는 힘은 약해요. 따라서 콘크리트 구조물에 아주 무거운 물건을 매달아 콘크리트가 장력을 받게 하는 것은 그리 바람직하지 않아요.

무게를 떠받치는 자재들

집은 여러 부분으로 이루어져요. 벽, 바닥, 문을 비롯한 모든 건축 요소는 정확하게 설계하고 만들어야 해요. 그래야 살기 좋고 튼튼한 집을 지을 수 있지요.

콘크리트 벽과 천장이 부서지는 것을 막기 위해 기술자들은 콘크리트와 달리 장력을 잘 견뎌 내는 자재를 추가로 사용해요. 강철로 된 막대 모양의 보(빔beam이

X

압축력과 인장력

여러분이 사는 방의 천장은 자체 무게뿐만 아니라 위층의 가구와 사람들의 무게로 인해 위에서 아래로 향하는 힘을 받는다.

이 힘이 어떤 효과를 내는지를 간단한 실험으로 알아볼 수 있다. 막대 모양의 스펀지를 구해서 옆면에 수직선을 그어 사다리 무늬를 그려라.

이제 방의 천장을 위에서 누르면 어떤 일이 벌어지는지 관찰할 수 있다. 스펀지 막대를 두 물체 사이에 걸쳐 놓고 그 위에 작은 물건을 올려놓으면 어떻게 되는지 살펴보라. 스펀지 옆면의 사다리 무늬를 보면, 물건의 무게에 눌린 스펀지가 어떻게 휘어지는지 알 수 있다. 스펀지의 윗면은 쪼그라든다. 왜냐하면 압축력을 받기 때문이다. 천장의 재료로 쓰인 콘크리트는 이 압축력을 아주 잘 견뎌 낸다.

스펀지의 아랫면은 늘어난다. 왜냐하면 인장력을 받기 때문이다. 누르는 힘이 너무 크면, 스펀지 막대는 꺾여 버린다. 콘크리트 천장도 무너진다. 왜냐하면 콘크리트는 인장력을 어느 한계까지만 견딜 수 있기 때문이다. 천장이 무너지는 것을 막으려면, 천장의 아랫면에 철근을 내장하여 인장력에 버티는 힘을 보강해야 한다.

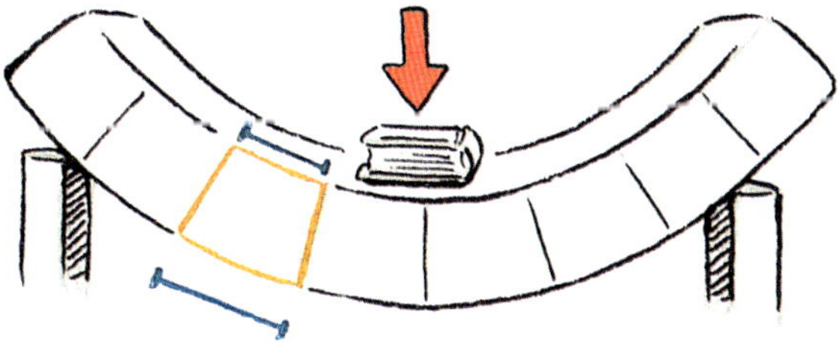

아랫면에서는 수직선들 사이의 간격이 늘어난다. 인장력이 작용하기 때문이다. 물건이 놓인 윗면에서는 그 간격이 줄어든다. 거기에는 압축력이 작용하기 때문이다.

라고도 함)가 이런 자재예요. 천장과 문틀 윗부분처럼 특히 큰 무게를 받는 부분에는 흔히 특별한 형태의 강철 보(이른바 '형강(形鋼)')를 쓰지요. 형강의 한 예로 '에이치빔H beam'(다른 이름은 '아이빔I beam')이 있는데, 이 강철 막대는 단면이 H 모양이에요. 다른 형강의 단면도 L, U, T와 같은 알파벳 모양이에요. 그중에서 에이치빔은 무게를 떠받치는 능력이 특히 뛰어나요.

방금 본 실험에서 스펀지 막대가 받는 압축력과 인장력은 윗면과 아랫면에서 가장 크고 가운데로 갈수록 작아져요. 에이치빔은 윗면과 아랫면을 특별히 보강한 형태의 자재예요. 윗면과 아랫면의 압축력과 인장력을 버텨 내기 위해서죠. 따라서 에이치빔은 힘을 받더라도 스펀지 막대처럼 쉽게 변형되지 않아요. 반면에 에이치빔의 가운데 부분은 힘을 덜 받기 때문에 그리 강할 필요가 없어요.

강철로 된 에이치빔은 큰 무게를 떠받치기 위해 사용하는 건축 자재다.

관

봉이 무게를 떠받칠 때 봉이 받는 힘이 봉의 단면에 어떻게 분산되는지 살펴보면, 가장자리에서 안쪽으로 들어갈수록 힘이 약해지는 걸 알 수 있다. 즉, 단면의 중심에서는 힘의 크기가 0이 된다. 그곳은 힘을 받지 않는다는 뜻이다. 이 물리학 법칙은 건물을 가볍게 만드는 데 도움이 된다. 속이 비어 있는 봉, 즉 관은 속이 꽉 찬 봉 못지않게 튼튼하다. 따라서 관(예컨대 자전거 바퀴의 살)은 가벼우면서도 튼튼하다. 게다가 원료까지 절약한다.

케이블

그네, 현수교, 빨랫줄, 닻에 연결된 사슬, 천막에서 보듯이 줄(케이블)은 '잡아당기는' 힘을 발휘하여 물체를 특정한 모양으로 만들 수 있다. 적절히 쓰인 줄은 건축물의 형태를 잡아 주고 안정성을 부여하는 기능을 한다. 천막의 줄들이 그러하다. 또 어디에 이런 기능을 하는 줄이 있는지 둘러보라. 많은 경량 건축물도 팽팽한 강철 케이블에 의해 지탱된다. 이런 줄의 작동 방식은 다음 장의 '튼튼한 종이 관' 실험에서 다시 다룰 것이다.

강철처럼 단단한

강철은 아주 중요한 건축 재료예요. 강철은 금속과 기타 성분을 섞어서 만든 합금의 한 종류로, 철과 탄소로 이루어졌어요. 강철을 대량으로 생산해 이용하기 시작한 것은 겨우 100여 년 전이에요. 그 이후 건축은 큰 변화를 겪었지요. 강철 사재 덕분에 새로운 건축 양식이 가능해졌거든요. 돌이나 콘크리트로 지을 수 있는 어떤 건물보다 더 높고 연면적이 넓으면서도 벽이 없는 건물들 말이에요. 무게를 지탱해 주는 벽이 없더라도 강도가 아주 센 강철 뼈대가 건축물을 튼튼하게 지탱해 주죠. 잘 알려진 예로 가장 높은 이집트 피라미드는 높이가 150미터지만, 에펠탑은 300미터예요. 또 다른 강철 뼈대 건물의 인상적인 예로 조지프 팩스턴이 설계한 '수정궁'이 있어요.

자연을 본뜬 튼튼한 건물

정원사 조지프 팩스턴은 지금으로부터 거의 200년 전에 영국에서 가장 유명한 정원을 가진 채츠워스 저택에서 일했어요. 팩스턴은 여러 방면에 관심이 많아 건축가로도 활동하면서 자신이 관리하는 온실을 손수 지었지요. 온실이 아름답고 인상적이어서 팩스턴은 1851년 제1회 런던 만국 박람회를 위한 전시관의 설계를 의뢰받았어요. 그 전시관이 바로 '수정궁'이에요.

팩스턴의 수정궁

깨지기 쉬운 유리와 넉넉하지 않은 금속으로 튼튼한 건물을 짓기 위해 팩스턴은 큰가시연꽃Victoria regia이라는 거대한 수련에서 배운 묘수를 써먹었어요. 이 수련의 잎은 두께가 고작 2밀리미터인데도 가라앉거나 꺾이지 않고 큰 무게를 지탱할 수 있어요. 그 이유는 잎의 아랫면에 마치 뼈처럼 굵은 줄기들이 부챗살 모양으로 뻗어 있기 때문이에요. 또 줄기 사이에는 가느다란 줄기가 가로로 무수히 연결되어 있어요. 그래서 잎의 아랫면 전체가 튼튼한 격자처럼 보이는데, 이 격자가 잎을 떠받치지요.

팩스턴은 자신이 설계하는 건물의 철제 골조에 이 원리를 적용했어요. 철제 보들을 격자 형태로 짜 맞췄지요. 그리고 보들의 안정성을 높이기 위해 보강용 막대를 덧대고, 그 막대들을 강철 케이블로 연결했어요. 케이블은 막대를 고정하는 역할을 했어요. 보, 보강용 막대, 강철 케이블로 이루어진 골조는 아주 튼튼해서, 팩스턴은 '격자' 구멍에 유리판을 끼울 수 있었어요. 유리판은 건물 무게를 지탱할 필요가 없었지요. 수정궁 지붕의 표면은 수많은 유리판을 배열하여 주름 잡힌 형태로 만들었어요. 이는 태양의 고도가 낮을 때에도 비스듬히 놓인 창을 통해 햇빛이 실내의 식물에 닿을 수 있게 하려는 조치였죠. 또 유리판을 그렇게 배치하면서

만국 박람회

수정궁은 150여 년 전에 제1회 엑스포를 위한 전시관으로 건축되었다. 엑스포(전시회를 뜻하는 영어 exposition에서 유래한 표현), 즉 만국 박람회는 여러 해에 한 번씩 세계 각국을 돌며 개최하는 국제 전시회다. 참가국들은 최근 몇 년 동안 자기 나라가 과학과 기술에서 어떤 발전을 이뤘는지 보여 준다. 앞서 언급한 모형 새 '이고르'도 2005년 일본 엑스포에 전시되어 독일 생체 공학 연구를 알리는 데 공헌했다.

만국 박람회 개최국은 흔히 이 행사를 자기 나라의 특별한 날과 연관시킨다. 예컨대 1889년 엑스포는 프랑스 혁명 100주년을 기념하여 파리에서 열렸다. 구스타브 에펠은 이 만국 박람회의 기념물로 에펠 탑을 건설했다. 에펠 탑은 당시에는 철골 건축 기술의 발전을 상징했고 지금은 파리를 상징한다.

만국 박람회를 계기로 자연을 본뜬 건물이 여러 개 만들어졌다. 나뭇잎이나 길쭉한 야자나무 잎을 닮은 지붕, 빽빽하게 가지를 뻗은 나무를 연상시키는 지지 구조 등이 만국 박람회에서 첫선을 보였다. 때로는 아주 작은 생물이 건물의 본보기가 되기도 했다. 1900년 만국 박람회장의 입구로 건설된 '기념문'은 플랑크톤의 일종인 방산충을 본뜬 작품이다. 독일에서는 2000년에 하노버 엑스포를 열었다.

엑스포 2000의 베네수엘라 전시관은 열대 식물의 꽃을 연상시켰다. 그 건물의 지붕은 마치 꽃처럼 날씨에 따라 열리거나 닫혔다.

지붕에 골이 생겼는데, 그 골들은 빗물의 통로 구실을 했어요. 아마도 이것 역시 팩스턴이 수련에서 배운 비법일 거예요.

미래를 여는 건축 양식

철제 골조와 유리로 된 수정궁은 거대하고 우아한 목제 골조 건물처럼 보였어요. 이 작품은 당시 만국 박람회를 방문했던 600만 명의 사람들에게 미래에서 온 건물로 보였을 게 분명해요. 오늘날의 관점에서 봐도 그 건물은 대단했으니까요. 규모가 무려 가로 615미터, 세로 150미터로 대략 축구장 12개와 맞먹었지요!

조지프 팩스턴이 설계한 인상적인 수정궁은 1936년에 화재로 소실되었다.

또 당시에는 철제 골조와 유리로 건물을 짓는 방식은 규모가 크지 않은 몇몇 온실에만 적용되었는데, 같은 재료로 이렇게 거대한 건물을 짓다니요. 게다가 수정궁은 마치 오늘날의 조립식 건물처럼 공장에서 미리 만든 부분들을 짜 맞추는 방식으로 건설했기 때문에 겨우 6개월 만에 완성했어요. 당시에 건축 기간이 이렇게 짧은 투명한 건물은 엄청난 반향을 불러일으켰어요.

수련의 묘수를 적용하여 건물을 안정화하는 데 성공한 팩스턴은 의도적으로 자연을 본뜬 최초의 건축가가 되었지요. 안타깝게도 수정궁은 화재로 소실되었지만, 지금도 오래된 사진과 그림에서 그 모습을 볼 수 있어요.

거대한 수련 큰가시연꽃의
잎 아랫면은 수정궁
철제 골조의 모범이 되었다.

아주 특별한 입구

건축물의 본보기가 될 만한 자연물은 믿기 어려울 정도로 많아요. 하지만 때로는 매우 자세히 관찰해야만 그런 모범을 발견할 수 있지요. '방산충'이라는 아주 작은 생물은 플랑크톤의 한 종류예요. '플랑크톤'이란 물속에 대량으로 떠다니는 무척 작은 동물들을 뭉뚱그려 부르는 이름이에요. 플랑크톤은 물의 흐름에 따라 떠돌다가 다른 동물들의 먹이가 되죠.

프랑스 건축가 르네 비네는 방산충을 모범으로 삼아 1900년 만국 박람회장의 대형 입구인 '기념문'을 만들었어요. 그 당시 건축가와 미술가들은 꽃과 나비와 덩굴을 닮은 형태와 장식을 즐겨 사용했어요. 바야흐로 '아르누보 Art Nouveau'('새로운 예술'이라는 뜻)의 시대였지요.

건축가 르네 비네는 생물학자 에른스트 헤켈(1834~1919)의 방산충 소묘들에 매혹된 나머지 그 작은 생물의 형태와 장식을 자신의 건축물에 적용했다.

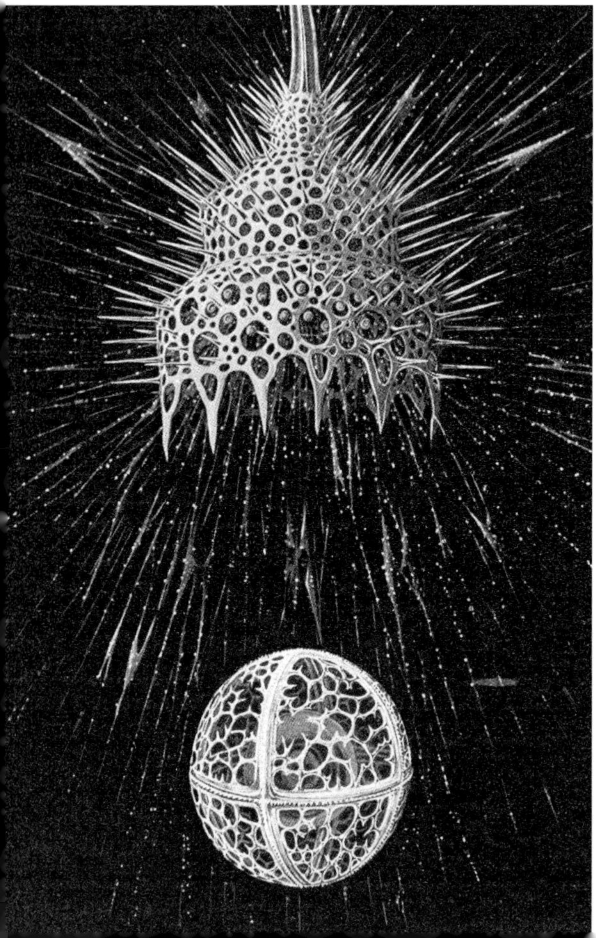

방산충의 골격은 흔히 완벽하게 둥근 형태이거나 돔 모양이에요. 방산충의 크기는 겨우 0.1밀리미터에서 0.5밀리미터에 불과해요. 또 방산충의 종류는 매우 많은데, 가장 작은 놈은 핀 끝보다 더 작아서 거의 보이지 않지만, 큰 놈은 대충 성냥 대가리만 해요. 방산충을 고배율로 확대해서 보면, 녀석의 예술적인 형태에 절로 감탄하게 되지요.

기념문의 겉모습은 방산충을 닮았다.

달걀은 얼마나 튼튼할까?

방산충의 골격처럼 둥근 형태는 튼튼하다. 이 사실을 여러분 스스로 실험을 통해 확인할 수 있다. 삶은 달걀의 뾰족한 양쪽 끝을 눌러서 껍데기를 깨려면 무척 큰 힘이 필요하다는 것을 아마 여러분도 경험으로 알 것이다. 달걀의 양 끝을 누르는 대신에 옆면을 누르면 더 쉽게 깨진다는 것도 알 것이다. 달걀 껍데기 전체의 반 토막을 준비해서 연필 끝으로 껍데기에 구멍을 뚫는데, 한 번은 바깥쪽에서 찔러서 뚫어 보고, 한 번은 안쪽에서 찔러서 뚫어 보라. 두 경우에 필요한 힘을 비교하고 그 결과를 연구 일지에 기록하라.

달걀 껍데기는 둥근 모양이어서 바깥에서 누르는 힘에는 아주 잘 버틴다. 반면에 안에서 누르면 꽤 쉽게 부서진다. 달걀 껍데기의 자연적인 돔 형태는 닭이 알을 낳을 때부터 병아리가 부화할 때까지 달걀이 잘 깨지지 않게 해 준다. 그렇기 때문에 알 속의 병아리는 외부의 영향으로부터 잘 보호된다. 반면에 달걀 속 병아리가 부화하기 위해 껍데기를 쪼면, 약한 힘으로 쪼더라도 껍데기가 쉽게 깨진다.

방산충은 마치 정교한 뜨개질 무늬로 장식한, 꼭대기가 뾰족한 지붕처럼 보여요. 그런 섬세한 구조를 지녔음에도 방산충은 놀랄 만큼 튼튼하죠. 그 이유 중 하나는 규산염 광물인 '오팔opal'로 이루어진 단단한 골격 덕분이에요. 또 다른 이유는 돔 구조예요.

화분 특허

제1회 만국 박람회가 열릴 즈음에 파리 출신의 정원사 겸 발명가 조제프 모니에는 온실 안에서 견고성 문제를 고민했어요. 화분이 자꾸 깨져 짜증을 돋우었기 때문이에요. 선인장을 보고 있던 모니에는 문득 아이디어를 떠올렸어요. 선인장의 표면이 손상된 자리에 그물 모양의 보강 조직이 있는 게 눈에 띈 거예요. 선인장을 내부에서 지탱하는 그 조직은 격자 구조여서 마치 골격처럼 보였어요. 이 일을 계기로 조제프 모니에는 시멘트를 거푸집에 부어 화분을 만들 때 거푸집 속에 미리 철망을 집어넣는다는 아이디어에 도달했어요. 이 아이디어의 효과는 훌륭했지요. 시멘트와 금속의 결합으로 화분이 훨씬 더 견고해지고 수명이 길어졌으니까요. 1867년에 모니에는 자신의 발명품으로 특허를 신청했어요. 그 뒤 이 영리한 정원사는 자신의 아이디어를 철도 침목(선로 아래에 까는 나무나 콘크리트로 된 토막)을 비롯한 여러 발명품에 적용함으로써 오늘날 다양하게 쓰이는 철근 콘크리트의 기초를 마련했어요. 철근 콘크리트에 들어가는 강철 그물과 막대는 그의 이름을 따서 '모니에 철'이라고도 해요. 모니에 철로 보강한 콘크리트는 압력과 장력을 둘 다 잘 견뎌 내지요.

이렇게 강철 보강재가 콘크리트를 더 단단하게 하듯, 성질이 다양한 재료들을 결합하면 놀라운 결과를 얻을 수 있어요.

공기를 감싸고 있는 껍질

그런데 참으로 놀랍게도 몇몇 특이한 건축물에서는 공기가 무게를 떠받치는 건축 자재 구실을 해요. 눈에 보이지 않고 무게도 느껴지지 않는 공기가요! 미래에나 가능한 이야기처럼 들릴지도 모르지만, 거의 온통 공기로 이루어진 지붕과 교량이 실제로 있답니다. 그런 구조물을 일컬어 독일어로 '프노이* Pneu'(타이어라는 뜻)라고 해요.

자연에는 프노이가 무수히 많아요. '프노이'는 공기, 바람, 숨을 뜻하는 그리스어 프네우마pneuma에서 유래했어요. 건축에서 말하는 프노이는 한마디로 마치 풍선이 공기를 감싸듯이 내용물을 감싸는 껍질이에요. 자연적인 프노이의 예로 식물의 세포액을 싸고 있는 액포막이나 물고기의 부레를 들 수 있어요. 이런 자연적인 프노이는 흔히 내부 압력이 외부 압력을 초과하는 상태이기 때문에 단단한 벽 대신에 얇은 막으로만 되어 있어도 비교적 튼튼해요. 내부 압력이 이것들을 쪼그라들지 못하게 지탱하는 역할을 하거든요. 이 원리를 기술에 적용한 예가 액체나 기체를 채운 풍선이에요. 공기를 채운 프노이는 우리 주변에서 자주 볼 수 있어요. 깨지기 쉬운 물건을 포장할 때 쓰는 에어캡air cap(일명 '뽁뽁이'), 딱딱한 바닥에 누울 때 쓰는 공기 매트리스, 자전거 타이어의 튜브가 그것이죠.

아이들의 물놀이용으로 정원에 설치하는 간이 풀장도 튜브에 채운 공기 덕분에 형태를 유지해요.

공기로 된 교량

기술적인 프노이의 흥미로운 예로 '텐사이리티Tensairity' 교량이 있어요. 이 다리는 쉽게 찢어지지 않는 재료로 된 긴 풍선을 막대와 강철 케이블로 이루어진 가벼운 틀이 둘러싼 모양이에요. 텐사이리티 다리는 최대 길이가 8미터, 견딜 수 있

는 최대 무게가 2.5톤이에요. 소형차 두 대를 떠받칠 수 있는 셈이죠.

자동차를 타고 공기로 된 다리를 건너라고 하면, 아마 다들 주저할 거예요. 가는 도중에 다리가 풍선처럼 터져 버리면 어쩌라고요! 하지만 그런 일은 일어나지 않아요. 왜냐하면 다리 위를 지나는 자동차의 무게가 풍선의 표면에 골고루 분산되기 때문에 텐사이리티 다리는 자동차의 무게를 너끈히 견뎌 낸답니다.

프노이 다리의 묘수는 위쪽의 막대와 아래쪽에서 풍선을 감싸는 케이블에 들어 있어요. 풍선은 막대와 케이블 사이의 간격을 벌려서 다리가 형태를 유지하도록 해요. 다리가 받는 무게는 압축력이 작용하는 윗면에서는 막대가, 인장력이 작용하는 아랫면에서는 케이블이 지탱하죠. 프노이 다리는 공기를 건축 자재로 쓰기 때문에 가벼워요. 따라서 쉽게 운반하고 신속하게 설치하고 다시 철거할 수 있어요. 게다가 운반할 때 차지하는 부피도 적어서 재난 지역에 인력과 물자를 빠르게 투입할 때 요긴하지요. 절벽 사이에도 쉽게 설치할 수 있고 심지어 물에 뜨기까지 하니까 말이에요.

이 첨단 기술 풍선들은 임시 구조물뿐 아니라 오랫동안 기능을 유지해야 하는 구조물에도 적합해요. 경기장 지붕, 육교, 광고탑, 물 위에 떠 있는 선착장, 주차장 지붕 등에 프노이를 적용할 수 있어요. 색 조명까지 설치한 프노이 주차장 지붕은 마치 공중에 떠 있는 것처럼 보여요.

이 다리는 막대와 케이블로 보강한 프노이로 이루어졌다.

마치 공중에 떠 있는 듯한 이 주차장
지붕은 속에 공기가 채워져 있으며
색깔이 있는 빛을 낼 수 있다.

장력

풍선을 손바닥으로 누를 때와 바늘로 찌를 때의 차이를 모르는 사람은 없을 것이다. 손바닥은 면적이 커서, 누르는 힘이 풍선에 골고루 분산된다. 따라서 풍선은 약간 찌그러지기만 한다. 반면에 바늘을 들고 똑같은 힘으로 풍선을 찌르면, 풍선은 터져 버린다. 왜냐하면 힘이 아주 작은 면적에 집중해서 가해지므로 훨씬 더 큰 효과를 내는 것이다. 모기가 여러분의 피를 빨아 먹을 수 있는 것도 마찬가지 원리이다. 모기는 작고 가볍기 때문에 힘이 아주 약하다. 모기가 손등에 앉아도 우리는 거의 느끼지 못한다. 하지만 모기는 작은 힘만으로도 주삿바늘 모양의 주둥이로 피부의 한 지점을 찔러 구멍을 뚫을 수 있다.

표면에 작용하되 표면과 나란한 방향으로 작용하여 아주 강할 경우에는 표면을 찢어 버리는 힘을 일컬어 장력이라고 한다. 장력은 표면을 누르는 힘이 크고 그 힘을 받는 면적이 좁을수록 더 커진다. 장력이 너무 크면 표면은 깨지거나 찢어진다. 특히 큰 장력을 받는 지점을 '장력 정점'이라고 한다.

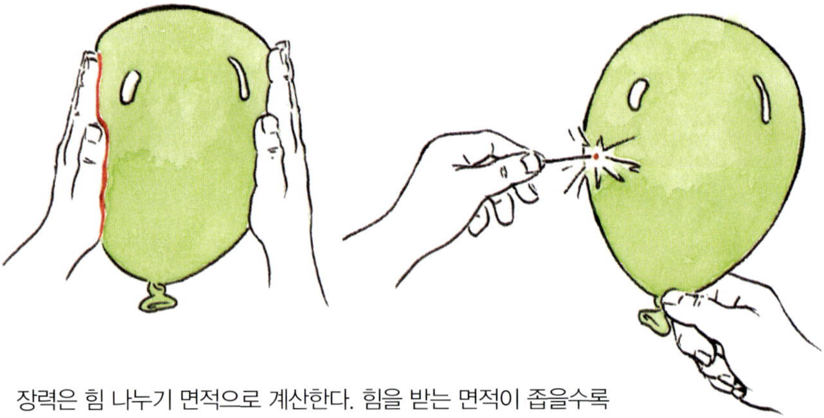

장력은 힘 나누기 면적으로 계산한다. 힘을 받는 면적이 좁을수록 장력은 커진다.

자연에서 일어나는 자가 수리

이런 공기 구조물에 쓰이는 풍선은 아주 질긴 재료로 만들어요. 풍선이 터지면 안 되니까요. 물론 터지는 경우도 있어요. 그럴 때 풍선이 쪼그라들지 않게 만드는 방법은 송풍기를 틀어서 풍선에 지속적으로 공기를 주입하는 거예요. 그러면 작으나마 초과 압력이 발생하여 풍선의 껍질을 바깥쪽으로 밀어내므로, 다리가 무게를 견뎌 내는 힘이 늘어나지요. 놀이공원에 가면 볼 수 있는 성이나 궁전 모양의 대형 풍선도 이 원리를 이용해요. 아이들이 성안에서 마구 뛰놀아도 풍선이 제 형태를 유지하도록, 끊임없이 송풍기가 작동하여 풍선에 공기를 불어넣어요. 텐사이리티 다리에서도 작은 구멍이나 흠집이 일으키는 문제를 끊임없이 공기를 넣는 것으로 해결해요. 그러나 애당초 큰 균열이 생길 수 없게 한다면, 당연히 더 좋겠죠. 이 대목에서 생체 공학이 도움을 줄 수 있어요. 미래에는 작은 흠집이나 갈라짐 같은 균열이 저절로 수리될 거예요. 허무맹랑한 이야기가 아니에요. 자연에서 배운 원리를 잘 적용하면 이런 자가 수리가 가능해요. 살아 있는 생물은 스스로 자신을 수리하는 능력을 어느 정도 가지고 있으니까요.

여러분이 넘어져 무릎을 땅에 찧으면, 피부가 찢어져 피가 나지요. 그러면 처음엔 꽤 아프고 보기에도 처참하죠. 그런데 왜 피가 나는 걸까요? 자연에서는 '그냥 그렇다'로 끝나는 일이 거의 없어요. 어떤 일이 일어난다면, 그 일이 일어나야 할 이유가 항상 있지요. 상처에서 나오는 피는 몸속으로 들어왔을지도 모르는 오물을 씻어 내요. 잠시 뒤면 상처 위의 피가 굳어져 차츰 얇은 딱지가 앉지요. 이어 몇 시간에 걸쳐 딱지는 더 두꺼워져 상처를 안전하게 덮어요. 그 덕분에 상처는 안쪽에서부터 아물어요. 딱지

덩굴 식물은 다른 나무를 감아 오르며 자란다.

아래에서 아주 천천히 새 피부가 만들어지죠. 대개의 상처는 일주일 안에 치유되는데, 그동안 우리가 할 수 있는 최선의 행동은 상처를 그냥 놔두는 거예요.

사람의 피부만 손상을 스스로 치유할 수 있는 것은 아니에요. 식물도 흠집을 스스로 치유할 수 있어요. 이런 자가 치유는 덩굴 식물들에서 잘 볼 수 있어요. 우선 알아 두어야 할 점은 덩굴 식물이 성장 단계에 따라 부드러울 때도 있고 뻣뻣할 때도 있다는 사실이에요. 어린 덩굴 식물을 잘라 단면을 보면, 고리 모양의 보강 조직이 있는 것을 볼 수 있어요. 그 고리의 안쪽에 있는 부분만이 나무처럼 단단한 진정한 목질이에요. 처음에 덩굴 식물은 작은 나무처럼 스스로 자신을 지탱하며 자라요. 하지만 그 기간은 길지 않아요. 덩굴 식물은 어딘가에 붙어 기면서 자라는 식물이니까요. 어느 정도 나이를 먹은 덩굴 식물은 다른 나무의 줄기를 감아 오

타잔과 유인원

타잔처럼 늘어진 덩굴들을 잡으며 그네 타듯 이동할 수는 없다. 왜냐하면 덩굴은 아래에서 위로 성장하며 위쪽이 늘 단단히 고정되어 있는 것은 아니기 때문이다. 밀림에서 유인원들이 이동할 때 사용하는 자연적인 밧줄은 흔히 덩굴로 오해되지만 실은 대부분 기근(氣根), 즉 공중에 떠 있는 공기뿌리이다.

기근과 같은 자연적인 밧줄에 매달려 놀 때, 유인원들은 즐거워 보인다.

르며 성장하면서 자신의 무게를 지탱하는 데 드는 힘을 절약해요.

덩굴 식물은 자랄수록 덩굴의 중심부에서 점점 더 많은 목질이 생겨나 목질이 차지하는 공간이 늘면서 보강 고리가 터져요. 그러면 균열이 생기고, 그 균열은 치유 세포들에 의해 곧바로 메워지죠. 시간이 더 지나면 치유 세포들은 심지어 보강 조직과 똑같은 역학적 속성까지 가질 수 있어요. 하지만 보강 고리의 균열은 유연한 세포들에 의해 메워지기도 해요. 그러면 그 고리는 덜 뻣뻣해지고, 덩굴 전체가 유연해져요. 반면에 우리가 흔히 보는 대부분의 식물에서는 정반대의 변화가 일어나요. 어린 가지는 잘 휘어지지만, 충분히 성장한 굵은 가지는 사람이 올라타도 버틸 만큼 단단해요.

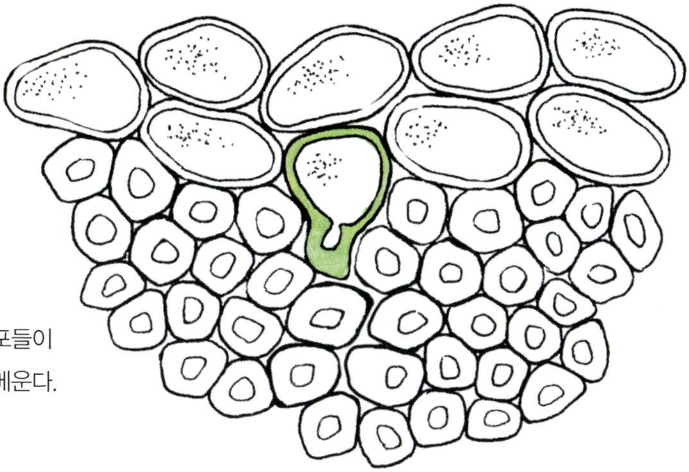
치유 세포들이 균열을 메운다.

절대로 펑크가 나지 않음!

프라이부르크 대학의 생체 공학자들은 덩굴의 자가 수리 원리를 기술에 적용했어요. 핵심 아이디어는 텐사이리티 다리를 비롯한 프노이의 안쪽 면을 얇은 거품막으로 덮는 거예요. 프노이의 껍질에 균열이 생기면, 마치 덩굴 식물의 치유 세포들이 보강 고리를 메우는 것처럼 거품 방울들이 그 균열을 메우지요. 이런 식으로 풍선 표면이 손상되더라도 거품이 작은 구멍을 메우기 때문에 계속해서 수리하는 효과를 볼 수 있어요.

접어서 튼튼하게 한다

표면이 꺾이거나 휘어져 생긴 주름도 안정성에 도움이 될 수 있어요. 자연에서는 그런 주름의 흥미로운 예를 많이 볼 수 있어요. 기술 분야에서는 적은 재료로 튼튼한 구조물을 만들고자 할 때 주름을 즐겨 써요. 말하자면 주름은 비용을 낮추는 비법이죠. 종이를 주름 잡아 붙이면 심지어 가구도 만들 수 있어요.

튼튼한 구조물을 원한다면 주름을 잡아라

무언가를 무게를 늘리지 않으면서도 더 튼튼하게 만드는 간단한 묘수는 바로 주름 잡기예요. 흔히 나뭇잎은 그 크기를 고려하면 놀랄 만큼 튼튼한 셈이에요. 물론 나뭇잎이 공기를 넣은 프노이 다리처럼 자동차를 떠받칠 수는 없지만, 가지에

부채야자 Fan palm 잎은 주름이 특히 선명하다.
이 주름은 잎이 늘어지지 않게 해 준다.

간당간당 붙어 있으면서 자체 무게를 지탱할 수는 있죠. 이것은 거의 모든 식물의 잎에 있는 주름 덕분이에요. 때로는 잎맥에 의해 힘이 더해지기도 하는 주름은 잎이 힘없이 늘어지지 않고 쫑긋 서게 해 줘요. 그뿐만 아니라 프노이와 마찬가지로 잎 속에 들어 있는 액체도 잎이 제 무게를 지탱하는 데 도움을 주죠. 쫑긋 선 잎은 햇빛을 많이 받을 수 있어요. 햇빛은 식물의 광합성에 꼭 필요한데, 이에 대해서는 나중에 더 자세히 설명할게요.

이 캔의 물결무늬처럼 구조적 안정성에 기여하는 주름을 어디에서나 볼 수 있다. 이렇게 주름을 잡으면 캔이 더 튼튼해져서 운반 중에 찌그러지는 일이 줄어든다.

주름은 포장 용기를 더 튼튼하게 만드는 데도 쓰여요. 여러분 집의 주방을 한번 둘러보세요. 플라스틱 병과 통조림 캔에 물결무늬가 있을 거예요. 그 주름은 포장 용기가 보기 싫게 우그러드는 것을 막아요. 이런 물결무늬를 만드는 공법을 '비딩beading'이라고 해요. 자동차 겉면에도 골과 접힌 금이 있는데, 그것들은 사고가 났을 때 차체가 덜 찌그러지게 해 줘요.

X 주름과 샌드위치 구조

주름이 안정성을 얼마나 향상시킬 수 있는지를 간단한 실험으로 알아볼 수 있다. 책 두 권을 적당한 간격으로 세워 놓고 그 위에 빳빳한 종이를 한 장 걸쳐 놓아라. 그 종이 '다리' 위에 여러 물체를 얹어 보면서, 그 다리가 얼마나 큰 무게를 버텨 낼 수 있는지 검사해 보라. 동전이나 구슬을 얹으면 편리할 것이다.

이어서 그 종이를 주름 잡아 아코디언처럼 만든 다음에 다시 검사해 보라. 주름이 어느 방향으로 나 있는지에 따라 검사 결과가 달라지는가? 연구 일지에 검사 결과와 함께 검사 방법도 그림으로 기록하라. 종이의 종류와 주름의 형태를 바꿔 가면서 검사를 반복해 보는 것도 좋다.

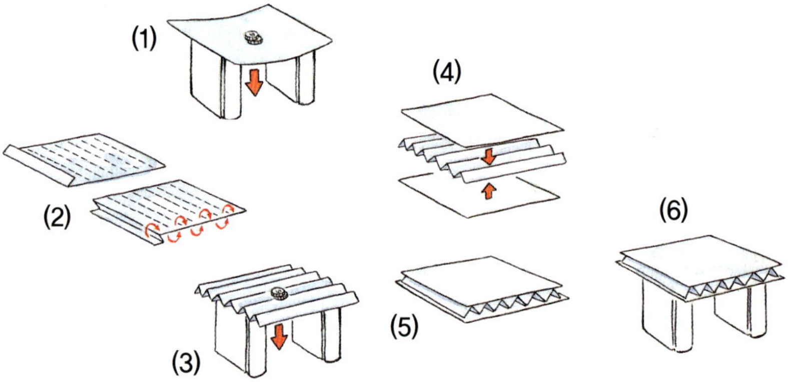

주름 잡힌 종이는 평평한 종이보다 훨씬 더 많은 무게를 지탱할 수 있다. 투입된 재료의 양은 똑같은데도, 발휘하는 힘이 다른 것이다. 이런 식으로 간단히 주름을 잡으면 가벼우면서도 꽤 튼튼한 구조물을 만들 수 있다. 물론 주름 잡힌 종이로 무한대의 무게를 지탱할 수는 없다. 주름 잡힌 종이 위에 동전을 하나씩 차례로 얹어 가면, 주름이 차츰 펴지고 이어서 종이 다리가 주저앉는 것을 볼 수 있다. 주름 잡힌 종이를 더 튼튼하게 보강하고 싶다면 또 다른 경량 건축 비법을 쓸 수 있다. 이른바 샌드위치 구조를 만드는 것이다. 이를 위해서는 종이 두 장이 더 필요하다. 이 종이들을 주름 잡힌 종이의 윗면과 아랫면에 붙여라. 그러면 주름이 펴지는 것을 막을 수 있다.

완성된 구조물은 샌드위치 모양이다. 위와 아래에 마치 토스트 빵처럼 평평한 종이가 있고, 가운데에는 어렴풋이 샐러드를 연상시키는 주름 잡힌 종이가 있다. 샌드위치 구조는 우리 주변에서 아주 흔하게 쓰인다. 예컨대 골판지와 이른바 허니콤 샌드위치 패널에서 샌드위치 구조를 볼 수 있다.('허니콤 honeycomb'은 벌집을 뜻하는 영어다.)

가볍고 튼튼한 상자의 재료로 쓰이는 골판지는 가장 잘 알려진 샌드위치 구조물이다.
강한 골판지로는 가구와 쇼핑 카트도 만들 수 있다.

벌의 묘수

특별히 튼튼한 샌드위치 구조를 만들려면, 윗면과 아랫면 사이에 단순한 주름 종이 대신에 종이나 플라스틱으로 만든 벌집 격자 판을 끼워 넣으면 돼요. 그런 육각 격자 판에서는 재료 사용량과 공간 활용도와 구조적 안정성이 최적의 관계를 이루어요. 쉽게 말해서 아주 적은 재료로 아주 큰 안정성을 얻을 수 있다는 말이에요. 따라서 기술자들이 샌드위치 구조를 만들 때는 이른바 '허니콤' 층을 하나 이상 끼워 넣는 경우가 많아요. 허니콤 샌드위치 패널은 대단히 가볍고 튼튼해서 비행기나 우주선 제작에 쓰이죠. 이 패널은 여러 재료를 붙여서 만들므로 복합 재료composite materials로 분류돼요.

벌집무늬

꿀벌과 말벌은 방을 육각형으로 만들기 때문에 좁은 공간에 아주 많은 방을 배치할 수 있어요. 말벌은 건축 재료로 종이 죽을 쓰지만, 꿀벌은 밀랍을 쓴다는 점이 달라요. 원형 방들 사이에는 틈이 남지만, 육각형 방들 사이에는 틈이 남지 않아요. 따라서 벌의 건축에서는 낭비되는 공간이 조금도 없어요. 벌이 최소한의 밀랍으로 최대한 빠르게 집을 지을 수 있게 방의 모양을 육각형으로 최적화해 주는 주인공은 바로 자연이에요. 벌이 짓는 방은 처음에는 원형이에요. 나중에 햇빛과 벌의 체온으로 밀랍이 데워지면, 그때 비로소 방들이 저절로 육각형이 되지요! 마술 같다는 느낌이 들지도 모르지만, 실제로 그래요. 이런 과정을 일컬어 자기 조직화self-organization(어떤 구조가 외부의 압력이나 힘의 행사 없이 자기 스스로 형성되는 것)라고 해요. 자기 조직화는 자연의 생명체들이 가진 특별한 능력이에요. 기술자들은 이 능력을 되도록 많은 기술 분야에서 구현하려고 애써요.

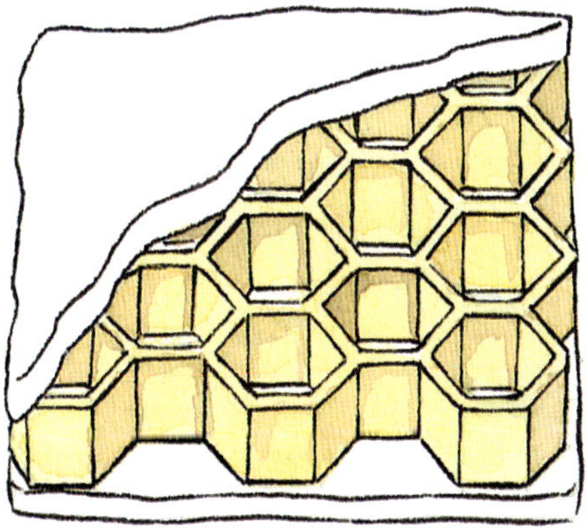

벌집에는 애벌레, 식량, 건축 재료가 들어갈 공간이 있다. 벌집의 경량 건축 방식은 기술에서는 위아래 판 사이에 벌집 모양의 중간층을 끼워 넣은 샌드위치 구조물의 형태로 널리 쓰인다.

성공 사례로 프랑크 미르치 교수가 제작한 육각형 아치 구조가 있어요. 이 구조는 벌집처럼 스스로 제 모양을 갖추지요. 벌집에서처럼 자기 조직화를 구현하기 위해 쓰이는 기술적 공법은 얇고 약간 휘어진 철판에 지긋이 외부 압력을 주면서 동시에 안쪽 면의 특정 지점들을 떠받치는 공법이에요. 압력이 적당한 값에 이르면, 철판이 갑자기 변형되어 균일한 벌집 구조가 만들어지지요. 이 과정에서 철판은 세게 눌리지 않으므로 흠집이 생기지 않아요. 따라서 필요하다면 이 작업에 앞서 무늬를 찍거나 코팅 처리를 해도 돼요. 무늬를 찍는 일은 둥근 통보다 평평한 판에 하는 것이 더 간편하니까요. 이 공법에서 철판은 정해진 모양을 찍어 내는 기계에 눌려서가 아니라 한순간에 저절로 벌집 구조를 가지므로, 이 과정을 자연적인 벌집이 만들어지는 과정과 마찬가지로 자기 조직화라고 불러요.

벌집 구조를 가진 철판은 대단히 튼튼해요. 주로 자동차 촉매 변환기의 표면, 천장, 벽면의 재료로 쓰이는데, 심지어 세탁물을 보호하는 기능이 특별히 우수한 세탁기 드럼도 만들 수 있어요. '자기 조직화'를 통해 벌집 구조를 얻은 얇은 철판으로 만든 저장 용기는 적은 양의 재료로 이루어졌는데도 두꺼운 철판으로 만든 저장 용기에 못지않게 튼튼해요.

세탁기의 드럼은 회전할 때
엄청난 힘을 견뎌야 한다.
생체 공학자들은 벌집 구조를
적용하여 드럼의 성능을 최적화한다.
밀레사의 '보호 드럼'은 엄청난 힘을
견뎌 내면서 빨래를 부드럽게 세탁한다.

접어서 운반하기

일부 동물과 식물은 성장기나 이동 중에 자신을 보호하기 위해 접기를 활용한다. 잎과 꽃은 처음에는 작은 싹의 껍질이 보호한다. 어린잎은 싹 안에 접힌 채로 들어 있다. 어느 순간 싹이 트면, 잎은 성장하면서 펼쳐진다. 성장한 잎을 보면, 저렇게 큰 것이 어떻게 작은 싹 안에 들어 있었는지 놀라지 않을 수 없다. 꽃봉오리에서도 개양비귀의 경우처럼 접기의 위력을 볼 수 있다. 개양비귀꽃은 무궁화꽃처럼 큰 편인데, 꽃잎을 활짝 펴기 전에는 작은 꽃봉오리에 꽃잎을 접고 있다.

곤충의 날개는 평소에는 접혀 있지만 언제든지 쉽게 펼 수 있다. 딱정벌레는 위험이 닥치면 재빨리 날개를 펼쳐 날아갈 수 있다. 내려앉아 날개를 접고 딱지날개(또는 앞날개)로 덮는 동작도 빠르다. 이는 연약하고 투명한 날개를 보호하거나 천적의 눈에 띄지 않기 위해 위장하려는 행동이다.

대형 지도나 장난감 설명서를 펼쳤다가 접다 보면 원래 접혀 있던 대로 다시 접기가 쉽지 않음을 느낄 때가 있다.

일본 천체물리학자 미우라 고료는 놀라운 접기 기술을 개발했다. 이 기술로 큰 종이를 접으면, 양손의 엄지와 검지로만 종이를 잡고도 접기와 펴기를 완전히 자유자재로 할 수 있다. '미우라 접기Miura fold'는 태양 전지판을 우주로 운반할 때 쓰인다.

태양 전지판은 로켓 내부의 공간을 덜 차지하기 위해
아주 작게 접힌 상태로 운반되어 인공위성에 도착한다.
목적지에 도달한 태양 전지판은 펼쳐져서
원래 크기로 돌아간다.

접기와 펴기는
자연에서나 기술에서나
원활하게 이루어져야 한다.

복합 재료

서로 다른 재료들을 결합하여 만든 새로운 재료를 일컬어 복합 재료라고 해요. 앞서 실험에서 보았듯이 구조나 재질이 다른 종이 여러 장을 붙이면 새로운 속성을 가진 재료를 얻을 수 있어요. 그 실험에서 얻은 샌드위치 구조물은 주름 잡힌 종이 한 장과 평평한 종이 두 장으로 이루어졌어요. 이 종이들을 겹쳐 붙이니 각각의 종이보다 훨씬 더 튼튼한 골판지가 만들어졌지요. 일찍이 모니에가 개발한 철근 콘크리트도 복합 재료예요. 이 경우에는 강철 막대와 콘크리트가 결합하여 대단히 튼튼한 건축 재료를 만들어 내요. 하지만 인간만 복합 재료를 사용하는 것은 아니에요. 복합 재료 역시 자연이 인간보다 더 먼저 발명했지요.

조개껍데기의 진주층

달팽이와 조개의 껍데기는 소소한 충격에 깨지면 안 돼요. 껍데기가 깨지면 그 안에 있는 연약한 몸이 바깥으로 노출되면서 위험에 처할 수 있으니까요. 그래서 일부 조개는 진주층nacreous layer을 만들어요. 여러분도 아마 보석 가게에서 진주를 본 적이 있을 거예요. 사람들은 진주를 장신구로 이용하지요. 진주를 만드는 조개도 물론 진주를 활용하는데, 진주가 예뻐서가 아니라 껍데기를 보강하기 위해서

진주층은 매우 아름다울뿐더러 조개껍데기를 더 견고하게 만든다.

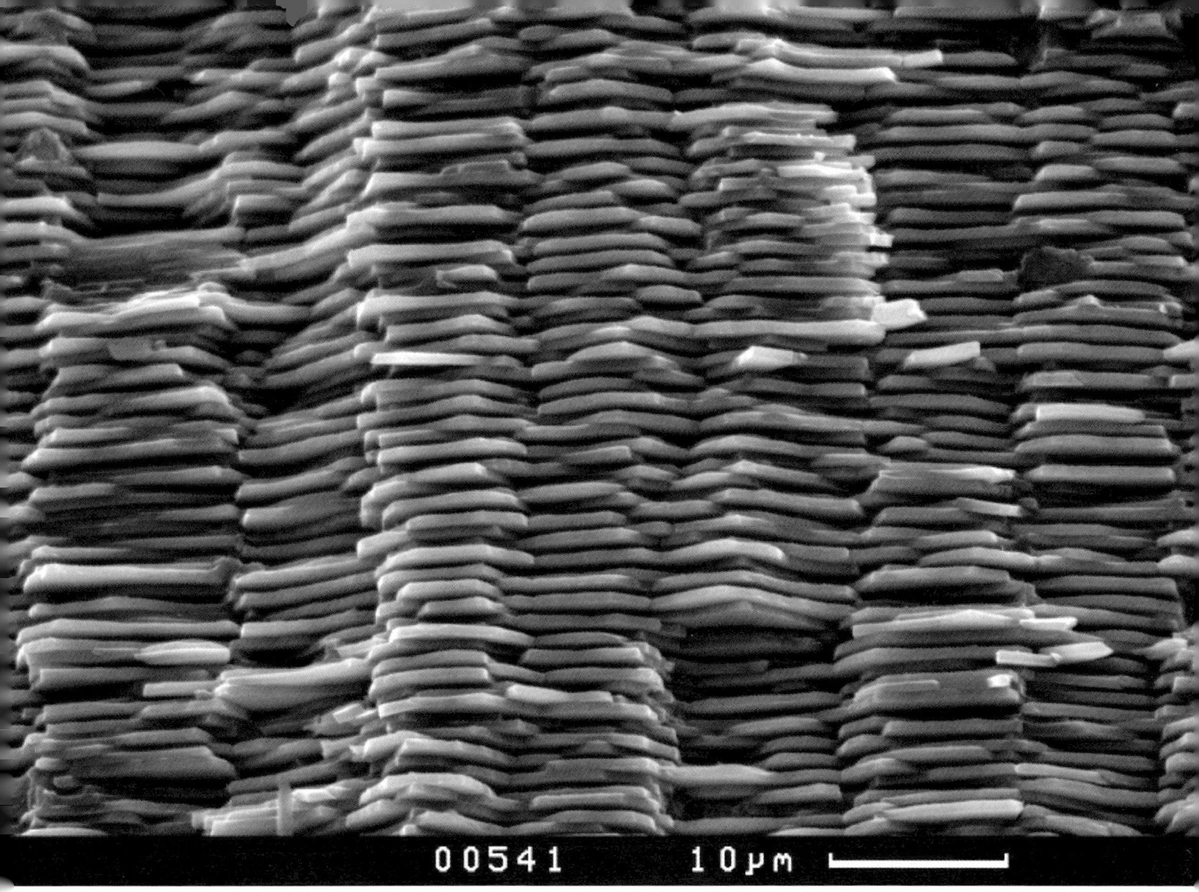

고배율로 확대해서 보면 진주가 수많은 판이 쌓인
구조임을 알 수 있다. 판 각각은 얇은 껍질로 싸여 있다.

에요. 진주는 자연적인 복합 재료이기 때문에 대단히 견고해요.

진주층이란 일부 조개껍데기에서 가장 안쪽에 있는 구조물로, 조개의 외투막에 접해 있는 부분이에요. 진주층은 단백질과 키틴으로 된 부드러운 물질로 감싸인, 석회로 된 작고 단단한 판들이 쌓여서 이루어져요. 판을 감싼 물질을 '매트릭스 matrix'라고도 해요. 매트릭스는 뜻이 여러 가지인데, 이 경우에는 석회판 각각을 감싼 아주 얇은 껍질을 뜻하지요. 이 석회판 2,000장을 쌓으면 높이가 1밀리미터가 돼요. 매트릭스와 판이 결합하면서 웬만해서는 진주층이 부서지지 않게 해 줘요. 단단한 판이 워낙 작아서 원리적으로 더는 부서질 수 없다는 점이 바로 비법이에요. 게다가 판들은 압력을 받으면 부드러운 매트릭스 속으로 밀려 들어가요. 이렇게 압력이 흡수되기 때문에 조개껍데기가 깨지지 않는 거예요. 진주층은 〈물속의 물고기처럼〉이라는 제목의 장에서 본 앵무조개의 껍데기에도 있어요. 그래서 독일에서는 앵무조개를 '진주 보트* Perlboot'라는 별명으로도 불러요. 앵무조개는 수압이 어마어마하게 높은 심해 깊숙이 잠수하기 때문에 껍데기가 아주 튼튼해야 해요.

특히 가볍고 튼튼한 섬유 복합 재료는
흔히 운동 기구를 만드는 데 쓴다.

섬유 복합 재료

기술 분야에는 아주 다양한 복합 재료가 있어요. 일상생활에 쓰이는 몇 가지 최신 섬유 복합 재료는 아마 여러분도 들어 보았을 거예요.

섬유 복합 재료를 만들려면 수많은 섬유의 가는 실 가닥을 서로 붙여야 해요. 이를 위해 섬유 가닥을 액체 플라스틱 속에 담가요. 그러면 플라스틱이 굳어서 섬유를 감싸지요. 즉, 플라스틱이 섬유를 감싼 매트릭스인 셈이에요. 널리 알려진 복합 재료인 유리 섬유 강화 플라스틱Glass Fiber Reinforced Plastics(GFRP)은 플라스틱으로 된 매트릭스가 가는 유리 섬유들을 감싼 구조예요. 이 구조 덕분에 GFRP는 아주 가볍고 튼튼하며 어떤 모양으로든 가공할 수 있어요. 유난히 가벼운 자전거의 차체는 플라스틱으로 감싼 탄소 섬유로 이루어졌어요. 이런 탄소 섬유 강화 플라스틱Carbon Fiber Reinforced Plastics(CFRP)은 유리 섬유 강화 플라스틱보다 더 가볍지만 더 비싸요. 탄소 섬유 강화 플라스틱은 경주용 자동차, 축구화, 낚싯대, 비행기에 쓰여요.

X

복합 재료

과거에 골절상에 쓰던 석고 붕대(일명 '깁스')도 복합 재료다. 깨지기 쉬운 석고를 거즈로 보강한 구조이기 때문이다. 석고 붕대는 모니에가 발명한 하분과 같은 구조다.

미술 재료 가게나 약국에 가면 석고 붕대를 저렴한 가격에 살 수 있다. 종이 공예를 하듯이 석고 붕대를 겹쳐 붙이면 멋진 가면을 만들 수 있다.

혹시 여러분이 아는 다른 복합 재료가 있는가? 여러분 스스로 섬유(털실이나 신문지 조각 등)와 부드럽고 끈끈한 매트릭스(찰흙, 소금 섞인 밀가루 반죽)로 복합 재료를 만들어 어딘가에 활용할 수 있을까? 떠오르는 아이디어들을 연구 일지에 기록하라.

복합 재료로 된 식물의 줄기

식물의 줄기는 유형이 아주 다양해요. 야생에서 나는 풀과 뒤뜰의 잘 손질된 잔디의 짧고 납작한 줄기는 모양새가 다르죠. 크고 작은 다양한 풀이 자연스럽게 자라나고, 때로는 뒤섞여 우거지기도 하는 야생 풀의 모양새가 깔끔하게 손질된 잔디밭과 어떻게 같을 수 있겠어요. 야생의 초원에는 길고 단면이 둥그스름한 줄기도 있어요. 그런 줄기를 '잡아 뜯어 본' 적이 있는 사람은 틀림없이 한 번쯤은 손가락을 다치거나 풀 전체가 뿌리째 뽑히는 일을 경험했을 거예요. 그런 줄기는 긴 섬

줄무늬큰갈대의 줄기는 최고 8m까지 자라며 센 바람이 불어도 부러지지 않는다.

유로 이루어졌어요. 곧추선 섬유들은 줄기를 유연하면서도 잡아 뜯는 힘에 아주 잘 버티게 해 줘요.

프라이부르크 대학의 생체 공학자 토마스 슈페크 교수와 그의 팀은 줄무늬큰갈대Arundo donax와 속새Equisetum hyemale의 강인함을 집중적으로 연구했어요. 식물의 줄기가 얼마나 강인한지는 바람이 불 때 알 수 있어요. 바람이 아무리 세차게 불어도 줄기는 꺾이지 않고 휘어질 뿐이에요. 왜 그럴까요?

식물의 줄기는 다양한 역학적 속성을 지닌 다양한 세포와 조직으로 이루어진 자연 복합 재료예요. 줄무늬큰갈대는 식물을 강인하게 하기 위해 자연이 어떤 묘수를 개발했는지 연구할 때 본보기로 삼기에 특히 좋아요.

진동 완화와 점진적인 변화

줄무늬큰갈대의 줄기는 바람에 휘어지지만 오랫동안 왔다 갔다 흔들리지 않고 아주 빠르게 곧추선 자세로 돌아와요.

프라이부르크 대학의 생물학자 올가 슈페크 박사는 그 이유를 연구했어요. 연구 결과 줄기들이 떼 지어 있어서 서로의 진동을 줄인다는 사실을 알아냈어요. 게다가 줄무늬큰갈대의 잎들은 바람 속에서 줄기와는 다른 리듬으로 흔들리며 줄기의 움직임에 제동을 걸어요. 잎이 감속용 낙하산brake parachute 구실을 하여 줄기의 운동을 막는 거예요. 마지막으로 줄기의 내

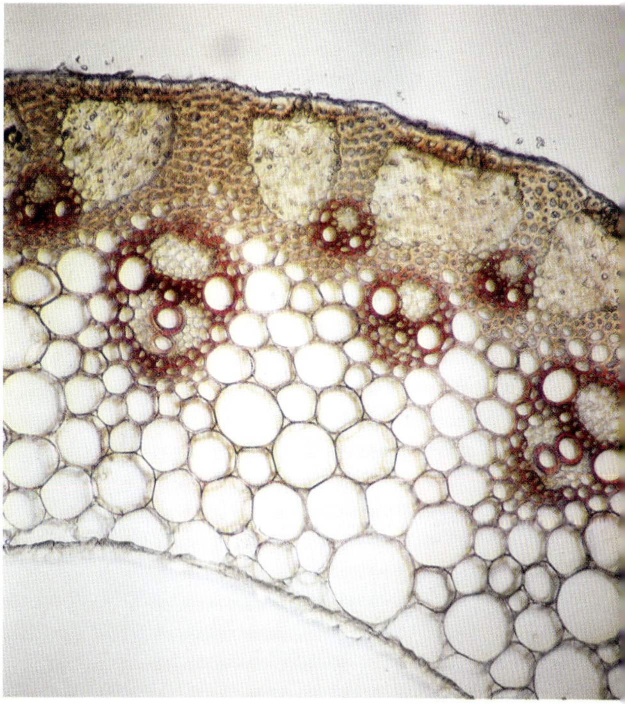

밀의 줄기를 잘라 단면을 보면 (크고 검붉게 염색된) 목질화한 세포들이 작은 세포들에 둘러싸인 것을 볼 수 있다. 줄무늬큰갈대의 줄기도 마찬가지다.

부 구조도 줄기가 많이 흔들리지 않고 곧추설 수 있게 도와요. 줄무늬큰갈대의 줄기는 특별한 자연적 복합 재료로 이루어졌거든요.

줄무늬큰갈대 줄기와 비슷한 밀의 줄기를 잘라서 현미경으로 관찰하면 이를 잘 알 수 있어요. 앞 그림에서 검붉은 원들은 목질화(나무처럼 단단해지는 것을 말한다.)한 관다발 조직에 속해요. 이 조직은 줄기와 나란한 방향으로 뻗은 억센 섬유로 이루어졌으며, 물과 양분이 지나는 통로들을 포함해요. 그 통로들의 집합체인 관다발은 목질화한 작은 식물 세포로 둘러싸여 있는데, 그 세포들은 관다발에서 멀어질수록 커지고 부드러워져요.

i

점진적 변화

왼쪽 그림에서는 검은색과 흰색이 선명한 경계선을 사이에 두고 갈라져 있다. 오른쪽 그림에서는 한 색에서 다른 색으로의 이행이 눈에 띄는 단절 없이 점진적으로 일어난다. 검은색과 흰색 사이에 선명한 경계선이 없는 대신에 흰색이 점점 적어지고 검은색이 점점 많아지는 구역만 있다.

이렇게 명확한 경계선 없이 점진적으로 일어나는 변화를 일상에서도 자주 볼 수 있다. 여러분이 오디오의 '소리 없앰' 버튼을 누르는 대신에 볼륨 조절용 다이얼을 계속 왼쪽으로 돌리면 소리의 크기가 점진적으로 변화한다. 이때 여러분은 소리가 점점 작아지다가 어느 순간 들리지 않게 된다는 것만 감지한다. 속도도 점진적으로 변화할 수 있다. 예컨대 높이뛰기 선수가 도움닫기에서 처음엔 천천히 달리다가 점프를 앞두고 속도를 높일 때, 혹은 여러분이 자전거를 타다가 급히 브레이크를 잡지 않고 천천히 멈출 때, 그런 변화가 일어난다.

이렇게 줄기의 목질화는 한꺼번에 일어나지 않고, 단단한 목질 조직에서 아직은 목질화가 되지 않은 부드러운 부위로 점진적으로 일어나요. 줄기의 안쪽은 강하지만 바깥쪽은 유연하므로 바람이 불어 줄기가 휘어질 때 관다발과 그 주변의 매트릭스 사이에 균열이 나지 않아요. 만약 균열이 난다면 줄기가 부러질 수도 있겠지요. 이런 점진적 변화의 놀라운 점은 세포들 사이 섬유질의 특수한 구조가 흔들림을 줄여 주는 역할까지 한다는 거예요.

자연적인 에이치빔

식물이 부러지거나 꺾이지 않기 위해 개발한 묘수는 지금까지 소개한 것들 말고도 많아요. 예컨대 양치식물의 한 종류인 속새는 줄기의 벽 구조가 유난히 견고해요. 속새의 단면을 보면 줄기가 속이 빈 관의 형태임을 알 수 있죠. 그뿐만 아니라 속새 줄기의 외벽에도 구멍들이 있어요. 그 벽이 견고한 것은 고리 모양으로 늘어선 자연적인 에이치빔 덕분이에요. 그래서 속새의 줄기는 아주 억세고 좀처럼 꺾이지 않는답니다.

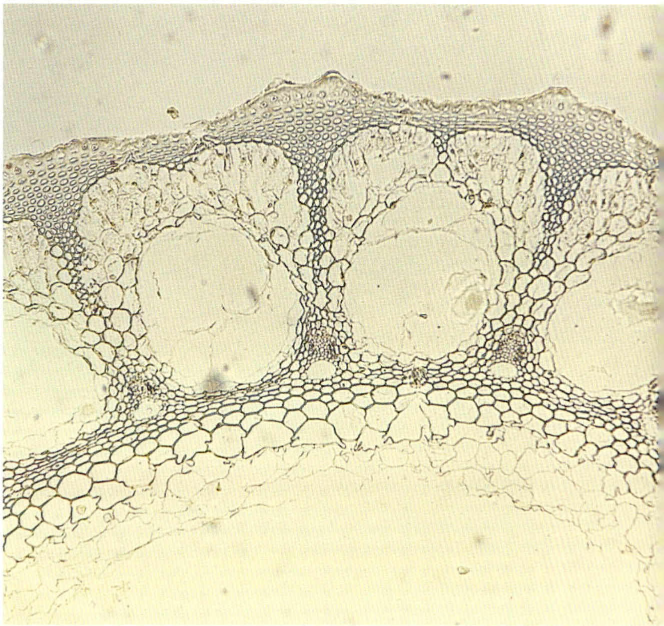

속새의 횡단면을 현미경으로 관찰하면 외벽 속에 빈 공간이 있음을 알 수 있다. 그 공간 각각은 에이치빔 형태의 물질로 둘러싸여 있다.

생체 공학적 식물 줄기

이런 자연적인 복합 재료들은 공학자 슈테그 마이어가 보기에 대단히 매혹적이었어요. 어떻게 하면 그것을 모범으로 삼아 가벼우면서도 아주 튼튼한 재료를 만들 수 있을지 오랫동안 연구했지요. 그 결과 동료 마르쿠스 밀비히와 프라이부르크 대학의 식물학자들과 함께 뎅켄도르프 직물 처리 기술 연구소에서 '생체 공학적 식물 줄기'를 개발했어요. 이 복합 재료는 줄무늬큰갈대와 속새의 장점을 다 지녔어요. 이 생체 공학적 줄기는 뜨개질과 비슷하게 섬유를 짜서 만든 관인데, 특이한 구조를 지닌 만큼 제작법이 꽤 복잡해요.

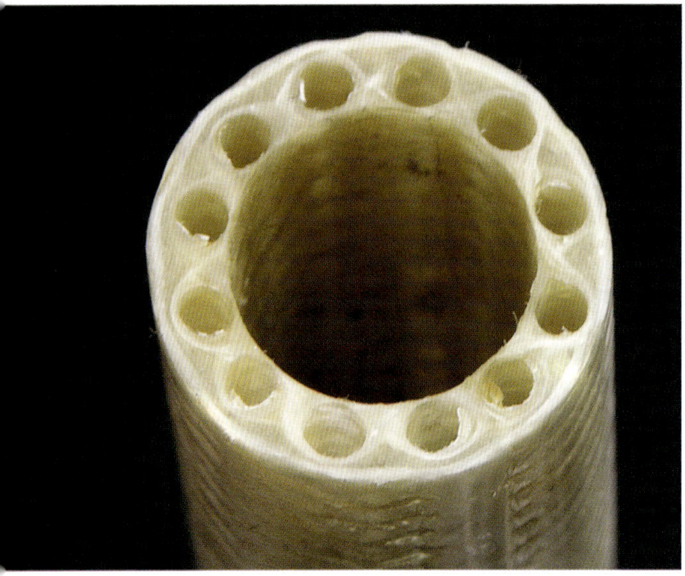

기술자들이 만든 '생체 공학적 식물 줄기'는 가는 섬유들을 매트릭스로 결합하여 만든다.

제작 과정에서 섬유 가닥들을 합성수지에 적시는데, 합성수지가 접착제처럼 굳어져 줄기를 견고하게 해요. 요컨대 생체 공학적 식물 줄기는 섬유 복합 재료를 관 모양으로 가공한 제품이에요.

그렇게 만든 관은 대단히 가벼우면서 튼튼하고 충격을 받아도 오래 흔들리지 않았어요. 관의 진동을 완화시키는 원리는 줄무늬큰갈대와 같아요. 즉, 큰 '관다발' 주변의 작은 '식물 세포들' 덕분에 흔들림이 약해지지요. 물론 '생체 공학적 식물 줄기'에서는 매트릭스 속에 얽혀 있는 섬유가 진짜 세포와 관다발을 대신하죠. 기술자들은 인공 식물 줄기에 관심이 많아요. 미래에는 어쩌면 스키 스틱, 가로등 기둥, 돛대의 재료로 인공 식물 줄기가 쓰일 거예요. 지금 쓰이는 긴 막대는 왔다 갔다 진동하는 경우가 잦고 그러다가 갑자기 큰 힘을 받으면 부러질 수도 있으니까요. 생체 공학적 식물 줄기는 섬유로 되어 있어서 대단히 튼튼하지만 물론 다른 모든 제품과 마찬가지로 망가질 수 있어요. 그러나 생체 공학적 식물 줄기는 견딜 수 없는 힘을 받아도 한 번에 뚝 부러지는 것이 아니라 개별 섬유들이 차츰 끊어지는 형태로 진행되지요. 따라서 인공 식물 줄기가 천천히 부러져 갈 때, 기술자들이 이를 보고 여유 있게 수리하거나 교체할 수 있어요.

진동을 완화하는 능력이 탁월하다는 것 말고도 인공 식물 줄기에는 또 다른 속성이 있어요. 이 줄기의 외벽에 에이치빔 모양의 구조물에 둘러싸인 통로가 있다는 점이에요. 진짜 식물이라면 그 통로를 양분 운반에 쓸 법해요. 인공 식물 줄기라면 다양한 케이블의 통로로 쓸 수도 있을 거예요. 이처럼 관 하나를 여러 케이블과 다양한 액체의 통로로 쓸 수 있으니 참으로 실용적이에요.

인공 식물 줄기를 어디에 쓸 수 있을까요? 파라솔 기둥을 인공 식물 줄기로 만들어 수도관과 연결하여 날씨가 너무 더울 때 파라솔 밑에서 샤워를 할 수 있게 하면 어떨까요? 혹은 수도관 대신에 전선을 연결하여 여름밤에 파라솔 밑에서 책을 읽을 수 있게 하는 것도 좋겠네요.

자연은 진화 과정에서 동물과 식물을 각자의 생활 환경과 필요에 적응시키기 위해 셀 수 없는 발명을 했어요. 그 최적화 전략들은 생체 공학자들에게도 쓸모가 있지요. 다음 장에서 여러분은 가로등 기둥을 땅에 더 잘 박는 방법을 배우게 될 거예요.

나무는 하늘 높이 자라도 쓰러지지 않고 뼈는 자체 무게의 여러 배를 지탱할 수 있어요.
이런 대단한 능력의 바탕에 깔린 묘수를
기술에 적용할 수 있지요.

가볍게,
강하게,
적합하게

점 점 더 나아지는

자연에서 경쟁하며 살아가는 생물이 한결같이 품은 목표는 자기 종을 보존하고 확산하는 일이에요. 그러나 생활 환경에 가장 잘 적응하여 충분한 먹이를 획득하고 가장 효율적으로 번식하는 종들만 그 목표를 달성하죠. 생물의 속성은 세대가 바뀔 때마다 진화를 통해 조금씩 달라져요. 때로는 이 변화의 결과로 생물이 환경에 더 잘 적응하게 되기도 해요. 예를 들어 원시 말의 발가락이 현대 말의 발굽으로 바뀌면서 초원에 더 잘 적응하게 된 것처럼요. 한 문제에 대해 여러 해결책이 있을 때, 대개는 가장 좋은 해결책을 채택하지요.

인류도 발명품을 끊임없이 개량하고 발전시키려 해요. 개량을 다른 말로 '최적화optimization'(가장 적합하게 만들기)라고 해요. 이 장에서는 최적화와 관련해서 자연에서 무엇을 배울 수 있는지 살펴볼 거예요.

최선의 해결책을 찾아서

생물의 진화는 특정 속성과 특징이 후손에게 유전된다는 사실에 기초를 둬요. 말하자면 여러분 중에는 코는 아버지를 닮고 눈동자 색깔은 어머니를 닮은 사람이 있을 텐데, 이런 것이 유전이에요. 그러나 똑같은 부모님과 더 먼 조상들의 특징을 유전받은 형제라 하더라도, 일란성 쌍둥이가 아닌 한 생김새가 다르지요. 동물계와 식물계도 마찬가지예요. 부모는 자식에게 각각 유전 정보를 넘겨주어요. 유전 정보는 유전자에 들어 있어요. 그런데 생활 환경에 특히 잘 적응한 동물과 식물이 잘 적응하지 못한 놈들보다 더 오래 살면서 더 많이 번식해요. 예를 들어 개구리의 경우에 적응이란 몸을 녹색으로 위장하는 것, 땅 위에서나 물속에서나 잘 이동하는 것, 알을 많이 낳는 것, 교미기에 아주 시끄럽게 우는 것 등이에요. 잘 적응한 개구리들은 천적으로부터 자신을 잘 보호하고 빠르게 번식할 수 있으므로 적응도가 낮은 개구리들을 여러 세대에 걸쳐 밀어내고 그 자리를 차지하죠.

이렇게 생활 환경에 잘 적응한 놈들이 살아남는 것을 자연 선택이라고 해요. 생물의 특징은 다음 세대로 전달되는데, 이 과정에서 부모의 유전 정보가 섞여요. 또한 유전 정보가 약간 달라지는 일도 종종 있어요. 이를 돌연변이라고 하는데, 부모에게 없던 새로운 유전 정보가 갑자기 출현하는 현상이죠. 돌연변이는 기본적으로 유전 정보를 전달하는 과정에서 생기는 '오류'라고 할 수 있지만 때로는 생물에게 이로운 속성을 발생시키기도 해요. 즉, 생물을 개량하는 거죠. 세대 교체가 거듭되는 동안, 자연 선택, 유전 정보 전달, 유전 물질의 변화(돌연변이)가 계속 일어나요. 이것이 바로 진화예요. 진화를 통해 생물이 더 발전하고 새로운 종들이 생겨나죠. 지구에 깃든 생명의 다양성은 진화에서 비롯해요.

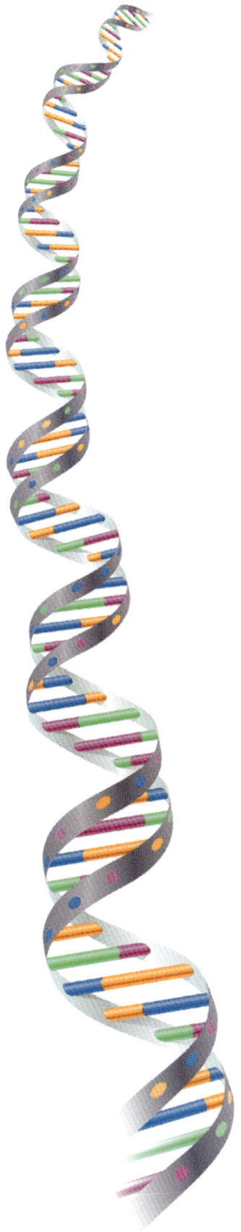

모든 생물이 고유하게 지닌 유전 정보는 DNA라는 사다리 모양의 분자에 저장되어 있다.

진화를 가속하기

기술자, 과학자, 생체 공학자도 자신의 발명품을 항상 더 최적화하기를 원해요. 이들의 목표는 최적화를 통해 시간, 돈, 원료를 절약하는 거예요. 그래서 사람들은 더 빠른 운송로, 더 원활한 기계 작동, 더 튼튼한 재료를 찾으려고 하죠. 문제에 대한 최선의 해법을 찾는 방법은 여러 가지예요. 일단 시도해 보고 오류가 발견되면 개선하는 방식으로 최적의 해법을 발견할 수도 있어요. 이 과정을 시행착오라고 해요. 하지만 시행착오를 통해 최적의 해법을 발견하려면 때로는 시간이 상당히 오래 걸리기도 하죠.

그런데 컴퓨터를 이용하면 빠른 시간 내에 진화를 모방할 수 있어요. 이런 시뮬레이션 프로그램에서 컴퓨터는 다양한 특징을 여러 '세대'에 걸쳐 조합하고 변화시키고 선택하여 결국 문제에 대한 해법을 찾아내요. 이 계산 절차를 '진화 알고리즘'이라고도 해요. 알고리즘algorism은 어떤 문제의 해결을 위하여, 입력된 자료를 토대로 원하는 출력을 유도해 내는 규칙의 집합을 말해요. 계산 결과는 이를테면 소음이 거의 없는 컴퓨터용 환풍기의 모양이거나 물의 저항을 특별히 적게 받는 배의 모양일 수 있어요. 또 한 도시의 버스 운행을 계획할 때 불필요한 노선을 없애고 등하교 때처럼 승객이 몰리는 시간에 버스를 충분히 제공하는 것 등을 고려하여 완벽한 계획을 세우는 일에도 이 방법을 이용할 수 있어요.

아주 다양한 문제에 진화 알고리즘을 적용할 수 있고, 진화를 모방함으로써 복잡한 문제에 대한 최적의 해법을 발견할 수 있지요.

줄기처럼 튼튼한 풀

풀과 식물의 줄기는 진화를 통해 최적화된 모양을 가졌어요. 풀줄기는 지름은 작지만 키가 아주 큰 데다 튼튼하기까지 하죠. 딱정벌레가 줄기에 붙어서 기어오를 때 풀줄기가 얼마나 큰 무게를 버텨 내야 할지 생각해 보세요. 혹은 바람이 불 때 풀줄기가 얼마나 많이 휘어지는지도 생각해 보세요. 그런 무게와 바람에 꺾이지 않기 위해 풀은 수백만 년에 걸쳐 묘수들을 개발했어요. 우리는 앞 장에서 그 묘수들을 보았지요. 하지만 일부 식물의 줄기는 점진적 변화와 에이치빔 말고 다른 수단에 의지하기도 해요. 균열과 꺾임을 방지하는 밧줄이 바로 그런 수단 중에 하나예요.

풀밭에서 긴 풀줄기를 자세히 관찰하면, 몇몇 지점이 다른 곳보다 약간 더 굵은 것을 볼 수 있어요. 그런 지점을 '마디'라고 해요. 마디는 줄기를 더 강하게 만들어요.

나무 같은 풀: 대나무

마디의 역할은 대나무에서 특히 잘 알 수 있어요. '대나무'라고 부르는 풀은 여러 종류인데, 그중 일부 종은 키가 40미터에 달하며 때로는 하루에 1미터나 자라요.

대나무 줄기는 나무줄기보다 훨씬 가는데도 아주 높이 자란다.

대나무 줄기는 아주 튼튼하기 때문에 아시아의 일부 지역에서는 공사용 가설물의 재료로 쓴다.

대나무 줄기는 튼튼하면서도 매우 가벼워요. 왜 그럴까요? 대나무 줄기는 속이 빈 관이에요. 여러분도 알다시피 이 관은 아주 튼튼해요. 대나무는 이렇게 관의 형태를 지닌 덕분에 다른 풀이라면 꽉 채워진 줄기 속으로 가야 할 자원을 아주 높이 자라는 것과 조직을 보강하여 단단하게 목질화하는 데 쓰죠. 게다가 자연이 만든 비법인 마디도 긴 대나무 줄기가 꺾이는 것을 막아 주어요. 대나무를 가로로 잘라서 단면을 보면, 마디 부분에 가는 식물 섬유로 이루어진 판이 있다는 걸 알 수 있어요. 그 판은 줄기를 여러 층으로 나누기 위해 설치된 것처럼 보이기도 해요. 그래서인지 '격벽 septum'(방과 방 사이에 놓인 벽)이라고도 불러요. 격벽을 이루는 섬유들은 줄기가 꺾이지 않게 잡아 주는 밧줄 구실을 해요. 어떻게 그럴 수 있는지를 다음 실험을 통해 이해할 수 있어요.

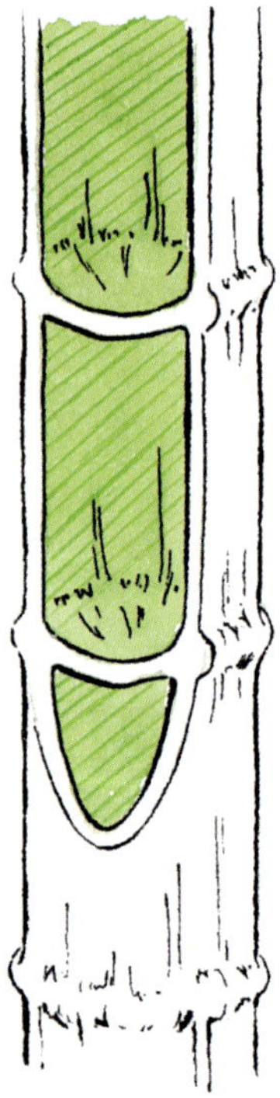

속이 빈 대나무 줄기는 이른바 격벽이 있어서 더욱 튼튼하다.

관이 꺾일 때, 어떤 일이 일어날까?

수직으로 세운 굵은 빨대는 위에 가벼운 물건을 얹어도 쉽게 꺾이지 않는다. 하지만 일단 꺾인 자리가 생기고 나면, 무게를 잘 지탱하지 못하고 쉽게 다시 꺾인다. 빨대가 꺾이는 과정을 자세히 관찰해 보라. 꺾이는 자리의 단면은 처음에는 원형이었다가 타원형이 되고 결국 완전히 찌그러져 직선처럼 된다. 여기에서 알 수 있듯이, 단면의 모양이 쉽게 바뀌는 관은 꺾이기도 쉽다. 그래서 많은 식물 줄기는 바람에 심하게 밀려도 단면의 모양이 바뀌지 않도록 설계되어 있다.

식물 줄기에서는 자연적인 밧줄들, 곧 식물 섬유들이 안정을 유지하게 해 줘요. 줄기와 나란하게 뻗은 섬유들은 줄기가 끊어지는 것을 막고, 수평으로 놓인 판 속의 섬유들은 줄기가 둥근 단면을 유지하여 꺾이지 않게 해 주죠. 이런 수평 방향의 섬유들은 바나나 잎의 잎자루에서 선명하게 볼 수 있어요. 이 잎자루는 단면이 둥글지는 않지만 둥근 줄기들과 마찬가지로 수평 방향 섬유들을 통해 고유한 단면의 모양을 유지하죠.

바나나 잎의 잎자루를 잘라서 단면을 보면, 미세한 섬유들이 마치 밧줄처럼 연결되어 있는 것을 볼 수 있다. 그 섬유들은 단면의 모양을 보존하는 구실을 한다.

X

튼튼한 종이 관

대나무 줄기를 더 튼튼하게 보강해 주는 격벽은 쉽게 모방할 수 있다. 종이, 가위, 풀만 준비하면 된다. 종이를 둥글게 말아 양끝을 붙여서 관을 만들어라.

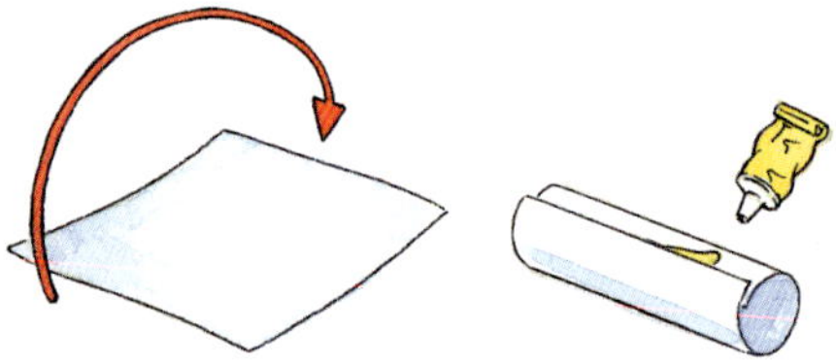

종이 관을 책상 위에 세워 놓고 그 위에 작은 책 따위를 얹어 보라. 관은 꽤 큰 무게도 버텨 낼 것이다. 하지만 관을 눕혀 놓고 그 위에 물건을 얹으면, 아주 가벼운 무게에도 관이 납작하게 찌그러질 것이다. 앞서 빨대 실험에서 보았듯이 단면이 찌그러지는 것은 관이 꺾이는 것과 직접 연결되어 있다. 식물들은 이 찌그러짐을 밧줄 구실을 하는 섬유들로 막는다. 이제부터 그 묘수를 여러분이 만든 종이 관에 적용해 보자. 더 준비할 것은 종이 띠 몇 개뿐이다.

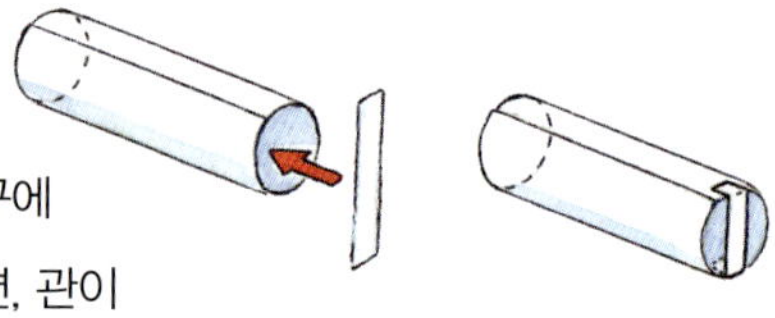

폭이 1cm쯤 되고 길이는 종이 관의 지름보다 약간 더 큰 종이 띠를 마련해서 관의 한쪽 입구에 붙여라. 이제 그 입구 근처를 손으로 눌러 보면, 관이 한쪽 방향으로 더 튼튼해졌다는 걸 알 수 있을 것이다. 정확히 말하면, 종이 띠와 수직을 이루는 방향에서 관을 누르면, 관이 쉽게 찌그러지지 않을 것이다.

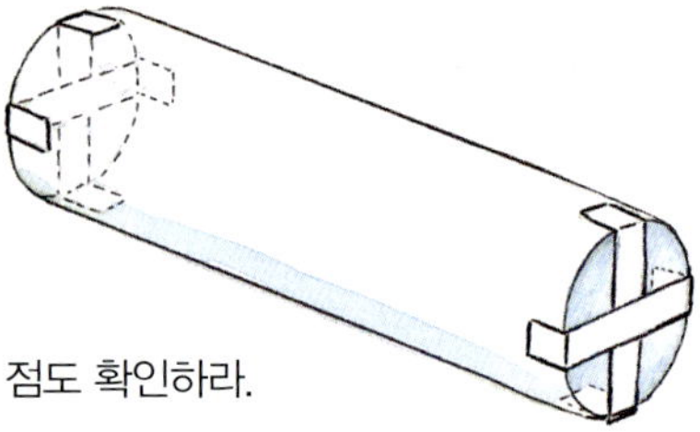

종이 띠를 더 많이 준비해서 그림과 같이 띠들이 관의 단면 한가운데에서 교차하도록 하나씩 붙여 가면서, 관이 점점 더 튼튼해지는 것을 확인해 보라. 이 과정에서 관의 무게는 조금만 늘어난다는 점도 확인하라.

이 원리는 대나무 줄기와 자전거 바퀴에도 적용된다. 대나무 격벽의 섬유들은 줄기의 단면이 변형되지 않게 보존하며, 자전거 바퀴의 살도 마찬가지 구실을 한다. 바퀴살들은 무게를 지탱하는 것이 아니라 당기는 힘을 발휘하여 바퀴의 모양을 유지해 준다.
관이나 고리를 밧줄로 보강하면 버팀목으로 보강할 때보다 재료가 훨씬 적게 든다. 종이 관 내부에 성냥개비 따위를 버팀목으로 설치해 보면 금세 알 수 있다. 이런 밧줄 구조를 어떤 물체를 보강하는 데 쓸 수 있을까? 여러분의 아이디어를 연구 일지에 기록하라.

방금 보았듯이 대나무는 격벽으로 줄기의 강인함을 최적화하는데, 이때 격벽을 이루는 식물 섬유들은 밧줄 구실을 해요. 다른 많은 사례에서도 식물 섬유가 당기는 힘을 발휘하여 식물을 튼튼하게 만드는 것을 볼 수 있어요. 나무의 뿌리도 나무를 튼튼하게 하는 요소 중에 하나예요. 뿌리는 토양 속의 양분을 나무에 공급하는 구실만 하는 것이 아니에요. 나무가 곧게 서 있는 것도 뿌리 덕분이죠.

뿌리 박은 나무

어린나무는 대개 우듬지가 적당한 높이에 도달하여 햇빛을 충분히 받을 수 있을 때까지는 홀쭉하게 자라요. 그런 다음에는 줄기가 차츰 굵어지는데 아랫부분이 윗부분보다 더 많이 굵어져요. 위와 아래의 굵기 차이가 많이 날수록 나무가 안정적으로 서 있는 데 유리하죠. 그렇더라도 만약 뿌리가 없다면, 나무는 거꾸로 세워 놓은 빗자루

열대 원시림의 나무가 곧게 서 있는 것은 판근이 밧줄처럼 나무를 잡아 주기 때문이다.

한쪽 끝이 바닥에 박힌 밧줄들이 서커스 천막의 높은 기둥을 고정한다. 뿌리가 나무의 곧게 선 자세를 유지해 주는 것과 마찬가지다.

와 마찬가지로 바람이 조금만 불어도 쓰러질 거예요. 뿌리는 땅속으로 뻗어 줄기가 똑바로 선 자세를 유지하게 해 주는 밧줄 구실을 해요. 이는 서커스 천막이 밧줄 덕분에 서 있는 것과 마찬가지예요.

한쪽 끝이 바닥에 고정된 질기고 팽팽한 강철 밧줄들은 서커스 천막의 기둥이 곧추선 자세를 유지하게 해 줘요. 이는 나무에서 뿌리가 하는 역할과 같지요.

한 가지 차이는 뿌리는 나무의 아랫부분에서만 자라는 반면 인공 밧줄은 대개 기둥 꼭대기에 연결된다는 점이에요. 열대 원시림에서 자라는 몇몇 나무의 판근 buttress root(땅 위로 노출된 판 모양의 곁뿌리)에서 이런 밧줄의 원리를 생생하게 볼 수 있어요. 판근은 원시림 바닥에 얕게 퍼져 있어요. 왜냐하면 대부분의 양분이 얕은 곳에 있기 때문이지요. 뿌리가 얕은 대신 나무들은 앞 장의 사진처럼 수직으로 땅 위로 솟아오른 뿌리들을 통해 안정성을 보강해요. 그 뿌리들이 마치 세워 놓은 납작한 판처럼 보이기 때문에 '판근'이라고 하지요. 아래 사진 속 나무의 판근도 나무가 쓰러지지 않게 붙드는 밧줄 구실을 해요. 나무의 한쪽 가지들이 부러져 나무의 균형이 깨지거나 바람이 한쪽에서 세게 불어 나무를 쓰러뜨리는 힘이 발생하면, 뿌리가 그 힘을 상쇄하기 위해 당기는 힘을 발휘해요.

판근은 나무가
쓰러지는 것을 막는
밧줄 구실을 한다.

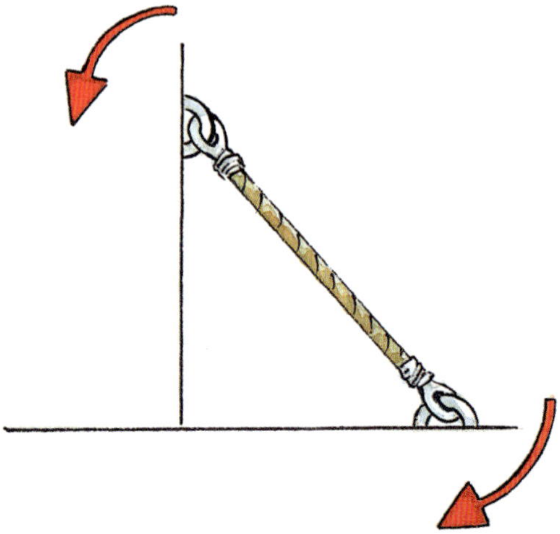

판근의 윤곽은 곡선이다

그런데 앞의 사진을 자세히 보면, 나무와 바닥을 잇는 판근의 윤곽이 그냥 비스듬한 직선이 아니라 활처럼 약간 휜 곡선이라는 걸 알 수 있어요.

숲에서 많은 시간을 보낸 카를스루에 연구소의 생체 공학자 클라우스 마테크 교수는 이 곡선이 많은 나무에서 유사하게 나타나며, 특히 큰 힘이 필요한 경우에 나타난다는 걸 알아챘어요. 마테크 교수는 나무들의 모양을 비교하는 안목을 훈련했어요. 또한 왕성한 호기심으로 자연에 있는 다른 곡선도 연구한 끝에, 판근 윤곽의 특수한 곡선이 판근뿐만 아니라 유난히 튼튼해야 하는 자연적인 '건축 요소'에서 공통으로 나타난다는 사실을 발견했어요. 식물의 가시, 곰의 발톱, 멧돼지의 엄니, 가지가 갈라진 부위에 그런 곡선이 있었지요.

이로써 마테크 교수는 우리가 하루도 빠짐없이 활용하는 발명품의 기초를 마련했어요. 오늘날 기술자들은 우리가 매일 이용하는 건물을 구성하는 건축 요소의 안정성을 높이기 위해 판근의 윤곽 등에서 나타나는 특수한 곡선을 정확히 계산하는데, 이때 사용하는 컴퓨터 프로그램보다 더 자주 쓰이는 생체 공학적 발명품은 거의 없을 정도지요.

여러분 스스로 자연에서 '둥근 모서리'를 찾아내기 위해 윤곽이 사진 속 판근과 같은 비교용 모형을 만들 수 있어요. 그 모형을 가지고 정원이나 숲에 가서 곡선을 직접 찾아보세요. 모형의 윤곽은 간단히 이 책을 보고 베끼거나 여러분이 스스로 그릴 수도 있어요. 스스로 그리다 보면, 기술자나 건축가가 견고하며 생체 공학적인 건축 요소를 설계하는 방법까지 배울 수 있을 거예요. 그 윤곽은 건축의 안정성을 위한 최적의 곡선이죠. 자연을 주의 깊게 살피면 그 곡선을 발견할 수 있어요. 그 곡선은 정확한 원둘레 모양이 아니며 달걀의 뾰족한 부분 근처의 윤곽과 비슷해요.

X

판근 모형 만들기

판근의 윤곽을 이루는 특별한 곡선을 그리는 방법은 원을 그리는 방법처럼 간단하지 않다. 계산이 필요하다. 그 곡선은 삼각형들을 잇대어 놓은 결과라고 할 수 있다.

참을성을 조금만 발휘하면 여러분 스스로 그 곡선을 그리 어렵지 않게 그릴 수 있다. 방법은 간단하다. 준비물은 빳빳한 종이, 연필, 삼각자다. 우선 약 14cm 높이의 수직 '기둥'을 그려라. 그 기둥은 가로등 기둥처럼 정확히 수직으로 바닥에 박혀 있어야 한다. 나무를 본보기로 삼아 그 기둥의 안정성을 최적화하려면, 기둥의 밑동에 판근의 윤곽과 같은 생체 공학적 곡선을 장착하면 된다. 과제를 단순화하기 위해 일단 기둥의 오른쪽 바깥면만 생각하기로 하자. 이를테면 오른쪽에서 바람이 불어오기 때문에 그쪽을 보강해야 한다고 가정하자.

기둥의 안정성을 높이는 최적의 곡선을 그리는 방법은 다음과 같다.

(1) 바닥을 나타내는 수평선과 기둥의 오른쪽 경계를 나타내는 수직선을 서로 교차하게 그려라. 그리고 그 교차점 옆에 A라고 적어라. 이제부터 그 점의 이름은 A다.

(2) 교차점 A에서 수평선을 따라 5cm 떨어진 지점을 표시하라. 그 점은 B라고 하자.

(3) A에서부터 수직선을 따라 위로 5cm 떨어진 지점을 표시하라. 그 점은 C라고 하자.

(4) B와 C를 직선으로 연결하라. 이로써 기둥과 바닥이 이룬 모서리에 첫째 삼각형이 만들어졌다. 바람이 불면 이 삼각형은 당기는 힘을 발휘하여 기둥을 붙든다. 가장 아래쪽에 놓인 이 삼각형은 직각이등변삼각형이다. 이 삼각형의 두 변이 꼭 5cm일 필요는 없다. 2cm나 4cm도 괜찮다. 중요한 것은 두 변의 길이가 같아야 한다는 점이다. 이제 '밧줄' 하나가 가로등 기둥을 붙들고 있는 상황이 되었다. 따라서 오른쪽에서 불어오는 바람은 기둥을 쉽게 쓰러뜨리지 못한다. 하지만 삼각형을 더 추가하면 기둥의 안정성을 더 높일 수 있다.

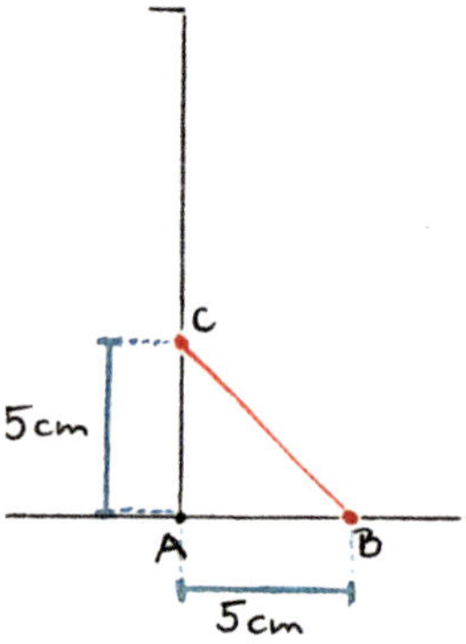

(5) B와 C 사이의 거리를 재고, 정확히 중간에 놓인 점 D를 표시하라.

(6) 이제 조금 까다로운 일을 해야 한다. D와 C 사이의 거리를 재서 기록하라. 우리의 예에서 그 거리는 3.5cm다. 이제 수직선 상의 점 C에서 위쪽으로 정확히 그 거리만큼 떨어진 점을 표시하고 E라고 하자.
(7) E와 D를 연결하라. 이로써 둘째 삼각형이 완성되었다.
(8) D와 E 사이의 거리를 재고 중간 지점을 표시하라. 그 새로운 점을 F라고 하자.
(9) E와 F 사이의 거리를 재서 기록하라. 우리의 예에서 그 거리는 3.25cm다. 이제 E에서 위쪽으로 정확히 그 거리만큼 떨어진 지점을 표시하고, 그 점을 G라고 하자.
(10) F와 G를 연결하라.

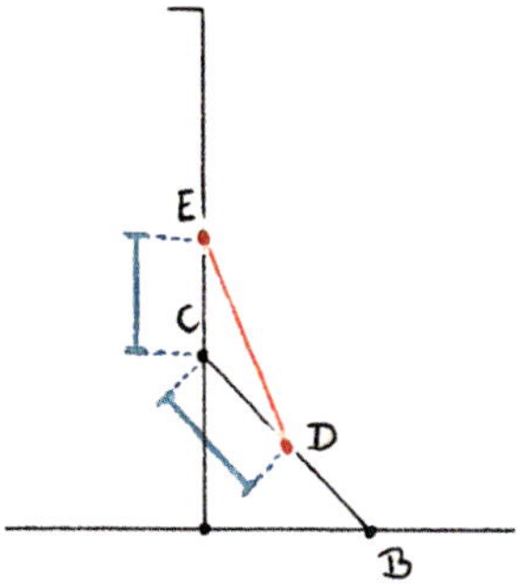

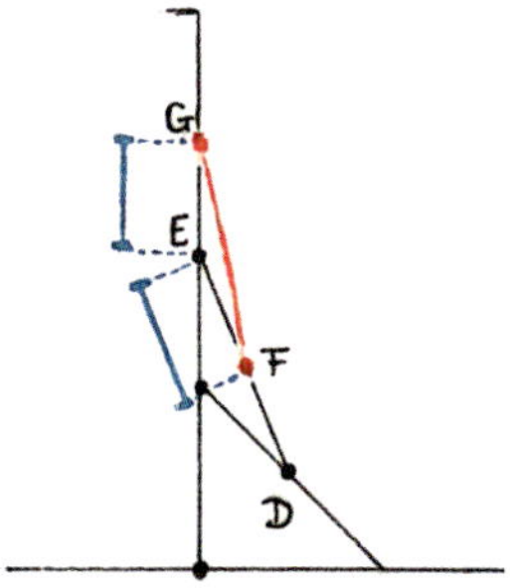

이로써 삼각형 세 개가 완성되었다. 이제 삼각형들의 변을 따라 G와 B를 잇는 선을 색연필로 그으면, '각진' 판근 곡선을 또렷하게 볼 수 있다.
삼각형들과 기둥을 똑같은 색으로 칠하라. 이제 삼각형들은 나무 밑동에 추가로 자리 잡아 줄기의 안정성을 높이는 목질을 나타낸다.

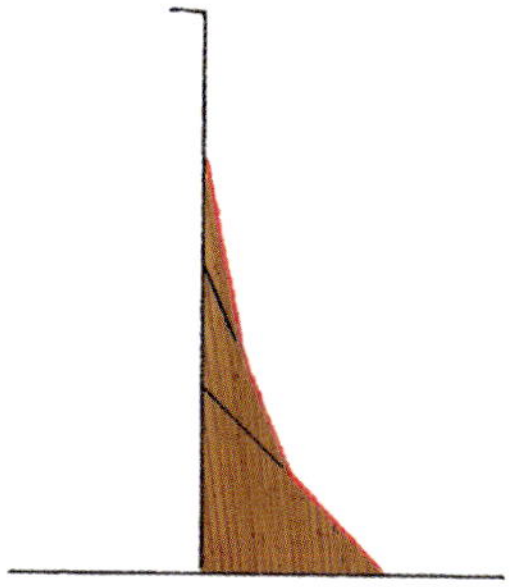

삼각형들과 기둥으로 이루어진 그림 전체를 오려 내어 비교용 모형으로 사용할 수 있다. 이 모형을 가지고 정원이나 숲에 가 보자. 나무들의 밑동에서 바람을 많이 받는 쪽의 모양을 여러분이 가져온 모형과 비교해 보라. 비슷한가? 가지와 줄기가 만나는 부위, 잎자루와 가지가 만나는 부위, 장미나무의 가시도 모형과 비교해 보라.

X

'둥근 모서리'의 장점

나무는 중력이나 바람 같은 외적인 힘(외력) 때문에 생기는 피해를 최대한 덜 받기 위해 성장 과정에서 끊임없이 자신의 모습을 환경에 적응시켜요. 나무의 한쪽이 다른 쪽보다 더 큰 힘을 받으면, 그쪽 뿌리들이 더 강해져요. 즉, 힘이 필요한 부위가 더 강해지죠. 이런 식으로 성장함으로써 나무는 외력 때문에 목질부에 '장력 정점'(장력이 특히 높은 지점)이 발생하는 것을 막고 장력을 표면 전체에 골고루 분산시킬 수 있어요. 장력은 좁은 면적에 집중될수록 더 커지므로, 나무는 외력이 강하게 작용하는 부위의 표면적을 늘려요. 더 많은 목질을 만들어서 그 부위를 조금 더 두껍게 만드는 식인데, 이렇게 하면 장력이 감소하지요.

과학자들의 실험에서 드러났듯이, 판근 곡선 형태의 모서리에서는 장력 정점이 발생하지 않아요. 만일 장력 정점이 발생한다면, 나무의 줄기나 가지가 그 장력 정점에서 꺾일 거예요. 예를 들어 갈라진 두 가지의 연결 부위가 판근에서처럼 특별한 곡선이 아니라 마치 다각형의 한 귀퉁이처럼 날카롭게 꺾여 있다면, 정확히 그 각진 꼭짓점이 극도로 큰 장력을 받을 거예요. 또한 두 가지의 연결 부위가 원호(원둘레 또는 기타 곡선 위의 두 점에 의해 한정된 부분) 모양이라면, 그 원호와 곧은 가지가 만나는 지점이 가장 큰 장력을 받겠지요. 그래서 바람이나 사람이 가지를 잡아당기면, 가지는 정확히 그 지점에서 부러질 거예요. 그러나 두 가지가 특별한 판근 곡선으로 연결되어 있다면, 가지가 부러질 가능성은 훨씬 줄어들어요.

휨과 꺾임

공학자들은 이 원리를 기술에 적용했어요. 꺾이고 부러지는 것은 나무만이 아니거든요. 부러진 열쇠와 나사, 차축이 부러지는 사고, 파라솔 기둥이 꺾이는 일, 의자 다리가 부러지는 일, 대형 공연장의 지붕이 주저앉거나 교량의 기둥에 균열이 생기는 현상, 자전거의 뼈대나 비행기의 일부가 부서지는 일도 있지요. 따지고 보면 이 세상에 부서지지 않는 것이란 없어요.

기계나 장치를 조립할 때 들어가는 개별 요소들을 '부품'이라고 해요. 기술 분야에서는 부품이 찢어지거나 부러지는 것이 큰 문제예요.

물건의 대다수에서 파괴가 일어나는 지점은 원래부터 재료에 틈이나 구멍이나 꺾임이 있는 곳이에요. 그런 곳을 취약점이라고 하는데, 물건이 외력을 받으면 흔히 이 취약점에 장력 정점이 생겨요. 기술에서 말하는 부품의 취약점은 축에 팬 골, 막대 표면의 눈금, 철판의 구멍, 에이치빔 안쪽의 꺾인 지점, 망치 손잡이와 머리의 연결부 등이에요.

지진 같은 강한 힘은 도로처럼 크고 무거운 물체도 파괴할 수 있다.

부품이 사용되면, 예컨대 조립된 자동차가 달리거나 크레인이 무거운 물건을 들어 올리거나 사람이 망치를 사용하거나 밧줄로 된 정글짐에 기어오르면 취약점은 외부의 힘을 받기 시작해요.

이때 취약점이 버텨 내야 하는 힘은 경우에 따라 다르지만, 취약점은 말 그대로 약한 지점이에요. 부품을 어떤 용도로 사용하느냐에 따라서 취약점은 위험 요소일 수 있어요. 기술자들은 물건을 만들 때 당연히 위험 요소를 없애려고 해요. 부품을 더 튼튼하게 만드는 방법의 하나는 부품 전체를 훨씬 더 크고 무겁게 만들어서

때로는 물체가 파괴될 때 미리 정해 놓은 자리가 파괴되는 것이 바람직하다. 그런 자리를 예정 파괴점predetermined breaking point이라고 한다.

더 큰 압력을 견디게 하는 거예요. 하지만 이렇게 하면 재료가 더 많이 들어가요. 따라서 부품의 제작비와 부품을 사용할 때 에너지 소비량이 늘어날 수밖에 없어요. 이 대목에서 판근의 생체 공학적 곡선이 중요한 역할을 해요.

취약점을 최적화하기

기술자는 생체 공학자가 나무에서 관찰한 원리를 적용하여 취약점을 최적화할 수 있어요. 즉, 나무의 성장 패턴을 모방하여 만들려는 부품을 더 튼튼하게 하는

유한 요소법

장력을 계산하려면 이른바 '유한 요소 프로그램finite element program'이 필요하다.
이 프로그램은 대상의 3차원 모형을 수많은 작은 부분으로 분할한다. 분할된 각각의 부분들은 정육면체나 원기둥 모양이며 '요소'라고 부른다. 요소들의 개수가 유한하기 때문에 '유한'이라는 말을 붙였다. 유한 요소 프로그램은 대상을 유한 개의 요소로 분할하여 각각의 영역에 대해 분석하는 '유한 요소법'을 원리로 삼는다. 이 프로그램을 이용하면 대상의 각 지점이 변화에 어떻게 반응하는지 계산할 수 있다. 사용자는 요소들에 다양한 성질을 부여할 수 있다. 밀도, 열전도성, 탄성 등을 원하는 대로 설정할 수 있다는 말이다. 그런 다음에 특정한 조건에서 요소들이 어떻게 반응할지 계산한다. 건물에 불이 났을 때 열이 철제 골조를 따라 어떻게 퍼져 나갈지, 충돌할 때 범퍼가 얼마나 변형될지, 비스킷이 얼마나 큰 압력을 견뎌 낼지 계산하는 것이다. 이렇게 컴퓨터 시뮬레이션을 이용하면 위험하고 비용이 많이 드는 시험(이를테면 자동차 충돌 시험)을 하지 않아도 특정 조건에서 다양한 재료와 형태가 어떻게 반응할지 예측할 수 있다.
오른쪽 그림은 태양 관측용 망원경의 모형을 유한 개의 요소들로 분할해 놓은 모습이다. 색깔의 차이는 재료의 차이를 나타낸다.

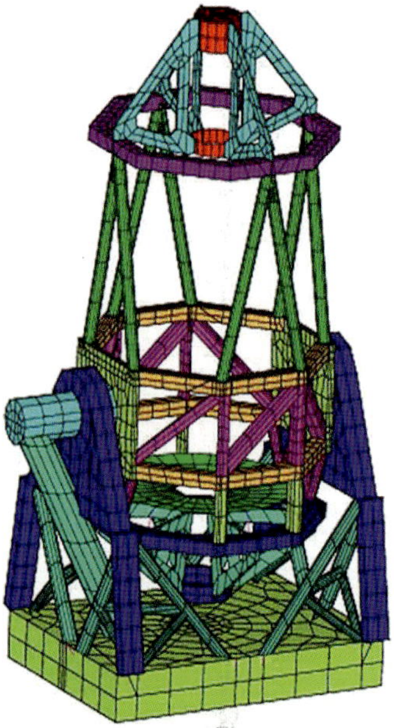

거죠. 구체적인 방법은 취약점에 약간의 재료를 추가로 넣는 거예요. 그러면 장력이 더 잘 분산되어서 장력 정점이 생기지 않아요. 이 원리는 취약점뿐 아니라 부품 전체에 적용할 수 있어요. 기술자들은 약한 부위를 조금 더 굵게(혹은 두껍게) 제작해요. 부품의 어느 자리가 얼마나 굵어져야 하는지를 정확히 알아내기 위해 과학자들은 최적의 형태를 계산하는 컴퓨터 프로그램을 개발했어요. 그런 프로그램에 의지한 '컴퓨터 기반 최적화Computer Aided Optimization'(줄여서 CAO)를 통해 기술자들은 부품에서 강한 장력을 받는 자리들을 더 굵게 설계해요.

이 과정에서 취약점들은 나무 밑동이나 동물의 이빨, 발톱 등에서 발견되는 것과 유사한 곡선을 저절로 갖게 돼요. 판근의 원리가 적용된 거예요. 그 결과 부품은 훨씬 더 튼튼해지죠. 앞선 실험에서 여러분이 직접 그려 본 최적의 곡선은 기술적 부품들에도 숱하게 들어 있지만 대개는 아주 작아서 좀처럼 눈에 띄지 않아요. 하지만 부품이 얼마나 튼튼한지에 대한 차이는 그 곡선이 있을 때와 없을 때를 비교했을 때 어마어마하게 커요. 아래 사진은 최적화된 부품과 그렇지 않은 부품에 똑같은 힘을 가했을 때의 모습이에요. 실험자들은 부품에서 위로 솟아오른 부분을 반복해서 옆으로 밀었어요.

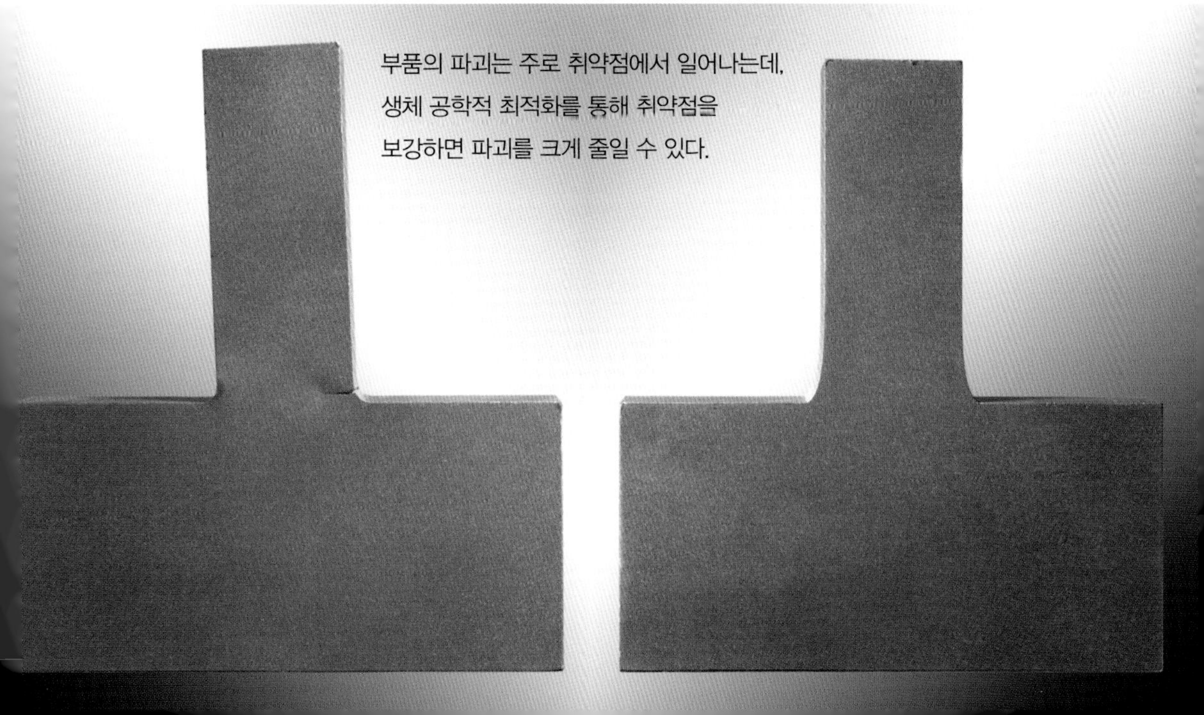

부품의 파괴는 주로 취약점에서 일어나는데, 생체 공학적 최적화를 통해 취약점을 보강하면 파괴를 크게 줄일 수 있다.

자세히 보면 알 수 있듯이, 보통의 부품은 취약점에 작은 균열이 났어요. 반면에 최적화된 부품은 멀쩡했죠. 취약점을 생체 공학적으로 최적화하면 에이치빔, 열쇠, 나사돌리개 등을 더 튼튼하게 만들고 여러분의 신발이 일찍 해지는 것도 막을 수 있을 거예요.

의료에 적용된 생체 공학: 정형외과용 나사못

눈에 띌까 말까 한 생체 공학적 곡선이 얼마나 큰 효과를 낼 수 있는지, 그 곡선을 발견한 당사자는 자신의 몸에서 체험할 수 있었어요. 마테크 교수가 다리에 골절상을 입었을 때, 의료진은 부러진 뼛조각들을 다시 제자리로 돌려놓고 골절 고정 못으로 고정했어요. 그렇게 해야 뼛조각들이 자라서 다시 똑바로 붙을 수 있으니까요. 이런 치료는 아주 흔해요. 어쩌면 여러분도 부러진 뼈에 못을 박는 수술을 받은 사람을 알거나 골절상을 입어 이런 치료를 받아 보았을 수 있어요. 뼈가 다시 자라서 붙을 때까지 부러진 뼈들은 나사못으로 고정하고, 이 나사못은 뼈가 치유되고 나면 다시 수술을 해서 제거하지요. 하지만 뼈에 박힌 나사못이 부러지는 경우가 종종 있어요. 그러면 재수술을 통해 나사못을 교체해야 해요. 이런 사정을 알게 된 마테크 교수는 약한 나사못에 판근의 원리를 적용하면 생체 공학적으로 최적화할 수 있으리라는 생각을 가졌어요.

마테크 교수는 자신을 치료한 의사들에게서 의료용 나사못 몇 개를 받아 조사했죠. 나사의 나선형 골이 V 자형 홈이어서 장력 정점이 될 수 있는 취약점이 무수히 많을 수밖에 없다는 걸 확인했어요. 마테크 교수는 나선형 골에 나무의 성장 원리를 적용하여 장력이 골고루 분산되게 했어요. 내구성이 더 좋아진 못을 개발한 거예요. 이렇게 생체 공학적으로 최적화한 나선형 골에는 특별히 강한 장력을 받는 부위가 없어요. 생체 공학적 나사못과 보통의 나사못은 맨눈으로는 거의 구별할 수 없어요. 하지만 기존 나사못은 약 22만 회의 하중 변화를 겪은 후 부러진 반면, 생체 공학적으로 최적화한 나사못은 500만 회의 하중 변화를 겪은 후에도 눈에 띄

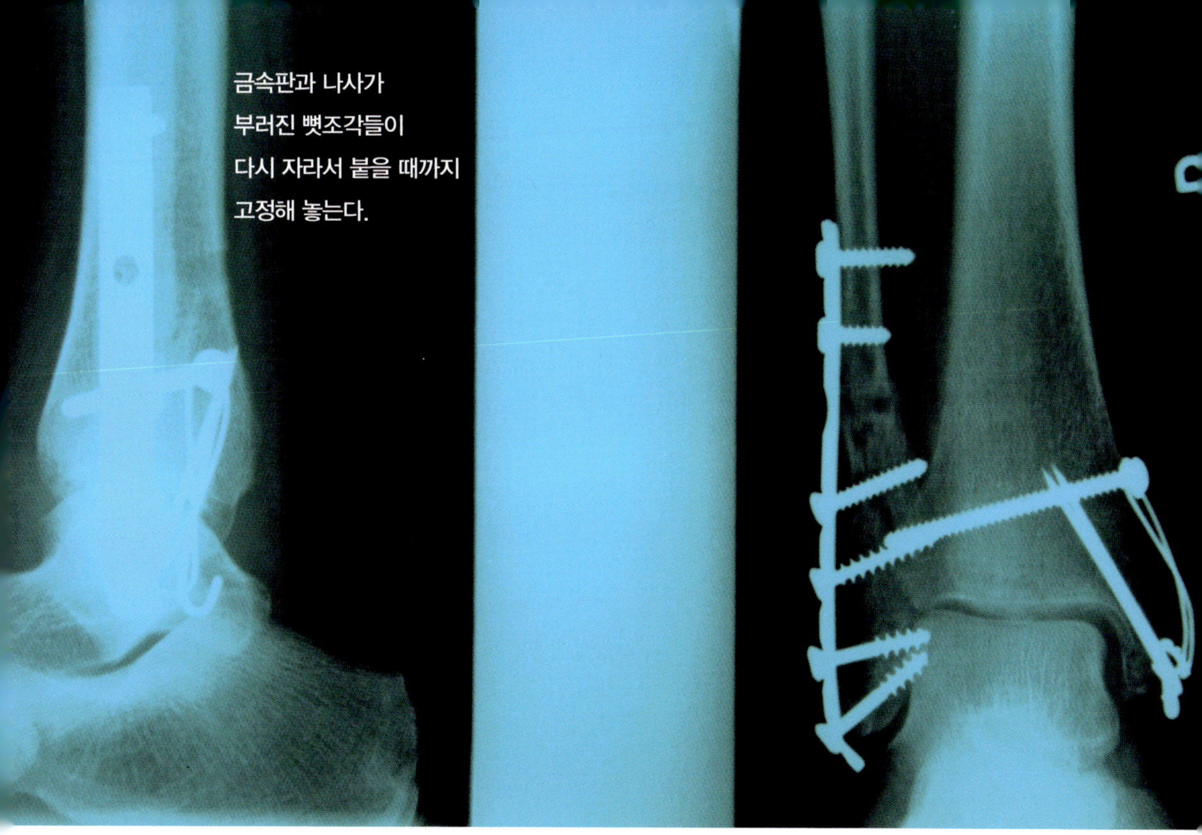
금속판과 나사가
부러진 뼛조각들이
다시 자라서 붙을 때까지
고정해 놓는다.

는 손상이 생기지 않았어요. 미세한 변형이 나사못의 내구성을 눈에 띄게 향상시킨 거죠. 마테크 교수가 최적화한 나사못은 어느새 정형외과 의료에서 표준 부품으로 자리 잡아 나사못의 파손으로 인한 재수술을 피하는 데 큰 몫을 하고 있어요.

모양과 표준화

기술자들은 곡선과 취약점을 생체 공학적으로 최적화한다는 발상에 왜 더 일찍 도달하지 못했을까? 기술자들이 가장 좋아하는 것은 직선, 직각, 원호다. 왜냐하면 이 세 가지 모양을 표준으로 삼으면 모든 부품이 잘 조립되기 때문이다. 또 구멍을 뚫거나 접은 금을 내거나 판을 휘는 연장을 온갖 부품에 사용할 수 있다는 것도 장점이다. 각종 드릴과 나사, 각도, 길이는 '표준화'되어 있다. 이는 부품들을 빠르게 제작하고 원활하게 활용하기 위해서다. 여러분도 표준화된 물건들을 사용한다. 여러분의 노트는 항상 정해진 크기이고 만년필에는 특정 규격의 잉크 카트리지가 항상 들어맞는다. 틀림없이 그럴 테니 확인해 보라. 반면에 자연에서 표준화는 상상조차 할 수 없다. 모든 나무는 동일한 원리에 따라 성장하지만 모양이 다 다르다.

뼈 – 최대한 가볍고 필요한 만큼 튼튼하게

뼈는 부러지면 다시 자라서 붙을 수 있을 뿐만 아니라 필요에 따라 중요한 부위가 더 보강돼요. 즉, 뼈는 자주 가해지는 하중에 적응하는 거예요. 이런 점에서 뼈는 나무와 비슷하죠.

뼈는 달릴 때 큰 무게가 실리기 때문에 강해야 하는 부위가 강해져요. 뼈의 놀라운 속성은 여기에서 그치지 않아요. 큰 무게를 받지 않게 된 부위는 다시 약해지면서 뼈를 이루는 재료를 절약하거든요.

우리의 근육을 생각해 보면 쉽게 이해가 가요. 우리가 자주 훈련하고 사용하는 근육은 더 강해져서 더 큰 힘을 쓸 수 있어요. 하지만 그 근육을 사용하지 않으면 다시 약해지고 위축되지요. 팔이나 다리가 부러져 본 사람은 이 현상을 잘 알 거예요. 부러진 뼈가 다 나아서 석고 붕대를 제거하면 눈에 띄게 가늘어진 팔이 드러나죠. 팔의 힘이 예전처럼 회복되려면 훈련이 필요해요. 우주인도 이 문제를 극복하기 위해 애써요. 우주선이나 우주 정거장에서 우주인의 몸은 중력을 받지 않아요. 이를 무중력 상태라고 하죠. 우주인은 애써 걸어서 이동할 필요 없이 그냥 공중에서 떠다녀요. 참 재미있을 것 같지만, 그렇게 편히 지내기만 하면 나중에 다시 지구로 귀환했을 때 크게 고생하게 돼요. 만일 우주인이 매일 특수한 운동 기구를 이용하여 근육을 단련하지 않는다면, 나중에 지구로 돌아왔을 때 근육이 심하게 약해져서 땅 위에 서 있기조차 어려운 상태가 된답니다. 어떤 우주인은 지구에 착륙한 후에 다른 사람의 부축을 받으며 우주선에서 나오기도 해요. 근육이 워낙 약해져 걸을 힘도 없기 때문이죠.

뼈도 마찬가지예요. 큰 무게를 지탱해야 하는 뼈는 튼튼하지만 반면에 무게를 덜 받는 뼈는 서서히 위축되고 약해지죠. 이런 식으로 몸은 '건축 재료'를 절약하는 거예요.

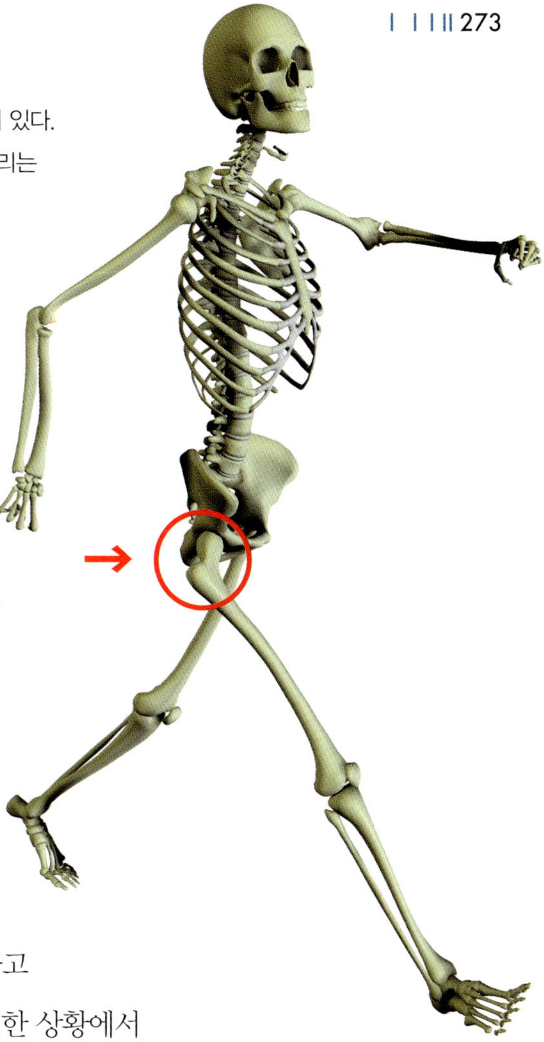

넓적다리뼈(대퇴골)는 엉덩관절(고관절)과 무릎 사이에 있다. 다리와 골반을 연결하는 작은 공 모양의 넓적다리뼈머리는 사람이 걷고 달릴 때 큰 무게를 견뎌 내야 한다.

넓적다리뼈

인간의 골격은 상당히 경제적이면서 아주 튼튼해요. 여러분이 웬만큼 높은 곳에서 뛰어내리더라도, 뼈와 힘줄과 근육들의 협동 덕분에 대개는 아무 데도 부러지지 않고 무사히 착지하여 두 발로 설 수 있어요. 여러분의 팔이 의자에 부딪치면, 통증을 느끼고 퍼렇게 멍이 들지만, 그렇다고 쉽사리 팔이 부러지지는 않아요. 뼈는 평범한 상황에서 버텨 내야 하는 하중의 네 배까지 버틸 수 있답니다.

사람 몸은 직립 보행에 익숙해져 있어요. 곧게 서서 걸으면, 상체의 무게가 두 다리를 누르게 되죠. 정확히 말하면 자세에 따라 오른쪽이나 왼쪽 넓적다리뼈(라틴 어에서 유래한 전문 용어로는 '피머femur') 꼭대기의 작고 둥근 표면에 상체의 무게가 실려요. 넓적다리뼈의 꼭대기는 엉덩관절을 통해 볼기뼈innominate bone와 연결돼요. 이 연결부에서 뼈가 일상에서 무게를 받는 훈련에 어떻게 적응하는지를 특히 잘 볼 수 있어요. 만약에 여러분이 넓적다리뼈의 꼭대기 부분, 곧 넓적다리뼈머리의 속을 들여다볼 수 있다면, 아주 놀라운 것을 발견할 거예요. 넓적다리뼈머리의 표면은 매끄럽고 빈틈이 없지만 속은 꽉 들어찬 뼈 덩어리가 아니라 구멍이 숭숭 뚫린 스펀지와 더 비슷하답니다. 그리고 일부 위치에서는 스펀지의 구멍들이 작고 뼈 조직이 더 조밀하지요. 그 위치는 바로 직립 보행을 할 때 상체의 무게가 실리는 곳들, 다시 말해 상체의 무게를 버텨 내느라 '훈련된' 자리들이에요. 뼈가 큰 힘을 받으면, 뼈의 내부에서 작은 기둥 모양의 구조물(이른바 '뼈잔기둥 trabecula')이 많이 생겨요. 오른쪽 페이지의 사진과 그림에서 그런 뼈잔기둥들을 잘 볼 수 있어요. 뼈잔기둥들의 밀도를 보면, 뼈에서 가장 큰 힘을 받는 자리가 어디인지 금방 알 수 있어요. 밀도가 높은 곳이 가장 큰 힘을 받는 부위이지요. 그뿐만 아니라 뼈잔기둥들이 힘이 가해지는 방향과 나란히 자란다는 것도 확인할 수 있어요.

넓적다리뼈머리 속의 뼈잔기둥들은 가해지는 압력을 최적의 방식으로 넓적다리뼈로 전달해요. 넓적다리뼈의 중간 부분은 관의 형태이며, 살아 있는 사람은 그 관 속에 골수가 들어 있어요. 이렇게 관의 모양을 띤 뼈를 '관상골' 또는 '장골(긴뼈)'이라고 하는데, 넓적다리뼈는 대표적인 관상골이에요.

관상골

새들도 관 모양의 뼈가 있다. 다음번에 닭고기를 먹을 때, 닭뼈 하나를 부러뜨려서 속이 어떻게 생겼는지 관찰해 보라. 새의 뼈는 속이 거의 비어 있다. 기둥 모양의 보강용 구조물 몇 개만 있을 뿐이다. 그래서 새의 뼈는 가볍다. 이런 경량 구조의 뼈를 비롯한 몇 가지 묘수 덕분에 새는 몸무게가 아주 가볍다. 날아오르려면 가벼워야 한다.

인공으로 만든 관과 마찬가지로 넓적다리뼈도 최소한의 재료로 이루어졌어요. 따라서 가벼우면서도 일상생활에서 가해지는 힘을 견뎌 내기에 충분할 만큼 튼튼하지요.

그러므로 생체 공학자와 기술자는 적은 재료로 튼튼한 구조물을 만드는 방법을

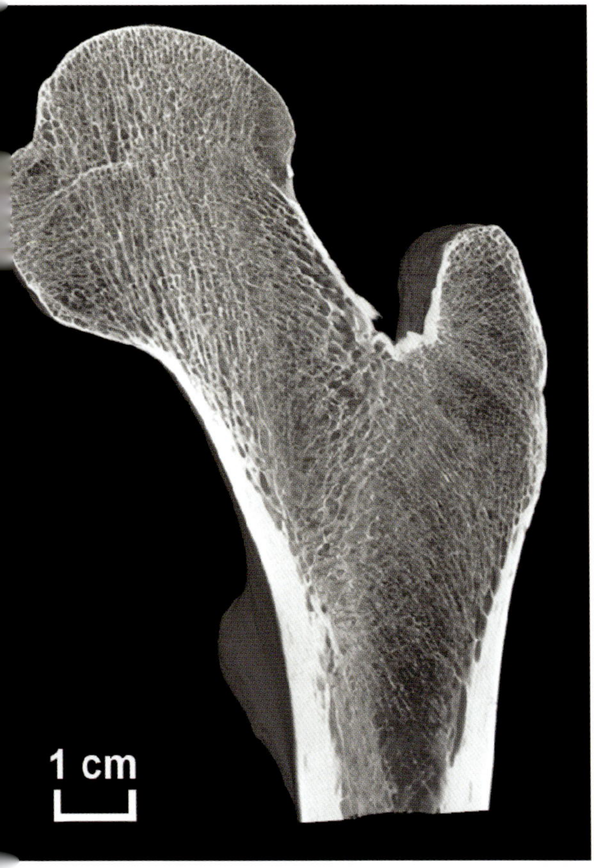

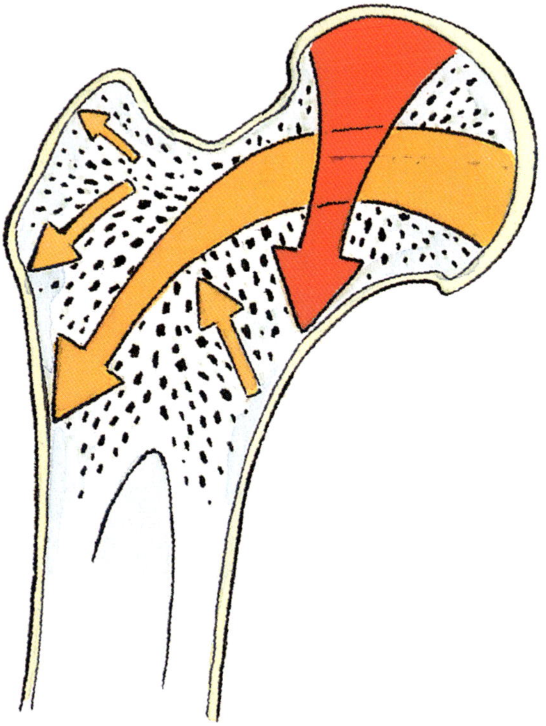

넓적다리뼈머리 속의 뼈잔기둥들은 직립 보행을 할 때 몸무게 때문에 생기는 압축 부하(미는 힘)와 인장 부하(잡아당기는 힘)를 완벽하게 받아 낼 수 있게 배치되어 있다.
빨간 화살표는 압축 부하, 노란 화살표는 인장 부하를 나타낸다.

뼈의 구조에서도 배울 수 있어요. 특히 자동차, 비행기, 로켓 등의 탈것을 연구하는 사람들이 뼈에 많은 관심을 기울여요. 왜냐하면 뼈를 본뜬 부품을 쓰면 탈것의 무게를 훨씬 줄일 수 있기 때문이죠. 탈것의 무게를 줄이는 일은 연료를 절약하는 것과 바로 연결돼요.

원시 시대의 보행

넓적다리뼈머리는 아주 큰 압축 부하와 인장 부하를 받는다. 따라서 넓적다리뼈머리에서 큰 장력이 생긴다. 그래서 넓적다리뼈머리는 추가 뼈 조직으로 보강되어 있다. 정확히 말하면 뼈잔기둥들로 보강되어 있다.

뼈잔기둥들은 넓적다리뼈머리에 가해지는 힘과 같은 방향으로 배치되어 그 힘을 뼈에 골고루 분산시킴으로써 장력 정점이 생기는 것을 막는다.

과학자들은 이런 뼈잔기둥들의 배치를 보고 다양한 동물의 이동 방식을 역추론한다. 고생물학자 하이케 셰르프는 인간과 유인원의 넓적다리뼈 구조를 연구하는데, 셰르프가 주목하는 것은 이동 방식에 따라 넓적다리뼈의 구조가 어떻게 다른가 하는 것이다. 하루 종일 나뭇가지에 매달려 지내는 동물은 주로 뛰어다니는 동물보다 넓적다리뼈머리 속 뼈잔기둥들이 더 약하다. 사람도 튼튼한 넓적다리뼈머리를 가졌는데, 이는 직립 보행 때문이다. 근육도 동물의 이동 방식에 따라 다르게 배치되는데, 뼈를 보면 근육이 붙어 있던 자리가 어디인지 알 수 있다. 과학자들은 뼈 화석을 연구함으로써 오래전에 멸종한 동물의 이동 방식을 알아낼 수 있다. 또 진화의 역사에서 몇몇 동물의 신체 구조가 특정한 이동 방식에 맞게 최적화된 과정을 추적할 수 있다.

가볍고 튼튼하다: 골격 부품

뼈를 본떠서 기계 부품, 교량, 기타 많은 대상을 더 가볍게 만들 수 있어요. 부하, 곧 힘을 적게 받는 부분을 아예 없애는 방법을 쓰면 돼요. 이를 위해 기술자들은 어떤 힘이 어디에 가해지는지, 어디에서 장력이 생기는지, 어느 위치의 재료를 없애도 안정성에 지장이 없는지를 아주 정확하게 계산하죠. 이런 계산을 위해 생체 공학자들이 개발한 방법을 '소프트 킬 옵션Soft Kill Option'(줄여서 SKO. 영어로 '부드러운 제거 가능성'을 뜻함)이라고 해요. SKO는 앞서 나무의 성장과 관련해서 언급한 '컴퓨터 기반 최적화(CAO)'와 짝을 이루어요. 앞에서 설명한 유한 요소 프로그램이 이 두 방법을 적용할 수 있게 해 주죠.

대형 홀의 지붕을 예로 볼까요? 뼈와 나무를 모범으로 삼은 생체 공학적 최적화는 이런 식으로 진행돼요. 우선 부품의 대략적인 외관을 기능에 적합하게 정해요.

대형 홀의 지붕이라면 설계된 홀을 완전히 덮을 수 있는 크기의 외관이어야겠죠. 기술자들은 컴퓨터를 이용하여 지붕의 3차원 모형을 만들고 그 모형을 유한 개의 요소들로 분할해요. 다음 단계에서 '부품'이 어떤 하중을 견뎌야 하는지 따져요. 예로 든 지붕의 경우에는 자체 무게뿐만 아니라 바람, 비, 눈이 가하는 외부의 힘도 견뎌 내야 하지요. 이런 힘들 때문에 부품에 발생하는 장력을 3차원 모형에서 가시화할 수 있어요. 그러면 지붕을 지탱하는 구조물 중에 어느 부분이 하중을 덜 받아 제거하더라도 지붕이 주저앉지 않는지 알 수 있어요.

이런 식으로 골격처럼 보이는 모형을 만들어요. 여기에 나무가 가지고 있는 묘수를 추가로 적용할 수 있어요. 즉, 컴퓨터는 골격 모양의 경량 지붕과 그것을 지지하는 구조물이 하중을 받으면 어느 위치에서 가장 큰 장력이 발생하는지를 3차원 모형을 통해 알 수 있게 해 줘요. 지붕 구조물 전체에서 파손이 일어날 가능성이 가장 높은 곳들을 찾아낸다는 말이에요. 나무에서와 마찬가지로, 그런 취약점의 표면에 재료를 추가로 투입해요.

결과적으로 3차원 모형은 최적화된 홀 지붕을 보여 줘요. 그 지붕은 재료가 적게 들지만 여러 하중을 확실히 견뎌 내지요.

홀 지붕 모형을 만드는 과정에서 컴퓨터 프로그램은 모형의 어느 자리에서 얼마나 많은 재료를 제거할 수 있는지 계산했다.

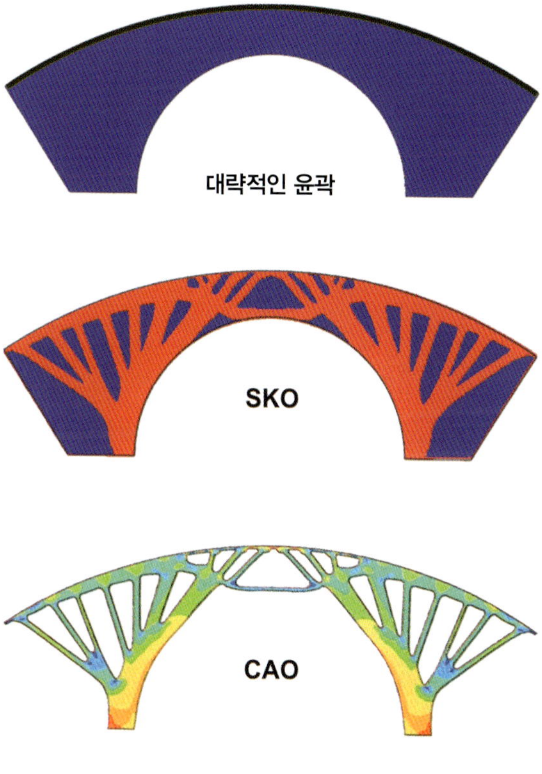

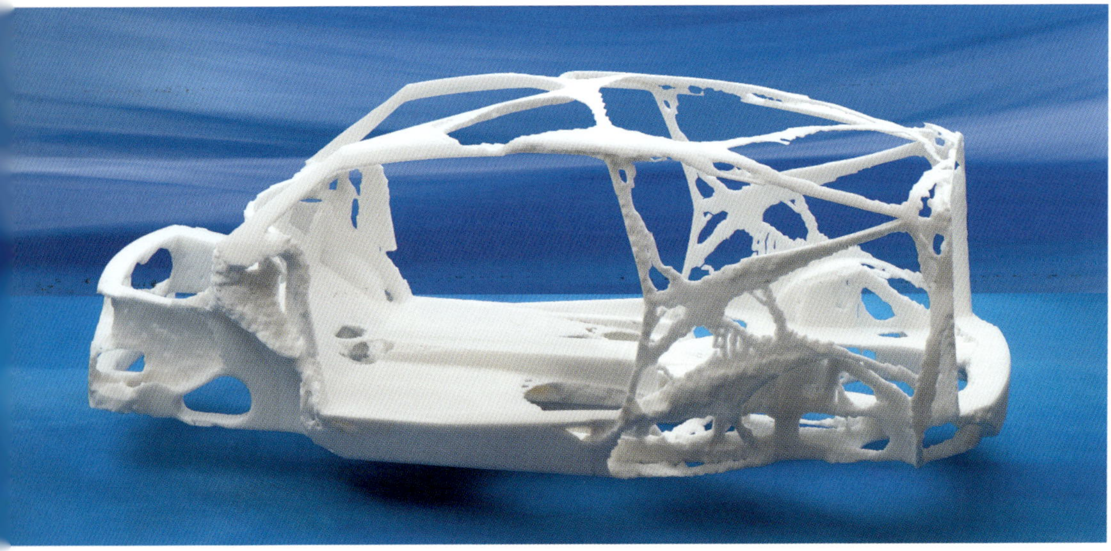

메르체데스 벤츠 생체 공학 자동차의 차체도 모형 단계에서
뼈와 나무의 구조를 모범으로 삼아 최적화되었다.

이런 설계 방법이 지붕에만 적용되는 건 아니에요. 크레인, 교량, 자동차 차체도 어떤 힘을 받는지를 감안하여 생체 공학적으로 최적화할 수 있어요.

이런 컴퓨터 프로그램은 현재 수많은 회사에서 부품의 최적화를 위해 쓰고 있어요. 우리는 그렇게 최적화한 부품들을, 그 배후에 생체 공학이 있다는 걸 모르는 채로 매일 사용하지요. 부품 개량에 대한 관심은 특히 자동차업계에서 높아요. 부품을 개량하면 비용을 줄일 수 있으니까요.

엔진 마운트

예를 들면 생체 공학적으로 최적화한 자동차 부품으로 엔진 마운트engine mount가 있어요. 엔진 마운트란 자동차에서 차체와 엔진을 연결하는 부품인데, 대개 무거운 강철로 되어 있지요. 오펠사의 생체 공학자들은 알루미늄으로 된 엔진 마운트를 개발했어요. 알루미늄은 비교적 부드럽고 하중을 견디는 힘이 약한 재료인데도, 이 제품은 가볍고 튼튼해요. 이 엔진 마운트의 형태를 최적화하기 위해 개발자들은 주행 중에 그 부품에 어떤 힘이 작용하고 그 부품에서 어떤 장력들이 생기는지 계산했어요. 이어서 강한 하중을 받는 부위에는 재료를 덧붙여 장력 정점의 발생을 막고 하중을 덜 받는 부위에서는 재료를 제거했어요. 최적화 과정에서 나사를 박을 자리들은 바뀌지 않았어요. 개발자들은 컴퓨터로 얻은 모형을 약간 단순화했어요. 즉, 제작하기 쉽게 부품의 표면을 매끄럽게 다듬었지요.

이렇게 엔진 마운트의 형태를 최적화한 덕분에 무겁고 비싼 재료인 강철(알루미늄보다 세 배 무겁다.)을 가벼운 알루미늄으로 대체할 수 있었어요. 엔진 마운트의 견고성은 재료보다는 대체로 제작 방식에 달려 있기 때문이에요. 이런 최적화로 생산비를 줄일 수 있어요. 또 최적화된 부품을 장착한 자동차는 약간이지만 더 가벼우므로 연료를 적게 쓰지요.

이런 최적화를 통해 줄어드는 자동차의 무게는 때때로 몇백 그램에 불과해 얼핏

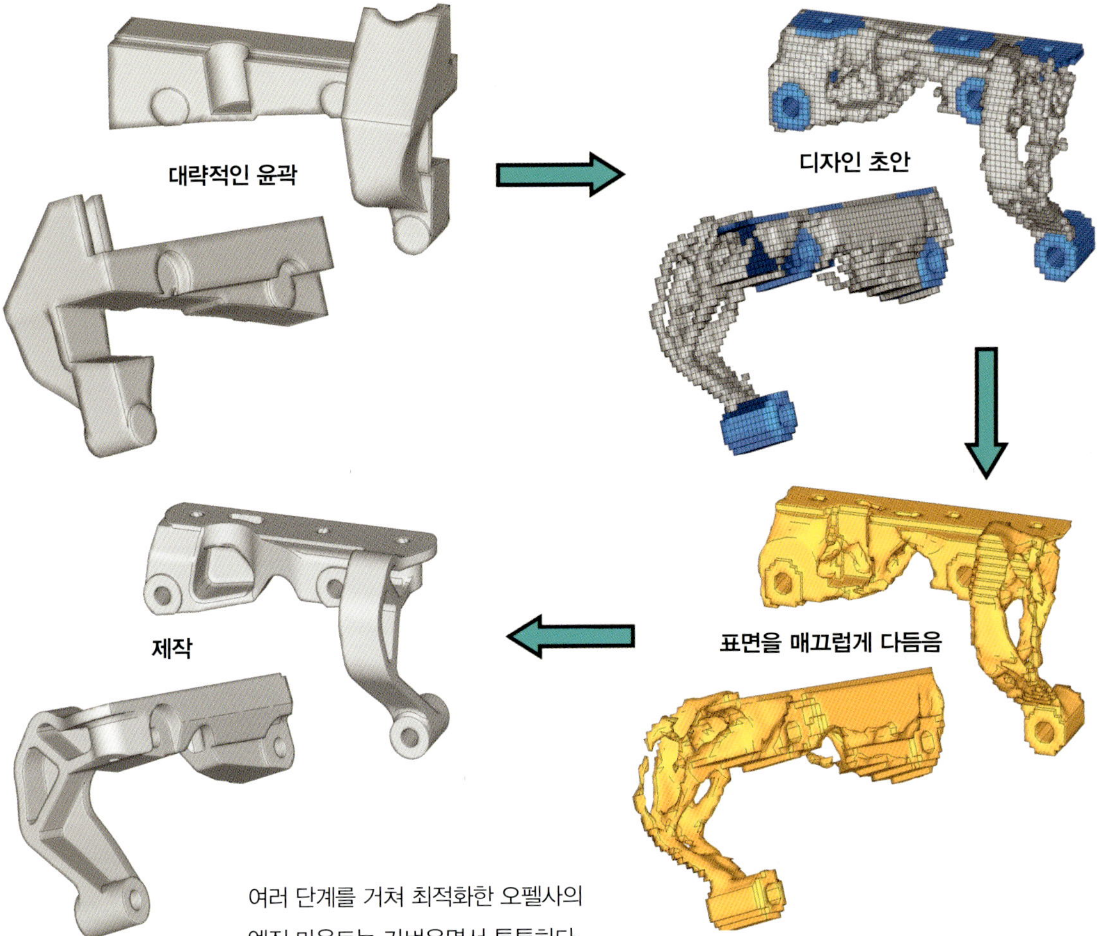

여러 단계를 거쳐 최적화한 오펠사의
엔진 마운트는 가벼우면서 튼튼하다.

생각하면 미미한 성과인 것 같지만, 장기적인 연료 소비량을 따져 보면 생각이 달라져요. 자동차가 1그램이라도 더 무거우면 연료를 그만큼 더 쓰니까요.

오토바이의 휠

베엠베사(BMW)의 기술자들은 오토바이의 휠wheel(바퀴에서 타이어를 뺀 나머지 부분)이 다양한 하중을 견딜 수 있도록 최적화했어요. 그들은 휠이 가장 큰 하중을 버텨 내야 하는 주행 상황들을 고려했지요. 바닥이 울퉁불퉁해서 오토바이가

이 오토바이의 휠은
여러 차례의 개량을 통해
다양한 하중들을 견뎌 낼
수 있게 최적화되었다.

덜컹거리는 상황, 커브 구간을 주행하는 상황, 브레이크를 잡은 상황에서 휠이 받는 힘을 계산했어요. 가장 적합한 휠의 모양은 어느 상황을 염두에 두느냐에 따라 달랐어요. 그래서 기술자들은 동일한 휠을 컴퓨터를 이용해 세 번 개량하여 세 가지 모형을 얻었어요. 모형들은 제각각 다른 상황에서 최적이었지요. 이어서 기술자들은 그 세 가지 모양을 조합해 세 가지 상황 모두에 적합한 휠을 개발해 냈어요. 그렇게 탄생한 새로운 신형 휠은 기존 제품보다 훨씬 더 가볍기까지 해요.

금속 스펀지 – 구멍이 숭숭 뚫린 금속

자동차 공업에서는 무거운 부품의 내부에 수많은 구멍을 만들어 무게를 줄이는 공법이 흔히 쓰여요. 이 공법은 컴퓨터를 이용한 최적화보다 조금 더 간단해요. 이 공법으로 어차피 가벼운 금속인 알루미늄으로 된 부품을 더 가볍게 만들 수 있어요. 주조 과정에서 부품이 마치 스펀지처럼 내부에 많은 구멍을 갖도록 처리하면 돼요. 구체적인 방법은 융해된 금속에 기체를 주입하거나 거품을 일으키는 물질을 집어넣는 거예요. 그런 다음에 온도를 낮추면, 스펀지 구조의 금속 덩어리가 만들어져요. 이런 금속은 표면은 매끄럽지만 내부는 구멍이 숭숭 뚫려 있는 모양이 뼈의 구조와 아주 비슷해요. 단단한 금속 덩어리 속에 '거품 방울들'이 갇혀 있는 셈이죠. 이런 재료로 만든 부품은 가벼우면서도 튼튼해요.

우리가 먹는 빵에서도 비슷한 구조를 볼 수 있어요. 반죽은 효모의 작용으로 스펀지 구조가 되는데, 빵을 굽는 과정에서 그 구조가 굳어지죠. 빵을 일주일 정도 말리면 얼마나 단단해지는지 실험해 보세요. 속이 구멍투성이인 빵도 놀랄 만큼 단단해질 수 있다는 걸 알게 될 거예요.

무게를 늘리지 않으면서 최고로 튼튼한 제품을 만든다는 목표는 자동차를 비롯한 탈것을 제작할 때 엄청나게 중요해요. 탈것은 안전하면서도 너무 무겁지 않아서 연료 소비가 적어야 하니까요. 그러니 스펀지 구조의 재료는 자동차 공업에 애용될 만하지요. 더 나아가 스펀지 구조의 재료는 사고가 났을 때 차체가 받는 에너지를 흡수하여 충격을 완화한다는 장점도 지녔어요. 따라서 승객의 안전을 위해

내부 구조가 스펀지를 닮은 알루미늄을 재료로 삼으면 자동차 부품을 더 가볍게 만들 수 있다.

차체를 개량할 때 기술자들은 물결무늬나 접힌 금과 더불어 스펀지 구조의 재료도 활용하지요.

정말로 갈수록 더 나아지고 있을까?

지금까지 보았듯이 기술의 진보는 새로운 발명뿐만 아니라 이미 있는 것을 더 좋게 개량하고 최적화하는 일을 뜻하기도 해요. 이런 점에서 기술의 진보는 진화와 비슷해요. 하지만 때로는 진보를 판정하기가 쉽지 않아요. 심지어 더 나아진다는 것이 무엇을 의미하는가에 대해서조차 의견이 엇갈릴 때가 많지요.

자연과 자동차 공업에서 최적의 해법은 보통 다양한 형태나 재료들의 혼합이에요. 왜냐하면 생물이든 부품이든 마찬가지로 다양한 요구를 동시에 충족해야 하니까요. 한 속성을 개선하면 다른 속성들이 나빠지는 결과가 흔히 발생하지요.

이것은 식물과 뼈에 국한된 이야기가 아니에요. 새들은 짝짓기 철이 되면 눈에 확 띄는 깃털로 몸을 치장해요. 물론 멋진 암컷의 눈에 띄기 위해서예요. 하지만 그렇게 치장하면, 천적의 눈에 잘 띄어 잡아먹히는 불상사가 일어날 수도 있어요. 자전거는 가벼워야 하고 튼튼해야 하고 디자인이 아름다워야 하고 제작 과정에서 재료와 에너지가 덜 들어야 해요. 그러나 이 요구들을 다 똑같이 충족할 수는 없으므로, 항상 절충이 필요해요. 최고 목표는 언제나 안전이지요. 동물은 잡아먹히면 안 되고, 자전거는 주행 중에 맥없이 해체되면 안 되니까 말이에요.

생체 공학 덕분에 여러분의 열쇠가 부러지지 않고, 자전거 체인이 끊어지지 않고, 정글짐이 망가지지 않는 것은 누가 봐도 확실히 더 나아지는 일일 거예요. 제품의 내구성을 높이면, 자주 교체하지 않아도 되지요. 그러면 돈과 에너지와 원료가 절약돼요. 이것이 다음 장에서 다룰 주제예요.

자연은 에너지와 원료를 아껴 쓰면서도
수많은 문제에 절묘하게 대처해요.
이 방면에서 인간은 자연을 스승으로
모셔야 하지요.

영리한 에너지 절약법

북 극곰이 등 따습게 지내는 비법

모든 생물은 살아가는 데 에너지가 필요해요. 생물이 에너지를 얻는 방법은 다양하죠. 인간과 동물은 영양분을 섭취하고, 식물은 태양 에너지를 이용해요. 자연은 각각의 생물에 맞는 최적의 해법을 찾아낸 거예요. 자연에서나 기술에서나 에너지와 원료의 절약은 무척 중요하답니다. 북극에서 두툼한 털가죽은 따스한 생활을 보장하고, 식물들은 적당한 색을 띠어 빛을 효율적으로 받아들이며, 흰개미는 먼지가 자욱한 집 안으로 신선한 공기를 끌어들이고, 몇몇 동물은 사막 한가운데서 충분한 물을 확보하기 위해 기발한 방법을 개발했어요. 이런 소소한 자연의 비법들이 이 장의 주제이지요.

두툼한 털가죽

열은 우리 몸에서 일어나는 수많은 과정이 순조롭게 진행되기 위해 중요해요. 여러분의 체온이 몇 도만 떨어져도, 생명에 꼭 필요한 물질대사 과정이 중단되고 시스템 전체가 '얼어붙어요.' 그래서 심한 추위를 느끼면 몸을 떨지요. 몸을 떠는 것은 체온을 다시 올리기 위한 행동이에요. 소름이 돋는 것도 마찬가지예요. 추위나

i

냉혈 동물

뱀이나 도마뱀 같은 파충류와 기타 냉혈 동물은 털가죽이 없으므로 다른 방법으로 체온을 조절해야 한다. 냉혈 동물을 변온 동물이라고도 한다. 냉혈 동물의 체온은 이들을 둘러싼 환경의 온도에 좌우된다. 그래서 파충류는 여름에 따스한 돌 위에 엎드려 햇볕을 쬐는 해바라기를 할 때가 많다. 체온을 끌어올리기 위해서다. 그리고 날씨가 추워지면 겨울잠을 잔다. 겨울잠을 자는 파충류는 에너지를 소비하는 활동을 모두 줄이기 때문에 마치 죽은 것처럼 보인다. 호흡이 느려지고, 심장도 느리게 뛰고, 몸의 움직임도 거의 없어진다.

공포를 느끼면, 몸에 난 털 근처의 미세한 근육들이 수축하면서 털을 곧추세워요. 그러면 털 사이에 얇은 공기층이 형성되어 체온이 내려가는 것을 막아요. 본래 소름은 우리 몸이 털로 빽빽하게 덮여 있던 원시 시대의 반사 행동이에요. 털을 곤두세우면 열의 이동을 효과적으로 막는 공기층이 형성될 뿐만 아니라 동물이 더 크고 무섭게 보이는 효과도 있어요.

현대인은 털가죽이 없으므로 추위로부터 몸을 보호하기 위해 옷을 입어야 해요. 반면에 개, 원숭이, 들소, 곰 같은 온혈 포유 동물의 대다수는 예나 지금이나 털가죽으로 체온을 유지해요.

뛰어난 위장 기능과 단열 기능

북극의 북극곰은 사람보다 훨씬 더 극단적인 생활 조건에서 살아가요. 북극에서는 기온이 영하 50도로 떨어지는 일이 흔해요.

북극곰은 자연적인 생활 환경에서 몸을 위장하기 위해 털가죽이 거의 흰색으로 보여요. 그 덕분에 북극곰이 사냥을 위해 살금살금 접근해도, 사냥감은 얼음과 눈 사이에 있는 북극곰을 잘 알아보지 못해요.

하지만 그런 털가죽은 문제점이 하나 있어요. 표면의 색이 밝아서 햇빛의 대부분을 반사시킨다는 점이에요. 그래서 흰색 동물은 햇볕으로 체온을 올리기가 어려워요.

햇볕을 받으면 검은 표면이 흰 표면보다 훨씬 더 많이 덥혀져요. 여러분도 잘 알 거예요. 더운 여름날에 검은색 티셔츠를 입으면 흰색 티셔츠를 입었을 때보다 땀이 더 많이 나고, 검은 모자를 쓰고 햇볕을 받으면 머리가 따끈따끈해지죠.

캠핑용 샤워기 물통을 아는 사람도 있을 거예요. 검은색 물통에 담긴 물은 햇볕에 천천히 데워져요. 몇 시간 뒤에 물통 밑바닥의 마개를 열면, 따뜻한 물로 샤워를 할 수 있을 정도죠. 난방도 전기도 없이 오로지 태양 에너지만으로 물의 온도를

북극곰은 흰색으로 보이는 털가죽으로 위장하고 있어서 먹잇감인 바다표범의 눈에 잘 띄지 않는다.

적당히 높이는 거예요. 이런 관점에서 보면, 북극곰의 털가죽이 검은색인 편이 북극의 혹독한 추위를 견디는 데 더 적합하다고 할 수 있겠죠. 검은색 털가죽이 햇볕에 더 많이 덥혀지니까 말이에요. 그러나 흰 눈과 얼음으로 덮여 있는 북극의 환경에서 검은색 곰은 눈에 확 띌 거예요.

멀찌감치 떨어진 바다표범도 단박에 위험을 감지하고 달아날 테니, 검은색 곰은 아마도 얼마 안 가 굶어 죽을지도 몰라요. 그래서 자연은 곰이 잘 위장하면서 또한 태양 에너지도 잘 이용하여 혹독한 추위에 견딜 수 있게 해 주는 절묘한 해법을 개발했어요.

X

검은색 표면

캠핑용 샤워기 물통의 작동 원리를 간단한 실험으로 알아볼 수 있다. 깨끗이 세척한 플라스틱 병 두 개만 준비하면 된다. 병 하나는 검은색으로 칠하고, 다른 하나는 흰색으로 칠하라. 그런 다음에 양쪽 병에 물을 담아서 햇볕 아래에 놔둬라. 물이 데워질 만큼 시간이 지나면, 양쪽 병에 담긴 물을 손에 쏟아서 온도를 비교해 보라. 온도의 차이가 느껴지는가?

털가죽이 갈색인 큰곰에게 북극은 살기 좋은 곳이 아닐 것이다. 녀석은 다른 생활 환경에 적응했기 때문에 눈밭에서는 몸을 숨기기 어려울 테니 말이다.

밝은 털과 어두운 피부

북극곰의 털가죽은 흰색으로 보이지만, 코와 입술과 발바닥에서 알 수 있듯이 털가죽 밑, 녀석의 피부는 검은색이에요. 사실 북극곰의 피부는 북극에서 햇볕을 흡수하여 몸을 덥히기에 가장 적합하답니다. 그렇다면 햇볕이 어떻게 두툼한 털 무더기를 통과할 수 있을까요? 검은색 피부는 북극곰이 지닌 비법 중에 하나일 뿐, 또 다른 비법은 북극곰의 털이 관처럼 속이 비었다는 점이에요. 그 털의 중심부에는 넓은 통로가 있어요. 여러분은 혹시 자기 머리카락을 현미경으로 관찰해 본 적이 있나요? 사람의 머리카락에도 통로가 있는데 북극곰의 털 속 통로보다 훨씬 더 좁아서 거의 보이지 않아요. 그래서 머리카락을 현미경으로 보면 겉이 까칠한 밧줄을 닮았어요.

북극곰의 특별한 털은 바로 햇볕을 검은색 피부로 끌어오는 역할을 해요. 이 작용이 정확히 어떻게 일어나는지는 아직 밝혀지지 않았어요. 오랫동안 과학자들은 빛이 마치 유리 섬유 케이블을 타고 이동하듯이 속이 빈 털을 타고 이동한다고 생각했어요. 그러나 광선이 털 사이에서 왔다 갔다 반사하면서 피부에 도달한다는 것이 더 타당한 추측인 듯해요. 어떤 경로에 의해서든 피부에 닿은 빛은 열로 변환돼요. 그다음에 열이 북극곰의 몸에 머물러 있는 것은 무엇 때문일까요?

캠핑용 샤워기 물통이나 검게 칠한 물병을 그늘에 옮겨 놓으면, 따뜻한 온기가 그리 오래 유지되지 않는다는 걸 알 수 있어요. 열로 저장된 태양 에너지는 그늘에서 빠르게 빠져나가죠. 추운 지역에서는 이 과정이 더 빠르게 일어나요. 북극곰에게 이 같은 열의 방출은 심각한 문제예요. 인간과 마찬가지로 북극곰 역시 항상 일정한 체온을 유지해야 하니까요.

그래서 북극곰은 털가죽 밑에 있는 두꺼운 지방층에 열을 저장해요. 여기에 또 다른 묘수는, 털가죽이 단열재 구실을 하는 거예요. 즉, 북극곰의 빽빽한 털 사이의 공기가 열의 이동을 막아 열이 몸 근처에 머물게 하죠. 이는 동물이 털을 곤두세우거나 우리가 오리털 점퍼를 입을 때 일어나는 효과와 같아요. 단열재와 같은 털가죽 덕분에 열이 북극곰의 몸에서 밖으로 빠르게 빠져나가지 못하므로 북극곰은 체온을 유지할 수 있어요. 털가죽이 모든 열을 몸 근처에 가둬 놓고 외부로 내보내지 않으므로, 털가죽의 겉 부분은 주위 환경과 마찬가지로 차갑지요. 반면에 두꺼운 털가죽에 둘러싸인 곰의 몸은 따스한 상태를 유지해요. 이 단열 기능은 완

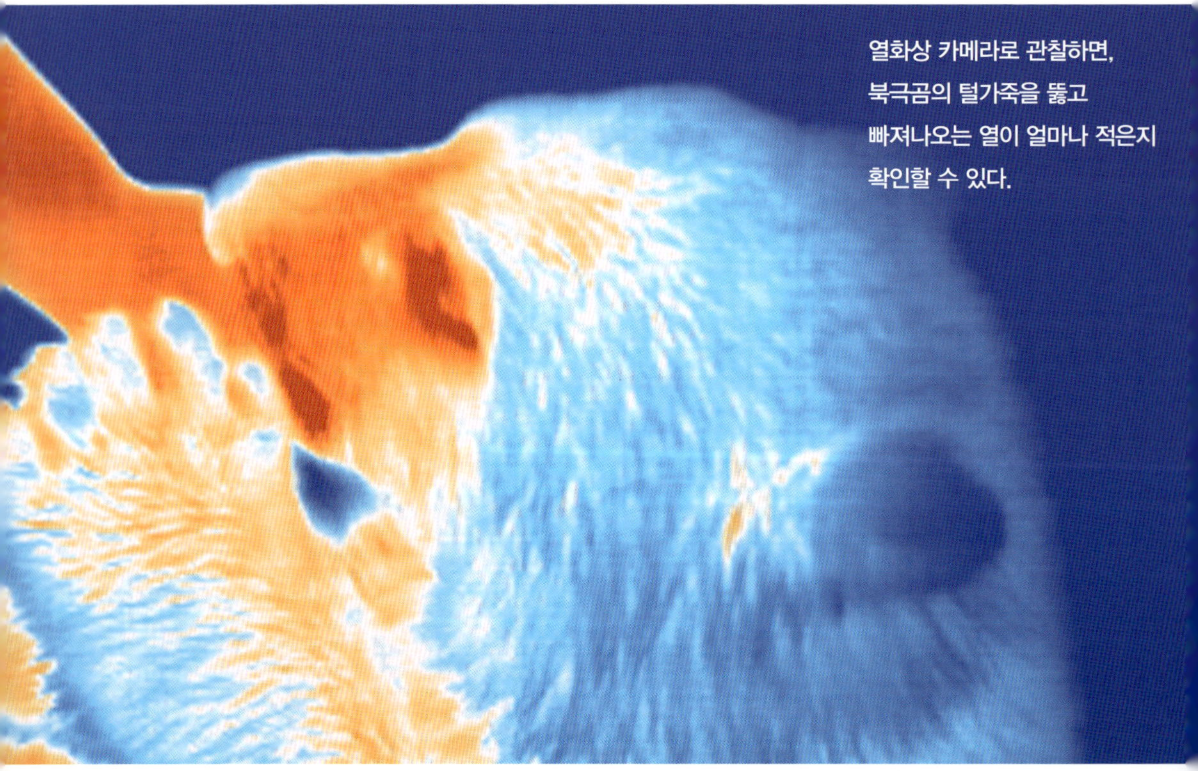

열화상 카메라로 관찰하면, 북극곰의 털가죽을 뚫고 빠져나오는 열이 얼마나 적은지 확인할 수 있다.

벽한 수준이어서 온도의 차이를 색깔의 차이로 보여 주는 열화상 카메라로 북극곰을 관찰해도 좀처럼 눈에 띄지 않아요.

요컨대 북극곰의 털가죽은 여러 기능을 해요. 위장 기능도 하고, 빛을 검은 피부로 이끄는 기능도 하고, 열을 가둬 두는 기능도 하지요. 이 특별한 속성은 다중 기능 단열재를 개발하는 기술자들에게 모범이 되었어요.

세상에는 무언가가 퍼져 나가지 못하게 막는 장치들이 있어요. 댐은 강물을 막고, 바닷가의 제방은 바닷물을 막아 저지대를 보호하며, 자전거 헬멧은 충격을 막고, 도로변의 방음벽은 소음이 주택가로 퍼져 나가는 것을 막아요. 이것들과 비슷하게 단열재는 열이 특정 장소에서 퍼져 나가는 것을 막지요. 실외가 아주 추울 때 열이 거실에서 밖으로 빠져나가는 것을 막는 식으로요. 그래서 건물의 벽과 지붕에는 단열재가 들어가요. 이는 겨울에 난방을 할 때 열이 집에서 새어 나가는 것을 막아 에너지를 절약하기 위해서예요. 단열이 잘 안된 건물은 에너지 낭비가 많아요. 난방 장치가 만들어 낸 열이 집 안에 머물지 않고 틈새나 벽을 통해 바깥으로 새어 나가기 때문이에요. 여름에 더운 열기가 집 안으로 들어오는 것을 막아 실내

i

다중 기능

북극곰의 털가죽과 마찬가지로 사람과 동물과 식물의 각 부분들은 동시에 여러 기능을 한다. 예컨대 새의 깃털은 비행에 필요할 뿐만 아니라 천적의 눈에 띄지 않게 위장 기능도 한다. 우리는 손으로 물건을 잡을 뿐만 아니라 철봉에 매달리고 밧줄을 잡아당기고 글씨를 쓰고 표면을 만져 촉감을 느끼는 등 온갖 일을 한다. 고양이는 살금살금 이동할 때는 발톱을 감추지만 쥐를 사냥하거나 벽을 타고 오를 때는 발톱을 내밀어 갈고리처럼 사용한다. 사람이 개발한 기술적 장치와 기계는 대체로 이런 수준에 이르지 못했다. 발명품은 대개 정해진 과제 하나만 잘 수행할 수 있다. 예컨대 식기세척기, 헤어드라이어, 망치를 생각해 보라.

생체 공학자들은 여러 과제를 수행할 수 있는 제품을 지금보다 훨씬 더 많이 개발하기를 원한다. 그래서 다중 기능을 가진 자연의 본보기들에 특별한 관심을 기울인다.

온도를 쾌적하게 유지하는 기능까지 갖춘 특별한 단열재도 있어요. 조금만 생각해 보면 누구나 고개를 끄덕이겠지만, 단열재야말로 진정한 다중 기능을 갖출 필요가 있어요.

X

단열재

열이 빠져나가는 것을 막기 위해 사용하는 재료를 단열재라고 한다. 여러분이 아는 단열재도 있을까? 틀림없이 있을 테니, 주위를 한번 둘러보라. 앞선 실험에서 병 속의 물을 그늘에서 더 오랫동안 따스하게 유지하려면 어떻게 할 수 있을까? 여러분 스스로 단열재를 발명할 수도 있을 것이다. 어떤 아이디어가 떠오르는가?

투명 단열재

'투명 단열재'라는 특수한 유형의 단열재는 판처럼 생겼으며, 건물의 외벽에 설치하게 되어 있어요. 이 단열재 판의 바깥 면은 플라스틱으로 된 작고 투명한 관들로 덮여 있지요. 이 판은 햇빛을 건물의 외벽으로 이끌어 그곳에서 열로 변환하게 해요. 이 변환은 당연히 벽의 색깔이 북극곰의 피부처럼 검을 때 가장 잘 일어나지요.

태양의 고도가 낮을 때, 즉 아침과 저녁이나 겨울철에는 대략 수평으로 놓인 그 관들이 더 많은 빛을 벽으로 이끌어요. 반대로 태양이 높이 뜬 한낮이나 여름철에는 그 관들을 통해 벽에 도달하는 빛이 줄어들지요. 따라서 실내 온도가 쾌적하게 유지돼요.

하지만 태양의 위치는 끊임없이 변하는데 어떻게 하면 하루 종일 태양열을 최대한으로 이용할 수 있을까요? 이 문제를 해결하기 위해 생체 공학자 토마스 슈테그마이어 팀은 북극곰의 털가죽을 본뜬 단열재를 더 개량했어요.

이들은 단단한 벽이 아닌 표면에도 설치 가능한 휘어지는 단열재를 연구하는 중이에요. 유연한 투명 단열재의 내부에는 투명하고 아주 유연한 플라스틱 섬유들이

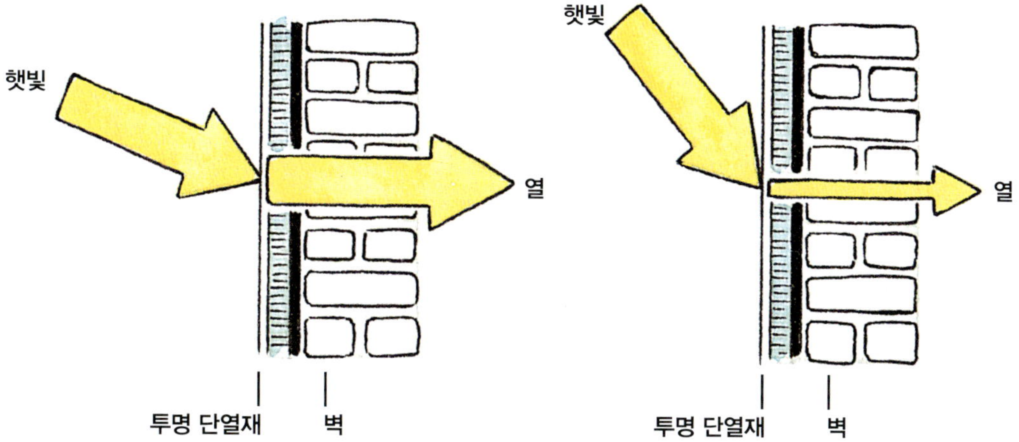

태양의 고도에 따라 투명 단열재가
실내로 끌어들이는 열의 양이 달라진다.

있어요. 전체 구조를 설명하자면, 단열재의 맨 아래에는 검은색 막이 있고, 그 위에 플라스틱 섬유들이 수직으로 서 있고, 맨 위에 투명한 막이 덮여 있지요. 따라서 섬유 사이에 오물이 끼지 않을뿐더러 따스한 공기가 머물러 있게 돼요.

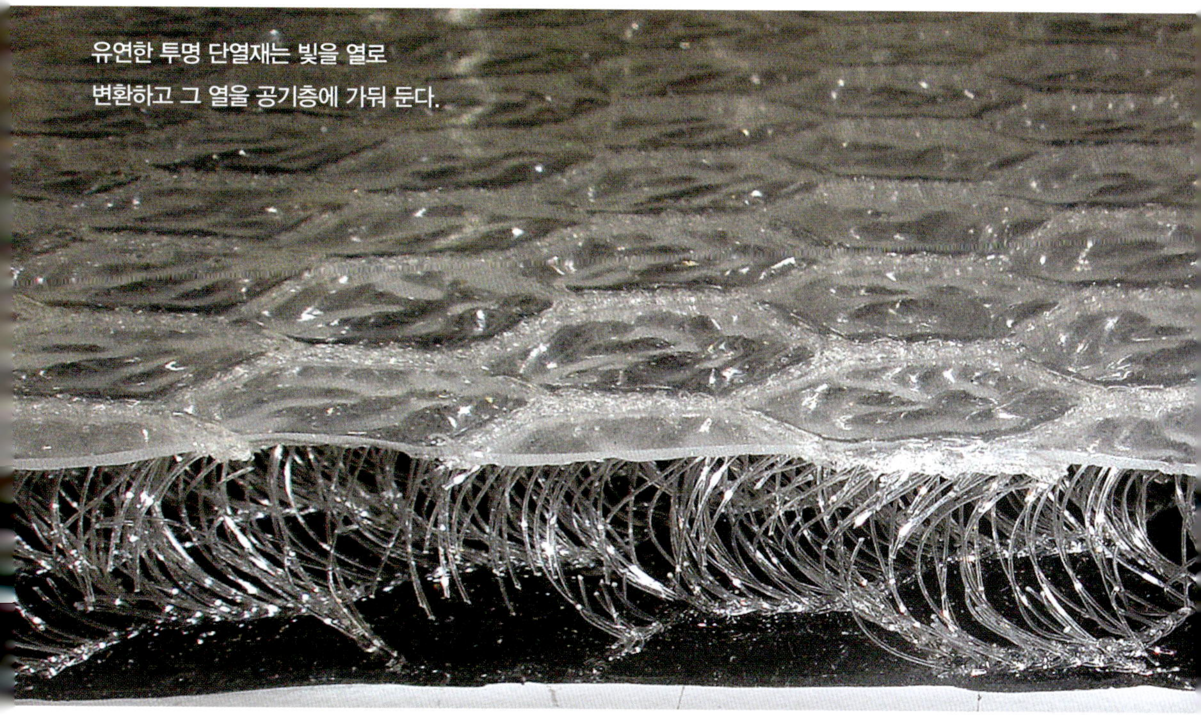
유연한 투명 단열재는 빛을 열로
변환하고 그 열을 공기층에 가둬 둔다.

맨 아래의 검은색 막은 공기층에 갇힌 열을 벽으로 전달해요. 이 단열재로 '태양열 수집기'의 표면을 덮을 수 있어요. 태양열 수집기는 관이나 평평한 판의 형태인데 그 내부로 물이나 기타 액체가 흘러가요. 태양열 수집기가 햇볕을 받으면 내부의 액체가 데워지면서 열을 '수집해요.' 그러고는 관을 타고 흐르면서 열을 곳곳으로 운반하여 따뜻한 물을 나오게 하고, 벽과 바닥 난방에 도움을 주지요.

태양열 수집기들은 태양열을 받아들여 다른 곳으로 전달한다.

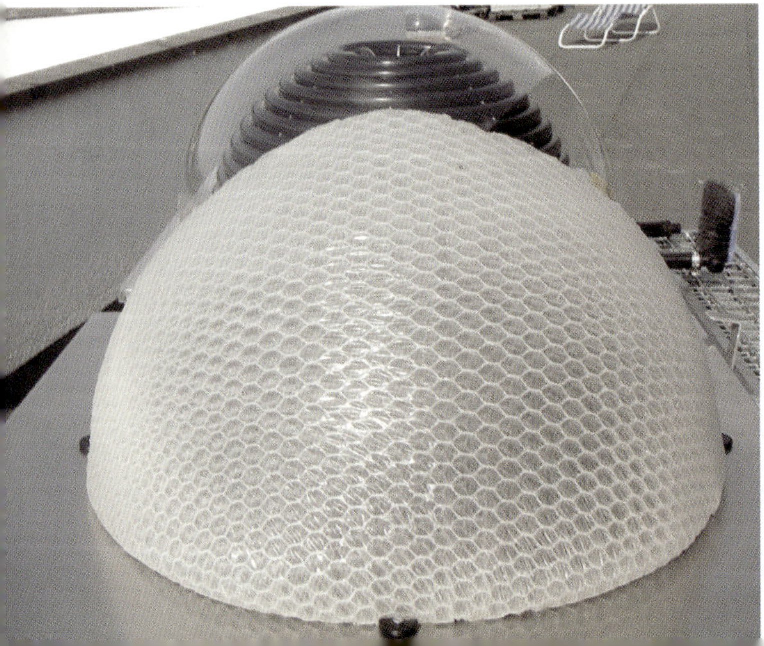

반구 모양 태양열 수집기는 햇빛이 어느 방향에서 비치든 받아들인다.
북극곰의 털가죽과 비슷하게 기능하는 생체 공학적 단열재로 표면을 덮어 개량할 수 있다.

반구 모양 태양열 수집기

유연한 단열재는 여러 용도로 쓸 수 있어요. 예컨대 새로운 모양의 태양열 수집기에 사용할 수 있지요. 내부에 똬리를 튼 뱀처럼 호스가 들어 있는 태양열 수집기는 흥미로운 발명품이에요. 그 호스 위에는 투명한 반구가 덮여 있는데, 그 반구

'헬리오트로프 Heliotrop' 라는 회전 가능한 건물의 태양 전지들은 마치 해바라기처럼 끊임없이 태양을 향한다.

는 호스를 보호하면서 동시에 햇빛을 통과시키지요. 이 태양열 수집기는 이렇게 반구 모양이기 때문에 햇빛이 비치는 방향에 상관없이 태양열을 모을 수 있어요. 이런 수집기 여러 개를 지붕에 나란히 설치하면 주택에 필요한 열을 공급할 수 있을 거예요. 그리고 수집기 겉면에 투명 단열재까지 부착한다면, 그야말로 생체 공학적으로 금상첨화겠지요. 북극곰의 털가죽에서와 마찬가지로 빛은 잘 통과시키고, 열은 수집기의 내부에 훨씬 더 잘 가둘 테니까 말이에요. 유연하지 않은 단열재로는 반구를 덮을 수 없으므로 이런 개량이 불가능해요. 유연한 단열재는 아직 개발 중이므로 판매하지는 않아요. 그러나 언젠가 유연한 단열재가 상용화되면, 곧 건물 위나 수영장 가에서 생체 공학적으로 개량된 반구 모양 태양열 수집기들을 틀림없이 보게 될 거예요. 유연한 단열재는 태양열 수집기뿐만 아니라 천막부터 머리를 보온하는 모자까지 사실상 모든 것의 단열에 쓸 수 있어요. 캠핑용 샤워기 물통을 단열하는 데도 아주 좋을 거예요. 물통의 표면에 유연한 투명 단열재를 붙이면, 물통의 검은색 표면에 도달하는 햇빛이 조금 줄어들어 물이 약간 더 느리게 데워지는 대신에 더 오랫동안 온기를 유지하겠지요.

X

유연한 투명 단열재를 어디에 쓸 수 있을지에 대해서 혹시 떠오르는 아이디어가 있는가?
여러분이 그런 단열재를 가지고 있다면 언제, 어디에, 무엇을 위해 사용하겠는가?

태양 전지 – 태양 에너지로 전기를 생산한다

태양열 수집기와 태양 전지는 서로 다르므로 헷갈리지 말아야 해요. 둘의 차이를 간단히 설명하면, 태양열 수집기는 열을 모아서 전달하는 반면, 태양 전지는 전류를 만들어서 공급해요. 건물의 지붕에서 흔히 보는 판은 태양 전지예요. 판은 크고 푸르스름하게 생겼는데, '광전지photovoltaic cell'(photo는 그리스 어로 빛을 뜻하고, voltaic은 전지를 발명한 과학자 알레산드로 볼타의 이름에서 유래한 표현이다.)라고도 해요. 태양 전지 역시 햇빛을 수집하기는 하지만 수집한 햇빛을 태양열 수집기처럼 열의 형태로 저장하는 것이 아니라 전기 에너지로 변환하여 전류를 생산하죠.

태양 전지는 원래 우주 비행을 위해 개발되어 우주선에 전류를 공급했어요. 하지만 기술이 발전하면서 오늘날에는 드넓은 지역에 태양 전지를 설치하여 전류를 생산하는 태양광 발전소까지 등장했어요. 태양광 발전 방식은 석탄이나 석유와 같은 화석 연료를 태우지 않으므로 친환경적인 에너지 생산법으로 인정받았고, 일상생활에 점점 더 널리 보급되고 있어요. 하지만 태양 전지는 제작하기가 까다로워요. 비싸고 구하기 어려운 원료들이 꼭 필요하거든요. 예를 들어 순수한 규소(실리콘)가 필요한데, 규소는 지상에 풍부하게 존재할뿐더러 지구에서 가장 흔한 원소지요. 모래와 암석의 주성분이 규소예요. 그러나 문제는 태양 전지를 만들기에 적합한 수준으로 규소의 순도를 높이는 작업이 아주 까다롭다는 점이에요. 이 정화 작업에 아주 많은 에너지가 소모되어요. 태양 전지를 만들기가 매우 어렵기 때문에, 과학자들은 더 적은 에너지로 더 싸게 제작할 수 있는 새로운 유형의 태양 전지를 개발하려 애써요.

색소를 에너지 수집기로

과학자 미하엘 그레첼은 돈이 많이 드는 규소를 원료로 쓰지 않아도 되는 태양 전지를 개발했어요. 이 태양 전지에서는 규소 대신에 꽃과 나무에서와 마찬가지로 색소가 빛을 포획하지요. 식물의 잎은 보통 녹색이에요. 왜냐하면 식물의 잎에 엽록소라는 녹색 색소가 있기 때문이에요. 그런데 잎에는 마치 덫처럼 빛을 포획하는 다른 색소들도 있어요. 햇빛이 잎을 비추면, 그 색소들 속의 빛 덫이 활성화되어 빛 에너지를 잡아서 엽록소로 보내지요. 그러면 엽록소에서 전자라는 미세한 입자들이 '튀어나와' 잎의 다른 성분들로 이동하고요.

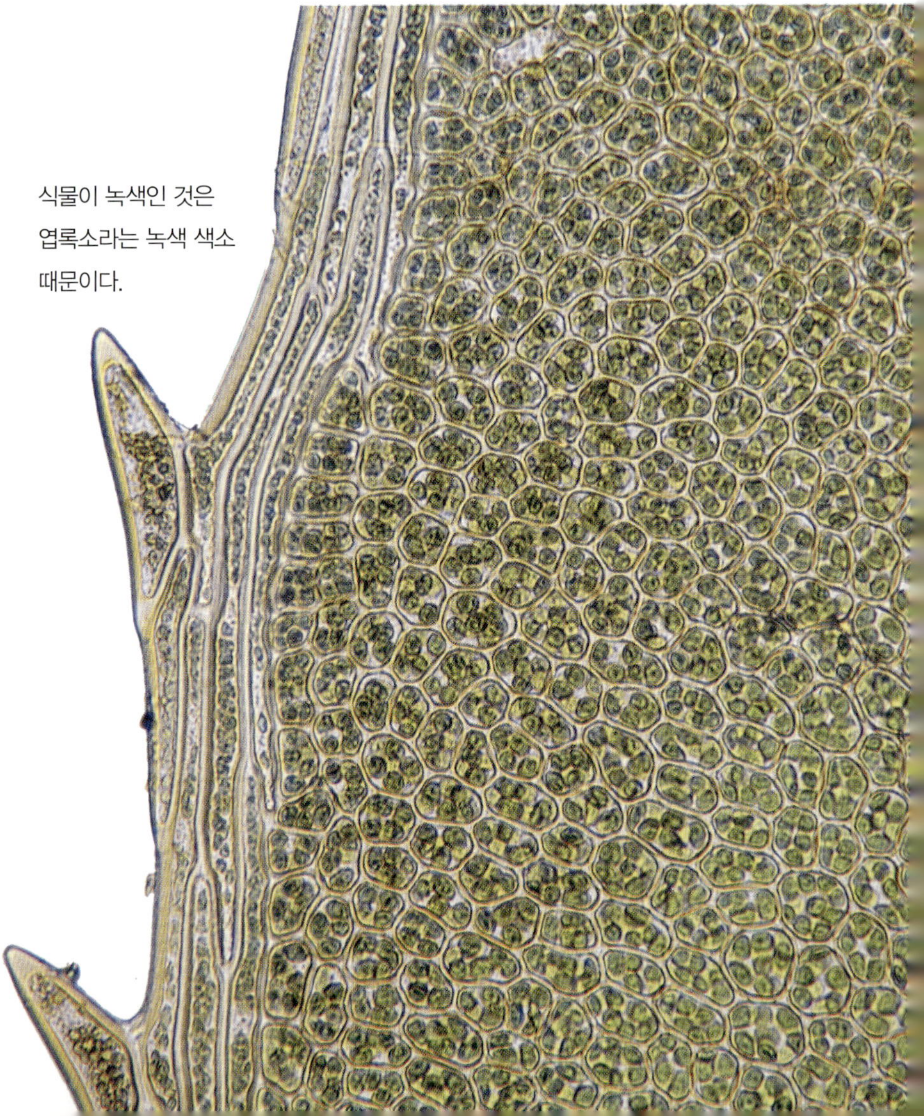

식물이 녹색인 것은
엽록소라는 녹색 색소
때문이다.

곧이어 일어나는 복잡한 연쇄 반응을 통해 식물은 물과 이산화 탄소를 산소와 당으로 변환해요. 이 과정을 광합성이라고 하죠. 이때 생산되는 당은 식물의 성장에 필요해요. 또 식물이 만들어 낸 산소는 사람과 동물의 호흡에 필요하지요.

산소와 이산화 탄소

식물은 광합성을 통해 산소를 생산하고, 사람은 산소를 들이쉬며 살아간다. 한편, 광합성을 위해서는 이산화 탄소가 필요한데, 사람은 이 기체를 끊임없이 내쉰다. 그러니 인간과 식물은 아주 효율적으로 협동하는 셈이다. 사람은 식물이 생산한 부산물을 들이쉬고, 식물은 사람이 내쉰 기체를 재활용한다. 인간과 동물의 호흡과 식물의 '호흡'이 균형을 이루는 것이다. 이산화 탄소는 거의 모든 연소 과정에서도 생기는데, 대부분의 연소 과정은 공장과 자동차에서 일어난다. 이산화 탄소는 지구의 온실 효과를 더욱 강화시켜 우려스러운 기후 변화를 일으킨다. 수많은 공장과 자동차에서 배출되는 이산화 탄소의 양은 식물이 받아들일 수 있는 양을 넘어선다. 따라서 앞서 언급한 균형이 위태로워진다. 태양 전지, 수력 발전소, 풍력 발전기 등 친환경 에너지 생산 시설은 석유나 석탄을 연소시키지 않으므로 이산화 탄소와 유독 물질의 발생을 줄이는 데 도움이 된다. 지구에서 생산되는 산소의 대부분은 열대 우림에서 나온다. 그래서 열대 우림을 지구의 '녹색 폐'라고 부르기도 한다. 온실 효과로 인한 지구 온난화를 완화하는 데 도움이 될 수 있기 때문에 열대 우림을 보호하는 일은 매우 중요하다.

히비스커스 꽃과 햇빛: 바이오 태양 전지

광합성이 일어날 때 빛 에너지는 식물의 색소에서 연쇄 반응을 일으켜요. 바이오 태양 전지도 이와 비슷한 원리로 작동하지요. 보통의 태양 전지와 달리 바이오 태양 전지를 생산하는 데 필요한 원료는 규소가 아니라 진짜 색소예요. 식물에서와 마찬가지로 바이오 태양 전지에서도 빛은 전자들이 제자리를 벗어나 돌아다니게 하죠. 하지만 그 결과로 만들어지는 것은 당과 산소가 아니라 전류예요.

현재의 개발 단계에서 바이오 태양 전지는 보통의 태양 전지보다 훨씬 적은 전류를 만들어 내지만, 과학자들은 바이오 태양 전지의 성능을 개선하기 위해 끊임없이 노력해요. 과학자들은 이 새로운 태양 전지의 원료로 가장 적합한 색소를 찾고 있지요. 특히 전망이 좋은 것은 빨간색 식물 색소예요. 실험 결과, 녹색 엽록소는 효율이 낮은 편이었죠.

바이오 태양 전지의 가장 큰 문제는 그 전지에 들어 있는 식물 색소의 수명이 짧다는 점이에요. 식물 색소들은 햇빛을 받으면 아주 빨리 퇴색하는데, 그러면 바이오 태양 전지가 더 이상 작동하지 못해요. 이 문제 때문에 과학자들은 수명이 더 긴 색소를 찾지요. 현재, 자연에는 없지만 화학적으로 만든 복잡한 색소 분자들을 시험하고 있어요. 알다시피 생체 공학자들은 자연의 물질을 똑같이 베끼거나 그냥

열대 식물 히비스커스 꽃에 들어 있는 강렬한 색깔의 색소는 햇빛을 전류로 바꾸는 바이오 태양 전지의 원료로 쓰기에 적합하다.

가져다 쓰는 게 아니라 자연의 원리를 응용하지요. 바이오 태양 전지에 적합한 색소를 인공적으로 생산하는 것은 그런 응용의 좋은 예랍니다. 바이오 태양 전지의 또 다른 문제는 시간이 지나면 내부의 전해질 용액이 증발하여 전지가 작동할 수 없게 된다는 점이에요. 따라서 과학자들은 그 용액을 빨리 증발하지 않는 젤로 대체하려 애써요.

바이오 태양 전지 만들기

히비스커스Hibiscus 꽃이나 여러분이 마시는 다양한 꽃차에서 추출한 색소로도 바이오 태양 전지를 만들 수 있다. 여러분 스스로 그런 전지 모형을 만들어 보고 싶다면, 식물 색소 외에도 전류가 통하는 특수 유리와 연필심 등의 재료로 쓰이는 흑연이 추가로 필요하다. 얇은 이산화티타늄titanium dioxide 층을 식물 색소로 물들이고 빛을 쪼이면 반응이 일어난다. 흰색 이산화티타늄은 여러 치약과 자외선 차단 크림에 들어 있다. 또 학교에 있는 화학 실험실에는 '루골용액Lugol's sloution'이 있다. 이 전해질 용액은 태양 전지의 내부에서 전자들이 잘 움직일 수 있게 해 준다. 태양 전지를 만드는 방법은 인터넷에서 구할 수도 있고 실험용품 세트를 살 수도 있다. 하지만 실험이 꽤 복잡하므로 학교에서 선생님과 함께 실험하는 것이 가장 좋다.

규소를 원료로 쓴 보통 태양 전지는 25년 동안 안정적으로 전류를 생산할 수 있어요. 바이오 태양 전지는 아직 이 수준에 이르지 못했어요. 바이오 태양 전지가 규소 태양 전지와 본격적으로 경쟁할 수 있으려면 지금보다 아주 많이 개량되어야 해요. 하지만 바이오 태양 전지는 자연에서 쉽게 구할 수 있고 값이 싸고 위험하지 않은 원료로 만든다는 커다란 장점이 있지요.

따라서 바이오 태양 전지는 미래에 에너지 생산에 있어서 값싸고 친환경적인 대안으로 자리 잡을 가능성이 있어요. 더불어 장래가 촉망되는 다른 발전 방향들도 있지요. 예컨대 유연한 플라스틱 필름 위에 여러 구조를 인쇄해서 만드는 태양 전지가 개발되기도 해요. 이 태양 전지는 돌돌 말아서 편리하게 운반할 수 있어요.

에너지 절약형 냉난방 장치

북극곰에 관한 대목에서 이미 이야기했듯이 친환경 에너지를 사용하는 것뿐만 아니라 에너지를 절약하는 일도 중요해요. 겨울에는 누구나 집 안이 따뜻하기를 바라지요. 그래서 난방을 해요. 하지만 창이 완벽하게 밀폐되지 않는 경우가 생기고, 오래된 집에서는 벽도 제대로 단열되지 않은 경우가 많아서 비싼 난방 에너지의 많은 부분이 그냥 새어 나가기도 하죠.

환기 시설도 큰 문제예요. 열은 흔히 공기와 함께 실외로 빠져나가 버리니까요. 미래에 주택의 에너지 효율을 더 높이려면, 동물들의 건축 기술을 살펴볼 필요가 있어요.

구멍 속으로 신선한 바람을

프레리도그와 갯지렁이는 전혀 다른 생활 환경에서 살아요. 프레리도그는 북아메리카의 건조한 초원에서 사는 반면, 갯지렁이는 이름에서 알 수 있듯이 바닷가 연안의 갯벌에서 살아요. 그런데도 이 두 동물은 집을 지을 때 똑같은 묘수를 써요. 앞서 〈날아다닌다는 꿈〉을 다루는 장에서 여러분은 이미 베르누이 효과에 대해 알았을 거예요. 갯지렁이는 그 효과를 이용하여 먹이와 산소를 얻어요.

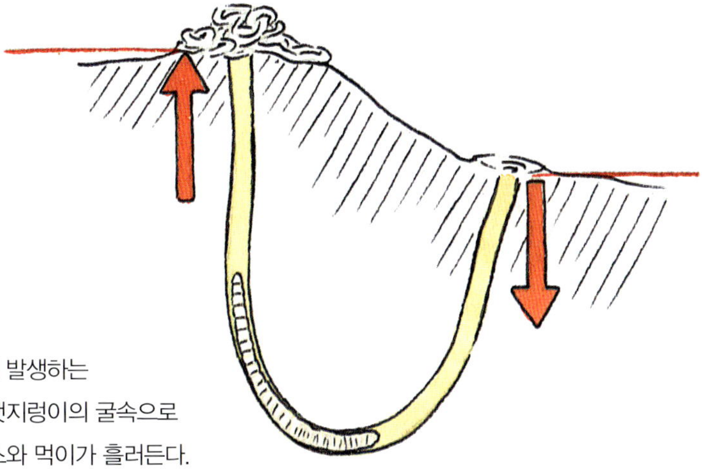

위쪽 입구에서 발생하는
부압 때문에 갯지렁이의 굴속으로
물과 함께 산소와 먹이가 흘러든다.

갯지렁이는 U 자 모양의 굴속 낮은 지점에 자리 잡고 살아요. 그 굴에는 입구가 두 개 있는데, 한쪽 입구가 반대쪽보다 조금 더 높은 위치에 있어요. 밀물과 썰물 때 그 위쪽 입구를 스치는 물의 흐름은 아래쪽 입구를 스치는 물의 흐름보다 약간 더 빨라요. 따라서 위쪽 입구에서 부압이 생기지요.(위쪽 입구에서의 물의 압력이 아래쪽 입구에서의 물의 압력보다 낮아진다. –옮긴이)

이 부압으로 인해 깔때기 모양의 아래쪽 입구로 산소가 풍부한 물과 모래가 흘러들어요. 산소는 갯지렁이에게도 필요하지만 녀석의 굴에 함께 사는 작은 갯벌 동물들에게도 필요하죠. 갯지렁이는 굴속에 흘러들어 온 모래와 거기에 붙은 미생물을 씹어 먹고 소화시켜요. 이런 식으로 녀석은 갯벌 바닥을 재활용해요. 갯지렁이는 약 45분마다 한 번씩 꽁무니를 굴의 입구로 내밀고 자신의 몸속에서 깨끗하게 정화된 모래를 국수 가닥 모양으로 내보내지요.

프레리도그도 베르누이 효과를 이용하는데, 이 경우에는 냉방을 위해서예요. 초원에 있는 프레리도그의 굴도 입구가 두 개예요. 한쪽 입구가 굴을 팔 때 나온 흙을 쌓아서 만든 둔덕 위에 있어서 갯지렁이의 굴과 마찬가지로 반대쪽 입구보다 더 높게 위치해요. 반대쪽 입구는 꼭꼭 밟아서 다진 땅으로 뚫려 있어서 높이가 낮고요. 그래서 높은 입구 위로 바람이 불면, 낮은 입구로 신선한 공기가 흘러들어요.

흰개미 집의 환기 시설

흰개미 집은 대개 커다란 탑처럼 생겼어요. 높이가 최대 10미터에 달하는데, 지상에 노출된 부분 외에 지하에 들어 있는 부분도 있어요. 흰개미 집의 내부는 외부 온도가 바뀌더라도 밤낮으로 같은 온도를 유지해요. 오스트레일리아에 있는 '나침반

흰개미Compass termite'의 집 실내 온도는 바깥 온도가 섭씨 3도에서 42도 사이를 오르내려도 항상 31도이죠. 이는 참으로 놀라운 일이에요. 흰개미들이 어떻게 이런 일을 해낼 수 있는지 연구할 이유가 충분하죠.

실제로 흰개미 집에는 대단한 환기 시설이 마련되어 있어요. 흰개미 집의 내부에는 수없이 많은 방과 굴이 있어요. 집의 꼭대기에 난 구멍은 실내의 따뜻한 공기가 빠져나가는 출구 구실을 해요. 따뜻한 공기는 위로 올라가니까요.

나침반흰개미는 집의 모양과 방향을 최적으로 설정할 줄 안다. 그 집은 온도 변화가 아주 큰 지역에 있는데도 실내 온도가 거의 일정하게 유지된다.

이 공기 흐름은 베르누이 효과에 의해 조금 더 빨라져요. 압력 차이 때문에 집의 아랫부분에 위치한 구멍으로 신선한 공기가 저절로 빨려 들어가요. 흰개미들은 이 구멍들을 넓히거나 좁힘으로써 공기의 흐름을 조절하기까지 하죠. 신선한 공기는 산소와 함께 들어오고, 나가는 공기는 이산화 탄소와 함께 나가요. 이처럼 흰개미 집에서는 공기의 흐름을 이용해서 온도 조절뿐 아니라 환기도 이루어져요. 이 복잡한 공기의 흐름에 대한 연구는 아직 완성되지 않았어요. 언젠가 생체 공학자들이 이 자연적인 냉방 시설의 원리를 정확히 이해하고 기술에 적용하게 된다면, 어쩌면 흰개미 집의 환기 시설을 본뜬 냉방 시설이 등장할지도 몰라요.

나침반흰개미는 묘수를 하나 더 써요. 녀석들은 집을 쐐기 모양으로 짓는데, 서늘한 아침과 저녁에는 햇빛이 쐐기의 넓적한 옆면에 비쳐 집을 많이 데우고 더운 한낮에는 뾰족한 날에 비쳐 집을 최소한으로 데우도록 집의 방향을 정하지요. 즉, 집을 마치 나침반 바늘처럼 남북 방향으로 놓이게 짓는 거예요. '나침반흰개미'라는 이름도 이런 특징에서 유래했어요.

저절로 환기가 되는 건물

사람도 집을 지을 때 일찍부터 베르누이 효과를 이용한 것으로 보여요. 예컨대 고대 이란에서 건설된 물 저장소는 돔형으로 생긴 지붕 꼭대기에 구멍이 뚫려 있어요. 그 구멍 위로 바람이 불면, 실내의 습한 공기가 빨려 나가고 물이 증발하면서 실내 온도를 낮춰요. 요컨대 그 구멍은 소중한 식수를 시원하고 신선하게 보존하기 위한 묘수인 셈이죠. 우리 몸도 이와 비슷한 방식으로 체온을 낮춰요. 우리가 땀을 흘리면, 피부에서 물이 증발하면서 피부 온도가 낮아져요.

베르누이 효과는 옛날 광산에서도 광부들에게 산소를 공급하기 위해 이용한 듯해요. 그런 광산에서는 갱도의 입구 두 개 중 하나가 다른 하나보다 더 높은 곳에 있어요. 바람이 높은 입구 위로 스쳐 지나면, 갱도 속의 공기가 빨려 나오고 반대

쪽의 낮은 입구로 신선한 공기가 빨려 들어가요. 오늘날에는 개량된 다른 환기 시스템들도 쓰여요. 현대의 초고층 건물을 자연적으로 발생하는 부압에만 의지해서 충분히 환기시키기는 어려울 테니까요.

이글루 안에서 잠을 자고 심지어 요리까지 하려는 사람은 충분한 환기에 신경 써야 해요. 그린란드와 캐나다의 원주민을 '이누이트Inuit'라고 하는데, 이들은 과거에 이글루에서 살았고 지금도 이글루를 대피소로 이용해요.

이글루는 눈 벽돌을 정교하게 쌓아서 만든 반구형 건물이에요. 반구 꼭대기의 구멍으로 실내의 공기와 열이 빠져나가는데, 이와 동시에 바닥의 입구로 차갑고 신선한 공기가 들어오죠. 잠든 이누이트가 얼음처럼 차가운 바닥 공기에 노출되지

눈을 다져 만든 돔 꼭대기의 구멍 덕분에
이글루 바닥으로 신선한 공기가 흘러든다.

i

에너지 절약형 주택

친환경 주택을 설계하는 건축가들은 에너지 소비와 비용을 최대한 줄이면서도 안락하고 쾌적한 생활을 보장하기 위해 애쓴다. 주택에서 난방에 필요한 에너지 사용을 최대한 줄이기 위해서는 단열이 중요하다. 또 환기 방식도 적절해야 한다. 최근에 등장한 일부 주택에서는 열이 여러 번 재활용된다. 예컨대 거주자가 머리카락을 말릴 때 헤어드라이어에서 발생한 열이 주택의 열 순환에 통합되어 난방에 쓰인다. 따라서 어떤 열도 그냥 버려지지 않는다. 그뿐만 아니라 이런 주택들은 태양을 비롯한 자연적인 에너지원의 이용을 중시한다. 그래서 전등 대신에 햇빛을, 인위적인 난방 대신에 태양열을 이용하며 여름 한낮에는 창을 가린다. 이 밖에도 다양한 방식으로 에너지 소비를 줄인다.

않도록, 잠자리는 입구보다 약간 더 높은 곳에 있어요.

이 모든 아이디어를 자연에서 얻었는지 여부는 알려져 있지 않아요. 그러나 이 아이디어들은 인간과 동물이 동일한 물리 현상을 이용한다는 걸 보여 줘요.

미래의 생체 공학적 에너지 절약형 주택은 모양이 흰개미 집과 비슷하고 환기 방식은 프레리도그의 굴과 유사할지도 몰라요. 또 거주자들은 식물처럼 햇빛에서 에너지를 얻고, 주택의 벽은 북극곰의 털가죽처럼 단열될지도 모르죠. 그렇다면 완벽한 집의 조건 중에서 빠진 것이라고는 상수도 정도일 텐데, 상수도와 관련해서도 자연에서 묘수를 배울 수 있어요.

나미브사막거저리처럼 물을 마신다

지구에 사는 모든 사람이 충분한 식수를 공급받는 것은 아니에요. 푸른 행성인 지구는 표면의 3분의 2가 물로 덮여 있지만, 그 물의 극히 일부인 3퍼센트만이 소금기가 없는 민물이니까요. 짠 바닷물은 식수로 쓸 수 없어요.

민물의 대부분은 북극과 남극의 얼음, 빙하, 지하와 대기에 저장되어 있어요. 그래서 인류가 직접 식수로 사용할 수 있는 물(지표수)은 민물 전체의 0.3퍼센트에 지나지 않아요. 세계 인구는 갈수록 늘어나고, 당연히 경제 활동의 증가로 농업과 공업에 쓰이는 물의 양도 갈수록 늘지요. 그러니 우리는 물을 절약해야만 다 같이 살 수 있어요.

물 낭비와 관련하여 문제를 꼽으려면 얼마든지 꼽을 수 있어요. 물이 새는 관, 완전히 잠기지 않는 수도꼭지, 고장 난 변기 등에서 소중한 식수가 낭비돼요. 라스베이거스를 비롯한 미국의 몇몇 도시는 사막 한가운데 건설되었어요. 그런 도시에 사는 사람들을 위한 식수는 멀리 떨어진 곳에서 관을 통해 끌어와야만 하죠. 이 번거로운 작업은 많은 에너지 소비와 비용을 발생시키고 환경에 해를 끼쳐요. 완벽하게 밀폐되지 않은 수도관을 통해 이동하는 동안, 소중한 물이 새어 나가 없어지기도 하고요. 게다가 그런 도시에는 물을 머금고 있나가 인간에게 내줄 식물이나 동물이 없어요. 그런데도 물 수요량은 어마어마하게 많지요. 사람들이 식수만 사용하는 것이 아니라 거대한 분수와 수영장도 설치하니까요.

반면에 세계 곳곳 가난한 나라의 사막 지역에서는 물을 구경하는 것조차 어려워요. 국제 구호 기관의 직원들과 기술자들은 식수용 우물이 꼭 필요한 곳에 건설 장비와 물자를 제공해요. 지하수를 개발하기 위해 우물을 파고 정수기 제작 방법을 교육하여 지역 주민 스스로 깨끗한 물을 사용할 수 있도록 하죠. 개발 도상국 사람들이 더 나은 기술을 익혀 생활 조건을 개선할 수 있도록 지원하는 거예요. 하지만 물 부족과 비싼 물 운반비 문제는 비단 사막뿐 아니라 섬, 외딴 마을, 일부 해안에도 있어요. 물론 물이 풍부한 곳에서는 언제든 수도꼭지만 틀면 물이 콸콸 나오지만, 우리가 이런 식으로 계속 물을 낭비한다면, 머지않아 지구 전체의 식수가 부족해질 거예요.

생명의 샘

어떻게 하면 비용과 에너지를 절약하면서 물을 옮길 수 있을까요? 이 질문에 답하기 위해 생체 공학자들은 식물계와 동물계를 연구했어요. 물이 부족한 지역에서 역경을 딛고 살아가는 생물이 많으니까요. 그 생물들은 살기 위해 근처에 강이나 호수가 없더라도 어떻게든 물을 확보하죠. 식물의 씨는 물이 없으면 싹 트고 자랄 수 없어요. 물이 부족한 지역에 사는 동물과 식물은 진화 과정에서 생존에 꼭 필요한 물을 얻는 전략을 매우 다양하게 개발하여 생활 환경에 적응했어요. 일부 식물의 씨는 여러 해 동안 흙 속에 묻혀 있다가 비가 오면 싹이 터 성장하기 시작해요. 이런 씨는 아주 강인하며 몹시 건조한 환경에서도 잘 버텨요.

부유한 나라들에서는 흔히 전류와 식수를 낭비하는 반면
(왼쪽: 사막에 세운 도시 라스베이거스의 인공 수로)
물이 부족한 지역에서는 식수를 얻는 것 자체가
매우 힘든 일이다.

비가 오기 시작하면, 씨는 곧바로 빗물을 최대한 이용해요. 씨가 싹 트는 순간부터 빠르게 성장하고 습기가 마르기 전에 번식을 위해 꽃을 피우죠. 동물들은 숨어 있는 물웅덩이를 찾아내거나 모래 속에서 물기를 많이 머금은 뿌리를 캐내 씹어 먹어요. 일부 사막 식물과 나미브사막거저리Onymacris Unguicularis처럼 물리학적인 묘수를 쓰는 생물도 있어요.

사막에서 물을 얻는 묘수

몇몇 식물과 동물은 사막에서 물을 얻기 위해 놀라운 속성을 갖췄어요. 나미브 사막에 사는 풀은 줄기에 안개가 닿으면, 안개가 물방울로 응결하여 바닥과 뿌리로 떨어져요. 풀은 그 물을 이용하여 자라지요. 그 지역은 비가 거의 오지 않기 때문에, 풀이 스스로 공기 중의 수증기를 거두어 이용하는 거예요.

역시 나미브 사막에 사는 작은 딱정벌레인 나미브사막거저리는 특별한 묘수를 써요. 녀석은 아침에 모래 언덕 위로 올라가 앞다리로 몸을 지탱하고 꽁무니를 치켜든 자세로 시원한 바람을 쐬어요. 녀석의 껍데기는 표면이 특수해서 거기에 수증기가 닿으면 응결하여 미세한 물방울이 돼요. 나미브사막거저리의 등에는 일정

나미브사막거저리는 특별한 껍데기를 지녔다. 수증기가 그 껍데기에 닿으면 응결하여 물방울이 된다.

이슬과 안개

안개는 구름과 마찬가지로 공중에 떠 있는 미세한 물방울들이다. 다만 구름은 하늘 높이 있는 반면, 안개는 지면 근처에 있다는 점이 다르다. 안개가 아주 짙게 끼면, 먼 곳을 볼 수 없게 된다. 안개가 마치 장막처럼 시야를 가리기 때문이다. 안개 속에서 달려 보면, 안개가 물로 이루어졌음을 느낄 수 있다. 머리카락과 옷이 축축해지니까 말이다. 이른 아침에는 자주 안개가 끼고 이슬도 맺힌다. 여러분이 일찍 일어나면 집 앞마당에서도 이슬을 관찰할 수 있다. 풀과 정원에 있는 의자를 만져 보면 축축할 것이다. 어쩌면 작은 물방울들이 매달린 거미줄도 볼 수 있을 것이다. 아침 일찍 거리에 나서면 표면이 뿌옇게 흐려진 자동차와 창문이 종종 보인다. 비가 오지 않았는데도 물기가 어린 그 표면을 손가락으로 문지르면 물방울이 뭉쳐 흘러내린다.

한 간격으로 돌기가 있는데, 이 돌기의 끝은 물을 좋아하는 성질을 가지고 있고 나머지 부분은 왁스 같은 물질로 물을 싫어한다고 해요. 안개가 끼면 돌기 끝에 수증기가 달라붙어 물방울이 되고 그 물방울들이 뭉쳐서 커지면서 녀석의 몸을 타고 머리로 흘러내리죠.

결국 나미브사막거저리의 머리에 큰 물방울이 맺히고, 자연스럽게 입으로 흘러들게 되어 녀석은 그 물을 쉽게 빨아 먹어요. 정말 기가 막힌 묘수지요! 여러분이 마당에서 물구나무서기를 하면 공중에서 입으로 코코아나 오렌지 주스가 떨어진다고 상상해 보세요. 그야말로 천국에서 아침을 맞는 기분일걸요.

하지만 나미브사막거저리의 이웃인 한 카멜레온 종은 더 간단하게 물을 얻어요. 길고 끈끈한 혀로 나미브사막거저리와 이슬을 한꺼번에 낚아채 삼켜 버리죠. 배고픔과 목마름을 한 번에 해결하는 거예요.

끈기 있게 물을 수집한 나미브사막거저리에게는 참 딱한 일이지만, 이 행동은 그 카멜레온이 먹이와 물을 섭취할 때 얼마나 훌륭하게 '에너지를 절약하는지' 보여 줘요.

인간이 안개에서 물을 얻는 방법

인간도 안개 속의 물을 이용하기 위한 도구를 발명했어요. 민물이 부족한 지역에서 아침 안개 속의 물을 거두는 데 쓰는 큰 그물을 '안개 포집기fog catcher'라고 해요. 안개 포집기는 두 기둥에 걸쳐 수직으로 늘어뜨린 그물인데, 바람의 방향을 고려하여 적절히 설치하기만 하면 안개 속의 물을 50퍼센트까지 거둘 수 있어요. 안개 포집기를 이루는 섬유에 달라붙은 미세한 안개 방울들은 점점 더 큰 물방울로 뭉쳐서 물받이로 떨어지죠. 사람들은 그렇게 모은 물을 관을 통해 대형 물통으로 옮겨 식수로 써요. 면적이 36제곱미터인 그물은 대략 축구 골대 두 개와 같은 크기예요. 그런 그물은 섬유의 재료와 설치 장소에 따라 다르기는 하지만 하루에 약 170리터의 식수를 안개에서 포집할 수 있답니다.

사막에서 물을 얻는 법: 큰 그물로 안개에서 포집한 물이 물받이와 관을 거쳐 물통에 모인다.

생체 공학적 안개 포집기

안개를 포집하는 그물은 바람을 통과시키면서도 촘촘해야 해요. 그래야 공중의 물을 '잡아 모을' 수 있기 때문이에요. 뎅켄도르프 직물 처리 기술 연구소의 생체 공학자들은 현재 특별히 가는 섬유로 짠 그물을 여러 겹 포갠 형태의 3차원 안개 포집기를 개발하는 중이에요. 섬유의 표면은 식물과 딱정벌레들을 모범으로 삼아 개량할 것이라고 해요. 그러면 안개 포집기의 성능이 좋아지고 수명이 늘 뿐만 아니라, 그 장치의 표면이 자가 세정 능력까지 갖추게 될 거예요.

개발 도상국의 인구가 많은 곳에서 안개 포집기의 도움으로 필요한 식수를 얻을 수 있어요. 가난한 나라에서는 깨끗한 식수를 얻는 것이 당연한 일이 아니에요. 우리는 매일 마시고 씻고 요리하는 데 평균 1인당 200리터의 물을 사용한다고 해요. 미국은 평균 400리터의 물을 사용하고요. 그에 비해 개발도상국 사람들은 평균 1인당 10리터의 물을 사용하지요.

깨끗한 물을 구하기 힘든 지역의 사람들은 중병에 걸리고 심지어 죽기도 해요. 기후 변화로 건기, 즉 물이 부족한 기간이 과거보다 더 잦아지고 길어지고 있어요. 건기에는 우물이 말라 버리는 일도 흔해요.

에너지 정책

모든 사람이 태양 에너지, 풍력, 수력 등의 '자연적인' 에너지를 이용한다면, 환경에 큰 도움이 될 거예요. 이런 에너지를 재생 가능한 에너지라고도 해요. 언젠가는 바닥나는 석탄, 석유, 천연가스와는 달리 언제나 다시 이용할 수 있기 때문이에요.

안타깝게도 기업가의 입장에서 환경 보호와 경제적 이익은 흔히 어긋나요. 제품을 친환경적으로 생산하는 기업가는 미래의 해악에 아랑곳없이 생산하는 기업가

지구를 구할 수 있느냐는 개인이 어떻게 행동하느냐에 달려 있다. 자연을 모범으로 삼은 발명품들은 우리가 사는 환경의 균형을 보호하고 유지하는 데 도움이 될 수 있다.

에너지 절약

여러분도 에너지를 절약하고 환경을 보호할 수 있다. 여러분은 매일 무엇을 위해 에너지를 소비하는가? 어떻게 하면 전기와 물을 절약할 수 있을까? 여러분의 집에 에너지와 물이 어떻게 공급되는지 알아보라. 여러분의 학교에는 태양 전지나 기타 에너지 절약을 위한 장치가 있는가?

보다 때로는 더 큰 비용을 부담해요.

또한 모든 소비자가 환경 보호를 위해 더 비싼 상품을 구입할 의사나 능력을 가지고 있지는 않아요. 과학자, 기술자, 정치가 들은 국제적인 기후 회의를 열어 세계의 기후에 대해서 논의해요. 그들은 환경 보호를 위한 공동의 조치에 합의하려 애쓰죠. 하지만 늘 쉽게 합의가 이루어지지는 않아요. 나라마다 다른 조건에서 다른 제품을 생산하다 보니 추구하는 바가 다르기 때문이에요. 그러나 누구나 작게나마 환경 보호에 기여할 수 있어요. 연료 소비가 많은 자동차를 포기하고, 집에서 난방을 덜 하고, 전기를 덜 쓰고, 물을 절약하는 등 실천은 우리 각자 몫이에요.

물론 모든 친환경적인 기술이 환경에 해로운 기술보다 더 저렴해진다면 가장 좋겠죠. 그러면 친환경적인 기술을 이용하지 않을 이유가 없을 테니까요. 그래서 과학자와 기술자들은 기술적 문제에 대한 새롭고 간단하고 저렴하고 지혜로운 해법을 끊임없이 연구해요. 특히 생체 공학자는 그런 해법을 자연에서 찾으려 하죠. 자연은 우리에게 셀 수 없이 많은 아이디어를 선사해요. 마지막 장, 바로 〈생체 공학, 셀 수 없이 많은 아이디어〉에서 확인해 보세요.

생체 공학,

셀 수 없이

많은

아이디어

다양하고 다채로운 자연은 무한한 아이디어의 원천이에요.
지금까지 우리는 자연이 줄 수 있는 아이디어들 중에 극히 일부만 얻어 냈죠.
전 세계의 생체 공학자들은 자연이 가진 지식을 배우려 노력해요.

앎을 통한 진보

환경을 해치지 않는 기름 흡착포, 투명 단열재, 경량 골격 자동차는 생체 공학자들이 최근에 자연을 본떠 개발한 수많은 제품 가운데 몇 가지에 불과해요. 호기심 많은 과학자들과 재치 있는 기술자들의 관심사가 다양한 만큼, 과거에도 생체 공학의 연구 성과는 늘 여러 가지로 많았지요.

옛날 발명가들은 자연을 똑같이 모방하려다 실패하곤 했어요. 예컨대 날개를 퍼덕이는 비행기를 꿈꾼 레오나르도 다빈치나 양귀비의 씨주머니를 닮은 흩뿌리기 도구를 개발한 라울 프란체가 실패를 경험했어요. 생체 공학자들이 우선 어떤 세부 사항과 원리를 기술에 적용해야 하는지를 체계적으로 연구하고 이해한 다음에 발명에 착수하지 않는다면, 자연을 모범으로 삼은 오늘날의 발명품들도 제대로 작동하지 못할 거예요. 생체 공학자들은 동물의 공기 역학적 속성들을 이용하기 위해 동물의 형태와 운동 방식을 모방했어요. 생체 공학적 표면들은 연

정교한 거미줄 그물은
자연의 진정한 걸작이다.

잎을 모범으로 삼은 자가 세정 효과나 상어 피부 효과를 통해 널리 알려졌어요.

탄력이 있는 로봇 팔과 독립적으로 활동하는 로봇의 개발은 인간과 로봇이 안전하게 함께 일할 가능성을 열어 줘요. 집을 지을 때 과거에도 항상 자연적인 재료를 사용해 왔지만 오늘날에는 거기에서 더 나아가 구조에 대한 아이디어까지 자연에서 얻어요. 그런 아이디어는 경량 건축과 건축 요소들의 안정성을 위해 중요하죠.

우리가 원하는 속성을 지닌 새로운 재료의 개발과 자기 조직화하는 구조를 이용하는 시도는 미래의 생체 공학을 미리 내다보게 해요. 기술은 끊임없이 개량되었고, 자연에 대한 인간의 지식은 시간이 흐르면서 점점 더 늘었어요. 오늘날 우리는 기술과 진보를 당연하게 생각해요. 엄청나게 많은 정보를 마우스 클릭 한 번으로 몇 초 만에 세계 곳곳으로 전송할 수도 있죠. 그래서 전 세계의 과학자들과 기술자들이 과거보다 훨씬 더 쉽게 정보를 얻고 교환할 수 있어요.

현대적인 연구소와 기업에서는 흔히 특수한 팀을 꾸려서 특정 과제를 집중적으로 연구하고 자연에서 얻은 지식을 활용하여 해결책을 생각해 내는 일을 맡겨요. 그런 팀의 예로 바이로이트 대학의 토마스 샤이벨 교수가 이끄는 연구 팀이 있어요. 이 팀은 거미줄을 연구하죠.

거미줄의 흥미로운 속성들

거미줄 그물은 성질이 제각각 다른 여러 유형의 거미줄로 이루어졌어요. 한 그물이 여러 가지 성질의 거미줄로 짜였다는 말이에요. 이렇게 다양한 거미줄로 그물을 짜는 이유는 먹잇감을 포획하는 기능을 최적화하기 위해서지요. 거미줄 그물은 크게 탄력이 있는 부분과 단단한 부분으로 나뉘어요. 이처럼 서로 다른 두 부분이 조화를 이룬 덕분에 거미줄 그물은 대단히 튼튼하고 찢어짐 강도tear strength(찢어짐에 저항하는 힘)가 높지요.

거미는 최대 일곱 가지 거미줄을 만들어 낼 수 있으며, 각 유형의 거미줄이 나오는 '방적 돌기spinneret'가 따로 있어요. 독일에서 흔히 볼 수 있는 유럽정원거미

Araneus diadematus의 둥근 그물 형태의 거미줄은 주로 두 가지 거미줄로 이루어졌어요. 먼저 그물의 바깥 틀과 고정용 연결선을 만들 때 쓰는 거미줄은 매우 튼튼하지만 늘어나는 성질(신장성)은 그리 크지 않아요. 반면에 먹이 포획용 나선에 쓰는 거미줄은 탄력성이 매우 강하죠. 그 거미줄은 그물에 부딪힌 곤충을 붙잡으면서 동시에 그 충격을 그물 전체로 분산시켜요. 또한 포획용 나선 거미줄은 그물 전체에서 유일하게 끈끈하죠. 잘못하면 거미 자신도 그물에 달라붙을 수 있으므로, 거미는 그렇게 특정한 거미줄에만 접착제를 발라 놓고 그 거미줄에는 발을 대지 않아요.

이렇게 탄력이 있으면서 끈끈한 거미줄 그물은 잡힌 곤충을 놓아주지 않아요. 여기에 거미는 추가로 거미줄을 뽑아내어 그 곤충을 '결박해요.' 거미줄 그물의 재료는 거미에게 매우 소중하므로, 녀석은 그물이 쓸모없게 되면 그 거미줄을 다시 먹어서 새로운 거미줄의 재료로 쓰죠. 진정한 재활용을 실천하는 셈이에요.

거미줄은 놀라운 속성을 지녔어요. 거미줄은 인간의 머리카락보다 훨씬 더 가늘지만 인장 강도(잡아당기는 힘에 버티는 능력)는 어마어마하게 높아요.

만일 사람이 거미줄 그물의 틀에 쓰이는 거미줄을 평범한 끈의 굵기로 만들어 낼 수 있다면, 그 거미줄 끈은 같은 굵기의 나일론 끈보다 인장 강도가 대략 두 배 정도 높을 거예요. 즉, 가는 강철 케이블이 버텨 낼 수 있는 최대 무게의 30배로 잡아당겨도 끄떡없을 거예요. 반면에 포획용 나선에 쓰이는 거미줄의 탄력성은 고무줄과 맞먹어요.

탄력성이 높은 거미줄과 인장 강도가 높은 거미줄을 (때로는 한 가닥의 줄 안에서도) 조합하면 흥미로운 속성이 만들어져요. 인간은 오래전부터 그 속성들을 이용해 왔어요. 폴리네시아 원주민은 지금도 지름 6미터짜리 거미줄 그물로 물고기를 잡아요. 그들은 탄력이 있는 나뭇가지를 휘어 둥근 테를 만들고 거미로 하여금 그 안에 그물을 치게 해요. 완성된 그물을 뜰채처럼 물고기를 건져 올리는 도구로 쓰죠. 여러 지역의 원주민은 거미줄 그물이 항균 작용을 해서 상처를 덮을 때 쓰면 좋다는 것도 알아요. 물론 우리는 곤충과 거미를 생각하면 더러움, 질병, 세균을 떠올리기 때문에 상처를 거미줄로 덮는 처방을 괴상하다고 느끼지만요.

그러나 거미줄 그물은 청결하며 염증을 가라앉히고 어떤 알레르기도 일으키지 않아요. 그러니 거미줄을 여러 방면에 활용할 만하죠. 외과 수술용 실, 붕대, 아주 강한 특수 밧줄(이를테면 정글짐 제작용 밧줄), 다양한 보호용 의복, 에어백을 거미줄로 만들 수도 있을 거예요.

비단실

비단실은 누에나방의 애벌레인 누에에서 얻는데, 누에를 키우는 농가는 특히 중국에 많다. 누에가 나방으로 변신하기 위해 고치를 틀고 그 속으로 들어가면, 그 누에고치를 수확해 가공하여 값비싼 비단실을 얻는다.

우리가 입는 옷에 쓰이는 비단실은 누에고치에서 나온다.

거미처럼 거미줄 잣기

그러나 거미줄은 많은 양을 확보하기가 어려워요. 거미 여러 마리를 함께 사육하는 것이 불가능하기 때문이에요. 거미 두 마리가 마주치면 인정사정 볼 것 없이 상대방을 잡아먹어요. 게다가 포획된 거미가 만들어 내는 거미줄은 자연 상태의 거미가 만드는 거미줄보다 질이 떨어져요.

그래서 바이로이트 대학의 생체 공학자들은 거미줄을 모방하기로 결정했어요. 하지만 이 작업도 결코 쉽지 않아요. 거미줄의 주성분은 단백질인데, 거미줄에는 제각각 특정한 구조를 지닌 여러 단백질이 들어 있거든요. 단백질은 형태가 여러 가지라, 액체일 수도 있고 끈적한 죽과 비슷할 수도 있고 고체에 가까울 수도 있어요. 달걀 흰자가 날것일 때는 액체이다가 익히면 굳어지는 것처럼 말이에요.

연구 팀은 인공 거미줄의 원료를 생산하는 작업은 이미 성공적으로 마쳤어요. 그러나 문제는 그 원료로 제대로 된 거미줄을 잣는 작업이에요. 이 작업이 어려운 이유는 크게 두 가지예요. 첫째, 인공 거미줄을 이루는 미세한 단백질들이 정해진 순서로 배열되어야 한다는 거예요.

둘째, 역학적으로 어려운 점들이 있어요. 무슨 말이냐면, 거미줄을 만들려면 단백질 사슬들을 길게 이어 붙여야 해요. 그런데 이렇게 하려면 거미줄을 '뽑아내는' 길밖에 없어요. 실제로 거미의 꽁무니에는 이렇게 뽑아내는 작업을 위한 복잡한 장치가 있죠. 그 장치, 즉 방적 돌기에서는 우선 액체 단백질이 빠져나와요. 곧이어 그 액체 속에서 고체 성분들이 만들어져요. 그런 다음에 비로소 거미는 방적 돌기 주변에서 굳어진 단백질을 가지고 다리를 놀려 거미줄을 잣지요. 이런 까다로운 과정 때문에 인공 거미줄은 최근에야 처음 생산되었어요.

거미의 방적 돌기를 모방하는 것은 어려운 과제였어요. 왜냐하면 액체를 좁은 구멍으로 밀어내어 단순히 가늘고 길게 이어진 줄기를 만드는 것만으로는 충분하지 않으니까요. 쉬운 예로 스파게티를 생각해 보세요. 스파게티 가닥들을 이어 긴 줄을 만들어야 한다고 말이에요. 만일 스파게티 가닥들을 매듭지어 연결할 수 없다면, 한 가닥을 길게 펴 놓고 그 끝에 다른 가닥을 붙이는 식으로 가닥들을 차례로 이어 붙이는 수밖에 없어요. 그러면 긴 스파게티 줄이 만들어질 거예요. 반면에 스파게티 가닥들을 깔때기에 붓고 짓눌러서 아래로 가느다란 스파게티 '줄기'가 빠져나오게 한다면, 그 줄기는 여전히 짧은 스파게티 가닥들의 뭉치일 뿐이므로 하나로 붙지 않고 곧바로 해체될 거예요. 만일 거미줄의 원료를 이런 식의 단순 결합으로 좁은 구멍으로 밀어낸다면, 똑같은 일이 벌어지겠죠. 따라서 그 원료로 튼튼한 거미줄을 만들려면 거미처럼 무언가 특별한 방법으로 줄을 뽑아내야 해요. 과연 어떤 방법을 써야 할까요?

과학자들은 최근에야 거미의 방적 돌기를 본뜬 장치를 개발하는 데 성공했어요. 그 장치로 생산한 거미줄의 품질은 자연적인 거미줄에 거의 뒤지지 않아요.

거미는 초당 4센티미터의 속도로 거미줄을 뽑아낼 수 있어요. 거미의 방적 장치 속에는 항상 거미줄의 원료가 준비되어 있기 때문에, 거미는 위험에 처하면 더 빠

생체 공학자들은 인공 거미줄의 원료로 일단 가는 실을 생산했다.

르게 거미줄을 뽑아내지요. 과학자들은 현재 초당 최대 40센티미터의 거미줄을 뽑아낼 수 있어요. 1분이면 24미터를 뽑아낼 수 있는 셈이에요. 그런데 이 속도가 빠를수록 거미줄이 더 뻣뻣해지고, 느릴수록 더 유연해져요. 요컨대 거미의 비법은 뻣뻣한(결정crystal과 유사한) 거미줄과 유연한(젤gel과 유사한) 거미줄을 목적에 맞게 섞어서 하나의 실을 자아 내는 것에 있어요.

인공 거미줄의 원료로 만드는 다양한 제품

거미줄의 원료로 실 말고도 여러 흥미로운 제품을 만들 수 있어요. 연구자들은 거미의 방적 돌기를 본뜬 장치로 실을 뽑아내는 실험을 하다가 우연히 속이 빈 캡슐과 공을 만들 수 있다는 걸 발견했어요. 지금은 인공 거미줄의 원료로 솜털 직물, 거품 더미, 얇은 막도 만들어서 다양한 용도로 쓸 수 있지요.

거미줄은 수증기는 통과시키고 물은 밀쳐 내기 때문에 투명하고 통기성이 뛰어난 거미줄 막을 옷감에 덧씌울 수 있을 거예요. 그런 옷감으로는 온갖 색깔의 멋진 비옷을 만들 수 있을 테고 말이에요. 지금까지 써 온 통기성 직물 층은 직물의 표면이 아니라 속에 들어가며 색깔은 대부분 회색이에요.

얇은 거미줄 막은 눈에 안 띄는 의료용 접착 밴드의 소재로도 쓸 수 있어요. 그런 접착 밴드는 항균 작용을 할 뿐만 아니라 상처를 빠르게 아물게 할 거예요. 거미줄 막을 만들려면, 거미가 만드는 단백질들이 들어 있는 원료 액체를 틀에 부어 아주 얇은 층을 만들어 말리면 돼요. 이 방법은 여러분도

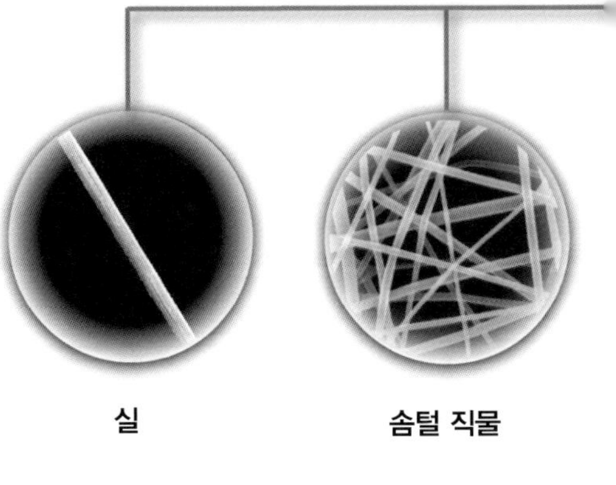

인공 거미줄의 원료로
매우 다양한 구조와 속성을 지닌
제품을 생산할 수 있다.

쉽게 이해할 수 있을 거예요. 손등에 풀을 바르고 한동안 놔둬서 말려 보세요. 그런 다음 마른 풀을 조심스럽게 떼어 내면, 얇은 막을 얻을 수 있어요.

과학자들은 거미줄의 원료로 물에 녹는 막도 만들 수 있고 녹지 않는 막도 만들 수 있어요. 그 원료 단백질들로 알약을 감싸는 껍질을 만들 수 있죠. 원료를 어떻게 조합하여 만드느냐에 따라서 그 껍질은 침이나 위산에 녹지 않고 장에서 비로소 녹을 수도 있어요. 이런 껍질은 정확히 몸의 특정 부위에서 효과를 발휘해야 하는 약을 생산할 때 요긴해요. 적당한 껍질로 약물을 감싸고 있으니 입이나 위에서 흡수되지 않고 목표 지점까지 온전히 도달할 수 있지요. 따라서 약물의 양을 줄여도 되고, 경우에 따라서는 복통과 같은 부작용도 줄일 수 있어요. 하지만 우리가 이 연구에서 나오리라고 기대해도 좋은 첫 번째 제품은 장식용품이에요. 거미줄의 원료가 들어 있는 특수 샴푸는 거미줄의 아름답고 자연스러운 광택을 머리카락에 선사할 거예요.

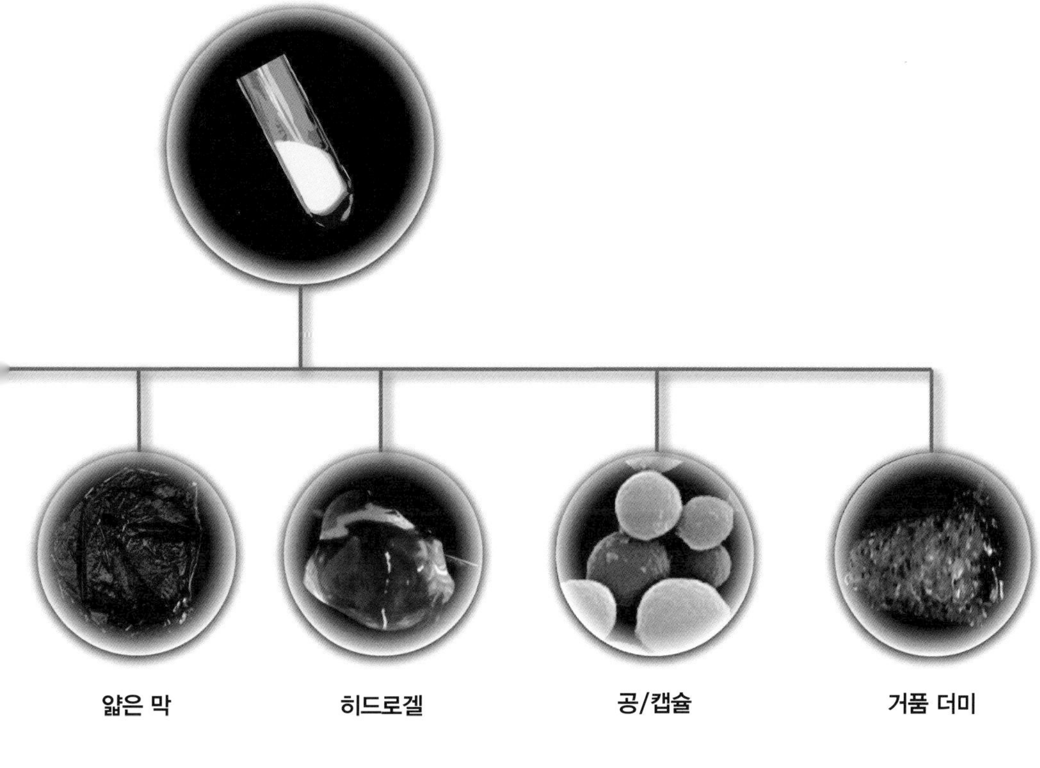

미래를 향한 도약

이처럼 인공 거미줄은 흥미로운 미래의 가능성들을 열어 줘요. 거미줄은 재활용이 가능하고 훌륭한 역학적 속성을 지녔으며 알레르기를 일으키지 않아요. 전문가들로 구성된 팀이 다른 과학자 및 기술자들과도 긴밀히 협조하면서 거미줄 제품의 개발에 몰두하고 있지요. 50년 전에 최초의 벨크로를 생산해 줄 사람을 찾기 위해 발품을 팔던 조르주 드 메스트랄도 틀림없이 이런 팀이 있었으면 하고 바랐을 거예요. 그러나 자연의 발명품을 찾아내고 그것을 기술로 모방하는 일은 지금도 여전히 만만치 않은 과제예요. 앞으로도 흥미로운 발견이 많이 이루어질 거예요. 이를 위해 가장 중요한 것은 사람들이 함께 연구하고 지식과 경험과 정보를 공유하는 것이에요.

또한 지구의 생명과 에너지를 돌보는 노력을 최우선으로 삼아야 해요. 이 과제를 마음에 품고 자연을 둘러보면 수많은 가능성을 발견하고 감탄하게 될 거예요. 아직 연구되지 않은 생물이 무수히 많으므로, 아직 이루어지지 않은 발견도 그만큼 많은 셈이죠. 기술자들은 매일 흥미로운 과제와 맞닥뜨려요. 그들이 과학자들과 함께 고안해 내는 해결책은 우리의 삶을 끊임없이 개선하고 생명과 자연이라는 값진 보물을 보호할 거예요.

여러분도 참여할 수 있어요. 여러분 각자의 세계를 탐구하세요. 온갖 것이 어떻게 작동하는지 호기심을 갖고 질문하세요. 생물을 관찰하고 보호하세요. 매일 여러분 각자의 방식으로 그렇게 하세요. 그러다가 생각과 상상이 개구리처럼 펄쩍 뛰어오르거든, 그것을 억누르지 마세요. 천재적인 발명가는 반드시 그런 도약을 통해 새로운 아이디어에 도달하니까요!

새로운 아이디어에 도달하기 위해서는
생각이 미래를 향해 크게 도약하는 것을
억누르지 말아야 한다.

부록

찾아보기

사진과 그림 출처

3쪽: 오리발(위) - ©Chrisp543, Dreamstime.com (아래) - ©Maxahner, Dreamstime.com | **16쪽**: 라트닉 - TETRA GmbH Ilmenau, Dr. Andreas Karguth | **20쪽**: 오리발 - ©Chrisp543, Dreamstime.com | **21쪽** - ©Maxahner, Dreamstime.com | **26쪽**: 흩뿌리기 도구 - 라울 프란체, 《발명가로서의 식물 Die Pflanze als Erfinder》, 1920 | **29쪽**: 연잎 효과 - Fotoreport Barthlott **32쪽**: 벨크로 현미경 사진 - Velcro Industries BV 제공 | **36쪽**: 아동용 운동화에 쓰인 벨크로 - Thomas Kowallik | **48쪽**: 릴리엔탈이 그린 그림 - ©Archiv Otto Lilienthal Museum, www. lilienthal-museum.de | **60쪽**: 항적 난류 - NASA | **63쪽**: 다중 윙렛 - Ingo Rechenberg, TU Berlin FG Bionik | **65쪽**: 역류 주머니 - Ingo Rechenberg, TU Berlin FG Bionik | **67쪽**: 모형 새 콘라트 - Tatjana Hubel, TU Darmstadt | **67쪽**: 모형 새 이고르 - Martin Zeuch, Bionik-Sigma | **70쪽**: 콰드롭터 - micro-drones GmbH, 2009 | **72/73쪽**: 초소형 비행체MAV - Ingo Rechenberg, TU Berlin FG Bionik | **81쪽**: 코거북복 복제 모형, 메르체데스 벤츠 생체 공학 자동차의 풍동 실험용 모형, 메르체데스 벤츠 생체 공학 자동차 - Bildarchiv Daimler AG | **82/83쪽**: 유로 속의 펭귄 - Ingo Rechenberg, TU Berlin FG Bionik | **84쪽**: 물감 튜브를 장착한 펭귄 - Ingo Rechenberg, TU Berlin FG Bionik | **85쪽**: 아쿠아펭귄 - Festo AG | **87쪽**: 스모키 - Britta Abé | **89쪽**: 에어레이 - Festo AG **90쪽**: 아쿠아해파리 - Festo AG | **95쪽**: 핀그리퍼 - Festo AG | **102/103쪽**: 상어 피부 현미경 사진 - Bionik-Innovations-Centrum B-I-C Hochschule Bremen | **106/107쪽**: 오염 - Bionik-Innovations-Centrum B-I-C Hochschule Bremen | **110/111쪽**: 나오 - ©Stefano Tinti, Dreamstime.com | **120/121** 바이오롭 - TETRA GmbH Ilmenau, Dr. Andreas Karguth | **123쪽**: 라라 - Martin Zeuch, Bionik-Sigma | **124쪽**: 인간형 근육 로봇 ZAR 5 - Festo AG의 의뢰로 Ivo Boblan 촬영, www.zar-x.de | **125쪽**: 인간형 근육 로봇 - Festo AG | **128쪽**: 생체 공학 의수 '플루이드핸드Fluidhand' - 독일 칼스루에 기술연구소 슈테판 슐츠 박사의 작품, KIT, Germany | **135쪽**: 쥐의 엑스선 사진 - André Schmidt, Institut für Spezielle Zoologie und Evo-lutionsbiologie mit Phyletischem Museum Friedrich-Schiller-Universität Jena | **136쪽**: 라트닉 - TETRA GmbH Ilmenau, Dr. Andreas Karguth | **143쪽**: 브루노 로봇을 든 카타욘 라트카 - Sigrid Belzer | **152쪽**: 태아 초음파 사진 - 개인 촬영 | **159쪽**: 화재 진압 로봇 올레 - Industrial Design Institut Magdeburg | **163쪽**: 선박 모형 - Thomas Kowallik | **169쪽**: 도마뱀붙이, 일반 사진과 현미경 사진 - Stanislav N. Gorb, Universität Kiel | **170/171쪽**: 도마뱀붙이 현미경 사진 - Stanislav N. Gorb, Universität Kiel **172쪽** 유리창 닦이 로봇 - Sigrid Belzer | **172/173쪽**: 시봇 - Niklas Galler | **176쪽**: 녹색소리쟁이딱정벌레 발 현미경 사진 - Stanislav N. Gorb, Universität Kiel | **177쪽**: 미니-훽스-Stanislav N. Gorb, Universität Kiel/Roger Quinn, Case Western Reserve University, USA | **179쪽**: 인간 원심 분리기 - DLR/Markus Steur | **180쪽**: 자갈 - 개인 촬영 | **182쪽**: 샌드피시 - Ingo Rechenberg, TU Berlin FG Bionik | **184/185쪽**: 샌드피시와 모래 알갱이 현미경 사진 - Ingo Rechenberg, TU Berlin FG Bionik | **188쪽**: 기름벌 다리 - Wittmann & Eischeid, Universität Bonn | **197쪽**: 물거미 - W. Barthlott, University of Bonn | **202쪽**: 연잎 효과를 보여 주는 그래픽 - William Thielicke | **204/205쪽**: 연잎 효과 그림 - W. Barthlott의 지시에 따라 Peter Nishitani가 그림 | **207쪽**: 건물 외벽의 연잎 효과 - Sto AG | **228/229쪽**: 텐사이리티 교량 - 스위스 연방 재료 검사 연구소(Empa), Swiss Federal Laboratories for Materials Testing and Research, Dübendorf, Schweiz | **229쪽**: '공기 보'로 이루어진 주차장 지붕 - 스위스 연방 재료 검사 연구소(Empa), Dübendorf, Schweiz | **233쪽**: 자가 수리 그림 - O. Speck의 지시에 따라 Peter Nishitani가 그림 | **234쪽**: 부채야자 - 개인 촬영 | **236쪽**: 주름 실험 안내도 - M. Zeuch의 지시에 따라 Peter Nishitani가 그림 | **237쪽**: 골판지로 만든 카트 - KOKOM | **240쪽**: 밀레 사 세탁기에 장착된 보호 드럼 - 유한회사 '미르치 박사 아치 제작Dr. Mirtsch Wölbstrukturierung'의 제품, www.woelbstruktur.de | **243쪽**: 진주층의 현미경 사진 - Prof. Grath-wohl, Universität Bremen | **246쪽**: 줄무늬큰갈대 - Martin Zeuch, Bionik-Sigma | **250쪽**: 인공 식물 줄기 - ITV Denkendorf | **259쪽**: 바나나 잎의 단면 - Claus Mattheck, 〈Thinking Tools after Nature〉, Verlag Karlsruhe Institute of Technology | **261쪽**: 서커스 천막 - Kindezirkus ABRAX KADABRAX Hamburg | **262쪽**: 판근의 역할 설명 그림 - C. Mattheck의 지시에 따라 Peter Nishitani가 그림 | **262쪽**: 나무 사진 - Claus Mattheck, 〈Thinking Tools after Nature〉, Verlag Karlsruhe Institute of Technology | **268쪽**: 태양 관측용 망원경 모형 - Fachgebiet Numerische Berech-nungsverfahren im Maschinenbau, TU Darmstadt | **269쪽**: 건축 자재 - 테크노세움(만하임 주립 기술 노동 박물관), Klaus Luginsland 촬영 | **275쪽**: 넓적다리뼈의 꼭대기 부분을 고해상으로 3차원 단층 촬영하여 얻은 가상 단면 - Heike Scherf | **277쪽**: 홀의 지붕을 SKO/CAO를 통해 최적화하는 과정 - Claus Mattheck, 〈The Face of Failure in Nature and Engineering〉, Verlag Forschungszentrum Karlsruhe GmbH | **278쪽**: 메르체데스 벤츠 생체 공학 자동차와 SKO 모형 - Daimler AG | **280쪽**: 엔진 마운트를 최적화하는 과정 - Adam Opel GmbH | **281쪽**: 오토바이 - BMW Group | **282쪽**: 스펀지처럼 구멍이 많은 금속 - Martin Zeuch, Bionik-Sigma | **290쪽**: 북극곰 열화상 카메라 사진 - Thermografie-Institut | **293쪽**: 투명 단열재 - Martin Zeuch, Bionik-Sigma | **294쪽**: 반구 모양 태양열 수집기 - ITV Denkendorf, Solarenergie Stefanakis | **314쪽**: 안개 포집기 - WasserStiftung | **326/327쪽**: 거미줄 원료로 만들 수 있는 제품 그래픽 - Prof. Dr. T. Scheibel, Universität Bayreuth | **330/331쪽**: 민들레꽃 - Digital Vision

출처를 밝히지 않은 나머지 사진들은 모두 picture alliance에서 구했다.